CASIMIR DELAVIGNE

ÉTUDE BIOGRAPHIQUE ET LITTÉRAIRE

IMPRIMERIE DU COMMERCE, 3, RUE DE LA BOURSE. — HAVRE

Ferdinand **VUACHEUX**

CASIMIR DELAVIGNE

ÉTUDE BIOGRAPHIQUE ET LITTÉRAIRE

Il fut grand et il fut bon.

Frédéric SOULIÉ.

Ouvrage couronné par la Société Havraise d'Études diverses
aux Fêtes du Centenaire du Poète, le 4 avril 1893 (1er Prix, Prose).

Ouvrage honoré de la Souscription de la Ville du Havre
(Séance du Conseil municipal du 28 juin 1893).

HAVRE

IMPRIMERIE DU COMMERCE

3, RUE DE LA BOURSE, 3

1893

À LA VILLE DU HAVRE

Lieu de Naissance de CASIMIR DELAVIGNE.

F. VUACHEUX

HAVRE, 1er Septembre 1893.

J'adresse mes biens vifs et bien sincères remerciements à tous les souscripteurs à cet ouvrage, consacré à la mémoire de Casimir Delavigne.

F. VUACHEUX.

HAVRE, 1er Septembre 1893.

I

LA NAISSANCE ET LA JEUNESSE

DE

CASIMIR DELAVIGNE

I

La naissance. La famille de Casimir Delavigne.

Jean-François Casimir Delavigne est né au Havre le 4 avril 1793.

Il naquit la même année que Lamartine, cet autre poète si enchanteur.

Il naquit à l'époque où du haut des toits un autre poète, Béranger, le futur chansonnier, assistait à Paris au grand mouvement populaire qui amena la chute de la monarchie.

Il était fils légitime de Louis-Augustin-Anselme Delavigne et de Catherine-Louise Leconte.

Sa famille habitait alors à la Barre-Solier (1), dans le quartier Saint-François, ce vieux quartier du Havre de jadis qui, aujourd'hui encore, a conservé quelque chose de son cachet primitif malgré la main des démolisseurs et les intempéries des saisons.

La maison dans laquelle est né le poète est aujourd'hui disparue.

Sur son emplacement M. Sénéchal, entrepreneur de constructions au Havre sous le premier Empire, en fit construire une autre pour l'édification de laquelle on se servit de matériaux provenant de la démolition du couvent des Capucins d'Harfleur (2).

Quelques mois après la naissance de Casimir, son père et son oncle, négociants tous deux, furent conduits en prison. — On était alors en pleine tourmente révolutionnaire. — Ils étaient accusés l'un et l'autre d'avoir favorisé l'évasion d'un de leurs parents proscrit et qui avait occupé un petit emploi à la cour du roi Louis XVI.

Madame Delavigne, n'écoutant que les élans de son cœur et sans se préoccuper de sa santé chancelante, partit pour Paris avec son fils aîné Germain et, après quinze jours d'absence, revint au Havre avec l'ordre de mise en liberté pour les deux prisonniers.

Ce fut au mois de mai 1802 que le père du futur poète vint établir une faïencerie importante à Ingouville, à l'endroit où se trouve située à

(1) Aujourd'hui encoignure de la rue Dauphine et du quai Casimir-Delavigne.
(2) Vesque. *Histoire des rues du Havre*.

l'heure actuelle la rue Casimir-Delavigne, dans l'ancien établissement créé par M. Levavasseur vers 1780.

Cette faïencerie fut remarquée par ses produits à l'exposition de 1806. M. Delavigne père obtint l'appui du gouvernement en faveur de sa fabrication, qui reconnut ainsi les efforts de cet industriel pour surpasser les faïences dites anglaises.

En 1810, cet établissement employait 88 ouvriers, soit 18 de plus qu'en 1807. Savoir : 1 contremaître, 4 tourneurs, 18 mouleurs, 1 garnisseur, 1 bistreur, 7 peintres, 2 menuisiers, 3 emballeurs, 2 cuiseurs, 2 poseurs de terre, 4 mouliniers, 6 encastreurs, 6 garçons de fours et 45 journaliers, maçons, commis, etc.

« M. Delavigne avait armé, nous dit M. Vesque dans son *Histoire des*
« *rues du Havre*, avec son frère Fortuné, deux navires de guerre, l'un
« de vingt-six canons. La Marine acquit ce dernier et dans le marché,
« ils perdirent vingt mille francs. Les deux frères armèrent chacun un
« volontaire et leur versèrent au moment de leur départ chacun
« 3.000 francs. Plus tard, ils en équipèrent sept autres. Ils armèrent aussi
« des navires pour apporter des grains et du bois, etc. Ils prirent soin
« des familles des marins faits prisonniers sur leurs corsaires et
« envoyèrent à la mairie ce qu'ils possédaient de plus précieux, sans
« faire connaître leur nom. »

Ruiné par les guerres de la Révolution et de l'Empire, M. Delavigne père fut mis en faillite en septembre 1810 et sa femme obtint sa séparation de biens suivant jugement du Tribunal civil du Havre du 10 juin 1811.

La liquidation de la faïencerie eut lieu en 1816.

En 1823, l'État fit vendre à sa requête une quantité considérable de faïences devenues sa propriété par suite d'un prêt fait au père de Casimir, autorisé par décret du 11 mars 1807 et non remboursé.

M. Delavigne père mourut à Paris.

M. Vesque rappelle dans son *Histoire des rues du Havre* (page 718), que dans le cimetière (1) de l'ancienne église Saint-Michel « se lisait sur « une modeste pierre carrée, adossée contre le mur longeant la côte », l'inscription suivante :

10 juin 1810
Aupoix Victoire, âgée de 13 ans
A notre Cousine chérie
Germain Delavigne, Louis Delavigne et Casimir Delavigne.

(1) Ce cimetière fut fermé en 1843.

Comme Voltaire, Casimir Delavigne naquit avec une constitution délicate, si délicate même qu'on désespérait de le sauver.

Si l'auteur de Mérope parvint à vaincre les contre-temps de la nature, Casimir, lui, se ressentit toujours de cette faiblesse physique.

Comme Victor Hugo qui plus tard à Besançon, le 26 février 1802, devait naître d'un père vieux soldat et d'une mère vendéenne, Casimir aurait pu écrire ces vers de l'immortel auteur d'Hernani :

> Un enfant sans couleur, sans regard et sans voix,
> Si débile qu'il fut, ainsi qu'une chimère,
> Abandonné de tous, excepté de sa mère,
> Et que son corps ployé comme un frêle roseau,
> Fit faire en même temps sa bière et son berceau,
> Cet enfant que la vie effaçait de son livre,
> Et qui n'avait pas même un lendemain à vivre,
> C'est moi.

Il faut ajouter que Victor Hugo, lui aussi, en venant au monde était si chétif, si malingre que le médecin déclara qu'il ne vivrait pas. Il n'était pas plus long qu'un couteau, a raconté sa mère, et si laid qu'un de ses frères, âgé alors de dix-huit mois et qui parlait à peine, s'écria en l'apercevant : « Oh ! la bébête ».

La nature paraissait prendre un malin plaisir à combattre dès leur entrée dans le monde ceux qui devaient venir les plus grands génies de leur siècle.

En agissant ainsi, il semblait que la nature se plaisait à vouloir les rendre plus forts pour lutter, pour faire « la guerre du juste contre l'in-« juste, la guerre de l'opprimé contre l'oppresseur, la guerre de la « bonté, la guerre de la douceur » (1), ces êtres qui ont eu l'avantage de posséder la tendresse d'une femme et le cœur d'un héros.

Un poète est un monde enfermé dans un homme (2).

(1) Victor Hugo.
(2) Id.

II

L'enfant. — L'écolier. — Le lycéen. — les amis d'enfance.

Casimir. en venant au monde, fut confié pendant quelques jours seulement. il est vrai. aux soins d'une femme d'une moralité équivoque. ensuite à une bonne et digne femme Mme Bazire.

Trois ans environ après la naissance du futur poëte des *Messéniennes*. toute sa famille alla s'installer à Hambourg.

La nourrice de Casimir le conduisit alors à Paris et bientôt elle s'en vint à Mantes où habitait la grand'mère de l'enfant. En cet endroit. celui-ci fut atteint de la petite vérole dont il conserva les marques toute sa vie.

La famille Delavigne revint de nouveau au Havre et habita une maison de la rue d'Estimauville. C'est alors que la faïencerie dont j'ai parlé plus haut. fut établie.

Peu de temps après. le jeune Casimir commença son éducation à l'école de l'abbé Trupel (1). située rue de la Gaffe.

« C'était. nous dit un biographe en parlant de Casimir. un écolier labo-
« rieux. zélé, docile. attentif aux leçons ». et. nous dit son frère : « son
« enfance ne présenta aucune circonstance remarquable, il annonçait
« un esprit vif et par une singulière contradiction. malgré son ardeur

---

(1) Cet abbé Trupel avait, le 24 juillet 1791, avec les abbés Taveau et Dubois prononcé en l'église Notre-Dame du Havre, le serment à la constitution civile du clergé. Il rétracta postérieurement son serment. Après plusieurs mois de détention, il partit pour l'étranger.

Il a été troisième puis deuxième professeur au collège du Havre.

En 1792, il avait obtenu de la municipalité l'autorisation de faire représenter par ses élèves *Guillaume Tell* et. en 1793. *Brutus*.

Né au Havre en 1755. il mourut à Gainneville, le 15 mars 1805, — il a laissé : Lettre à M...... sur le passage de S. M. Louis XVI d'Honfleur au Havre et son séjour en cette ville du Havre. 1867, in-8°. — Couplets à l'occasion du bouquet que la municipalité d'Harfleur. etc.. 1790. in-8° de 3 pp. — Discours et serment prononcés par l'abbé Trupel : Havre, s. d.. 1791. in-4° de 8 pp. — Éloge funèbre d'Honoré Riquetti de Mirabeau. député d'Aix, etc., Havre. s. d. 1791, in-4°.

« pour le travail, il ne triomphait qu'avec beaucoup de peine des pre-
« mières difficultés de ses études ».

Dans l'écolier, rien ne faisait donc prévoir le poète.

A l'âge de dix ans, sa famille le fit entrer au lycée Napoléon où son frère Germain l'avait précédé.

L'Empire était alors dans toute sa gloire.

Et les lycéens de cette époque rêvaient aussi la gloire.

L'empereur, ses douze maréchaux, sa garde, sa grande armée leur apparaissaient *dans leur rêve la nuit.*

Dans le jour, le rêve se continuait. Bien volontiers, on mettait de côté Virgile et Horace, Cicéron et Quintilien.

Le poète Alfred de Vigny a écrit, en parlant de cette époque pendant laquelle il était lui aussi sur les bancs du collège : (1)

« La guerre était debout dans le lycée, le tambour étouffait à mes
« oreilles la voix des maîtres et la voix mystérieuse des livres ne nous
« parlait qu'un langage froid et pédantesque. Nulle méditation ne pou-
« vait enchaîner longtemps des têtes étourdies sans cesse par les canons
« et les cloches des Te Deum. »

« Les maîtres mêmes ne cessaient de nous lire les bulletins de la
« Grande Armée et nos cris de : Vive l'Empereur, interrompaient Tacite
« et Platon. Nos précepteurs ressemblaient à des hérauts d'armes,
« nos salles d'études à des casernes, nos récréations à des manœu-
« vres et nos examens à des revues.

« Il me prit alors un amour désordonné de la gloire des armes. »

Si beaucoup de lycéens pensaient comme Alfred de Vigny et comme lui auraient désiré briller par la fortune des camps, amoureux qu'ils étaient du panache, — cela est de tout temps. — d'autres au goût plus simple préféraient vivre dans une espèce de béatitude contemplative du beau, peu soucieux des trophées de la guerre.

Delavigne était de ces derniers.

Quand Casimir atteignit sa quatorzième année un changement subit s'opéra dans tout son être. « Ses facultés se développèrent d'une ma-
« nière extraordinaire et, en quelques mois, il devint un des meilleurs
« écoliers de son temps », ajoute son frère.

Celui-ci, après nous avoir fait connaître ce qu'avait été l'écolier, s'empresse de nous faire savoir comment cet écolier devint poète : « Comme
« presque tous les jeunes gens, je faisais des vers fort médiocres. On
« connaît l'anathème de Boileau :

Il n'est pas de degrés du médiocre au pire.

(1) Né à Loches, le 27 mars 1797.

« Je les lisais à Casimir qui avait la bonhomie de les trouver admira-
« bles et mes essais informes eurent l'avantage de lui donner de bonne
« heure le goût de la poésie, qui sans doute lui serait venu plus tard.
« Il voulut aussi essayer ses forces ; il apporta dans ce travail l'ardeur
« qu'il mettait à tout ce qu'il entreprenait et je ne tardai pas à m'aper-
« cevoir qu'il réussissait beaucoup mieux que moi. Dès lors je cessai
« de faire des vers pour me borner à corriger les siens. »

Ce fut au lycée Napoléon que les deux frères se lièrent intimement
avec Scribe, le futur auteur dramatique « le plus fécond des vaude-
« villistes passés, présents et futurs », suivant M. de Mirecourt.

Tous les trois devinrent des inséparables. Casimir voulait faire des
vers et ne pas s'occuper de théâtre. Scribe voulait prendre la carrière
du barreau. Et le plus âgé des trois leur conseillait à tous deux de
s'adonner à l'art dramatique.

Le conseil du frère aîné, on le voit, a prévalu et voilà comment il se
fait que la France compte deux auteurs dramatiques célèbres et notamment un poète lyrique d'une très grande valeur.

Dès lors nos trois amis se jurèrent de s'aimer, de se prêter aide et protection et ils tinrent parole.

Que ceci ne nous étonne pas. « Il y a chez les anciens barbistes une
« sorte de franc-maçonnerie qui les porte à s'entr'aider mutuellement
« et à donner le coup d'épaule quand il s'agit d'un obstacle à vaincre,
« d'une lutte à soutenir » (1).

A eux trois, ils formèrent pour ainsi dire un petit cénacle qui a produit ses fruits.

Quand les fonds leur permettaient, on les voyait souvent déjeuner
dans un petit café non loin du Palais-Royal et fréquenter les théâtres.

Il eurent aussi comme amis notamment Dabot et Jubé qui devaient
plus tard briller dans l'enseignement, Léon et Alfred de Wailly, Saint-
Arnaud, etc.

(1) De Mirecourt.

III

**Œuvres de jeunesse. — Premiers vers. — Concours académi-
ques. — Premières pièces.**

Casimir et son frère avaient à Paris un oncle, M. Lambert Sainte-
Croix, avoué. Chez celui-ci ils passaient leurs jours de congé. Leur
oncle était pour nos jeunes gens un banquier donné par la nature.

De plus, l'avoué aimait les lettres et c'était un plaisir pour lui non
seulement de voir ses neveux les cultiver, mais aussi de les encourager
dans cette voie.

M. Lambert Sainte-Croix connaissait Andrieux et il soumit à ce dernier les essais poétiques de Casimir.

Andrieux, qui était un bon enfant et aussi un bon juge et qui n'aimait
pas flatter sans raison, répondit : « Ce n'est pas mal, mais il serait bien
plus sage de faire son droit ».

Casimir Delavigne ne se tint pas pour battu. Il persévéra dans son
idée. Et alors qu'il se trouvait en rhétorique, il écrivit son fameux
Dithyrambe sur la naissance du roi de Rome, dithyrambe qui valut à
son auteur non seulement l'approbation de tous, mais un encouragement
de la part de celui qui l'avait dissuadé d'écrire.

En effet, Andrieux, surpris, fut enthousiasmé par la nouvelle production de notre poète et s'écria ; « Voilà qui est bien différent ! Il ne faut
« plus le tourmenter : amenez-le moi. Il ne fera jamais que des vers et
« j'espère qu'il les fera bons.

« Parmi les jeunes gens qui venaient consulter Andrieux, Casimir est
« peut-être le seul auquel il ait donné un conseil semblable » (1).

Je citerai une strophe de cette première pièce de vers de notre
poète :

> Reçois, royal enfant, les vœux de la Patrie
> Qu'un laurier paternel ombrage ton berceau,
> Que la gloire et les arts qui charmeront ta vie,
> Consacrent à jamais le règne le plus beau !

(1) G. Delavigne.

> Enfant chéri du ciel, attendu de la terre.
> Promis à la postérité,
> Puisses-tu sous les yeux de ton auguste Père
> Croître pour l'immortalité !
>
> ....
>
> Le vaisseau de l'Etat, de gloire environné,
> Porte César et sa fortune.

Par cette première œuvre, il eut l'avantage d'attirer l'attention d'un homme alors bien en vue qui lui aussi aimait les lettres et qui éprouvait un réel bonheur à être utile aux écrivains.

Cet homme était M. le comte Français, alors directeur général des Droits Réunis.

Celui-ci ayant lu les vers du poète, voulut le connaître.

Invité par une tierce personne à se présenter à celui qui lui portait tant d'intérêt. Casimir un jour s'armant de courage — car il faut le dire notre poète était d'une timidité excessive — s'en vint trouver le nouveau Mécène.

Après une heure d'attente, Delavigne retourna chez lui.

Il n'avait pas osé se présenter.

Son frère qui était au courant de la démarche que Casimir devait faire, s'empressa à son retour de l'interroger.

Notre poète se vit dans la nécessité d'avouer qu'il n'avait pas vu le comte Français.

Germain secoua la torpeur qui paralysait son frère et celui-ci promit bien qu'il retournerait chez le directeur général des Droits Réunis.

En effet, il y retourna. toujours avec cette même timidité. qui, quoi qu'il fasse. ne l'abandonnait pas.

Ce jour là. Casimir employa un moyen. moyen dont Victor Hugo se servit lui-même plus tard pour obtenir la grâce de Barbès.

Sur un bout de papier. notre poète écrivit ces vers :

> Dieu. notre commun protecteur,
> En versant ses bienfaits, cache le bienfaiteur.
> Nous brûlons de le voir, le voir est impossible.
> O vous qui l'imitez par vos soins généreux,
> Comme lui faites des heureux,
> Mais ne soyez pas invisible !

Le billet fut porté par un huissier.

Casimir Delavigne fut introduit.

Il se trouva en face du secrétaire général qui lui apprit que le comte Français se trouvait en ce moment à sa maison de campagne et qu'assurément. il le recevrait. Ce qui arriva effectivement.

Casimir dîna ce jour-là chez son protecteur. Par la suite, il y eut ses entrées, ce qui lui permit de faire connaissance avec des hommes de talent et de beaucoup d'esprit, ce qui lui permit aussi d'augmenter son savoir.

Heureux les hommes dont on apprécie la valeur !

Heureux ceux-là qui trouvent sur leur route une main bienfaisante qui leur vient en aide et qui les empêche de s'écrier comme Bernard Palissy : « Posvreté empeche bons esprits de parvenir. »

Le comte Français qui savait que la famille de son protégé avait essuyé des revers de fortune, donna à celui-ci un emploi dans ses bureaux.

Mais c'était là une véritable sinécure pour notre poète qui n'y pouvait rien comprendre. Mais son directeur le lui apprit : « Mon cher Casimir, « allez travailler ; ne venez pas ici perdre votre temps. Si je vous ai donné « une place, c'est pour que vous ayez bientôt le moyen de vous en pas- « ser. Souvenez-vous que je vous ai mis là pour que vous y soyez le « vingt-neuf quand le mois a trente jours et le trente lorsqu'il en a « trente et un. Ce sont là les dates d'émargements du rôle d'appoin- « tements. »

C'était là, on l'avouera, une généreuse pensée qui mettait Casimir à l'abri des besoins matériels et lui permettait de se livrer corps et âme à ses goûts personnels.

Aussi Casimir conserva-t-il toujours de la reconnaissance pour son bienfaiteur.

Plus d'un homme de lettres dut au comte Français de poursuivre sa carrière.

C'est de lui qu'un de ses employés, Evariste Parny, a écrit :

> Il savait Horace par cœur,
> Il lisait Térence et Catulle
> Et certain cadet de Tibulle,
> Dans ses bureaux fut rédacteur.

Cette anecdocte me remet en mémoire cette phrase de Flaubert, rappelée par Maxime Ducamps, dans ses *Souvenirs littéraires*, à leur ami commun, le poète Louis Bouilhet, nommé bibliothécaire de la ville de Rouen : « On t'a mis là pour faire des vers et non pour ranger des bou- « quins. »

Pour Delavigne, arriver c'était là son rêve. Et le plus sûr moyen d'y parvenir n'était-ce pas ces concours académiques annuels ?

Notre poète concourut.

Mais concourir ne suffit pas, il faut savoir entrer dans les idées des académiciens et Delavigne les ignorait complètement.

L'Académie française pour le concours de 1813 proposa pour prix de poésie, *un épisode dans le genre épique de pure invention ou tiré de l'histoire et qui ne fût traduit ni imité d'aucun ouvrage ancien ou moderne.*

Sous cette formule, le futur auteur des *Messéniennes* et les autres concurrents ne virent pas que nos académiciens demandaient aux poètes des vers célébrant Napoléon et ses victoires.

Si les concurrents furent déçus, l'Académie le fut plus encore, si on lit le rapport prononcé par le secrétaire perpétuel :

« Nos espérances ont été déçues, dit le rapporteur. Vingt-six pièces
« de vers ont été envoyées au concours. Aucune n'a pu mériter le prix.
« Deux seulement ont obtenu des mentions honorables.

« La première a pour épigraphe: « *Arma virum que cano* ».

CHARLES XII A LA BATAILLE DE NARVA.

« Ce sujet a plus de grandeur que d'intérêt. Il est relevé par le carac-
« tère de deux des plus grands hommes qu'ait produits le dix-huitième
« siècle. Le czar Pierre et Charles XII y sont peints avec vérité. Mais
« leurs portraits déjà tracés par d'habiles peintres ne présentent aucun
« de ces traits originaux et frappants qui ajoutent à l'idée qu'on a des
« modèles. Les détails du combat y sont rendus avec clarté, mouve-
« ment, précision. La versification du poème est facile et naturelle, sou-
« vent élégante et harmonieuse. Cet ouvrage est la production d'un
« esprit sage, d'un talent naturel exempt de mauvais goût et qui doit
« donner de grandes espérances lorsqu'on apprend que l'auteur est un
« jeune homme de dix-neuf ans qui achève sa philosophie au lycée
« Napoléon (1). »

L'autre mention honorable fut décernée à M. Alexandre Soumet.

L'année suivante, l'Académie française proposa comme sujet : *La découverte de la vaccine.*

Pour concourir, il fallait cette fois-là avoir certaines notions scientifiques que Casimir Delavigne ne possédait pas. Notre jeune poète s'adressa donc à un homme de science, le docteur Pariset, secrétaire perpétuel de l'Académie de médecine, qu'il avait l'occasion de rencontrer souvent chez M. le comte Français. Celui-ci se plut à renseigner le jeune homme et même l'emmena avec lui aux environs de Paris pour assister aux expériences de vaccination du célèbre praticien.

Cela permit au poète d'écrire des vers auxquels la science elle-même n'avait rien à redire.

---

(1) M. Le Goffic a publié ce poème dans son opuscule sur le Centenaire, édité par la maison Lemale.

On peut en juger par ceux-ci :

> Par le fer dont il (Jenner) arme ses doigts,
> Le bras d'un jeune homme est effleuré trois fois.
> Des utiles poisons d'une mamelle impure,
> Il infecte avec art cette triple piqûre.
> Autour d'elle s'allume un cercle fugitif,
> Le remède nouveau dort longtemps inactif.
> Le quatrième jour a commencé d'éclore
> Et la chair par degrés se gonfle et se colore.
> La tumeur en croissant de pourpre se revêt,
> S'arrondit à la base et se creuse au sommet.
> Un cercle plus vermeil de ses feux l'environne,
> D'une écaille d'argent l'épaisseur la couronne.
> Plus mûre elle est dorée, elle s'ouvre et soudain
> Délivre la liqueur captive dans son sein.
> Puisez le germe heureux dans sa fraîcheur première
> Quand le soleil cinq fois a fourni sa carrière.
> Si la douzième nuit a commencé son cours
> Souvent il offrira d'infidèles secours,
> Etc.

A cette nouvelle œuvre, l'Académie en corps ne décerna qu'un accessit.

Revenir du théâtre en critiquant les œuvres de ce bon M. de Pixérécourt, c'était plus qu'il n'en fallait aux deux frères Delavigne et à leur ami Scribe pour leur suggérer l'idée de prendre la plume et d'écrire des parodies.

Ils écrivirent des parodies.

De plus, nos jeunes écrivains soumirent leurs essais à l'épreuve de la représentation devant un auditoire composé d'amis, de parents, chez ce bon oncle qui prêtait son salon et ses paravents aux interprètes à la fois auteurs de la pièce.

Rire aussi des malheurs d'autrui, notamment de ceux arrivant à un oncle qui a de l'esprit, donne bien matière à écrire une parodie, à plus forte raison quand cet oncle ne peut devenir avoué qu'autant que le chef de l'État aura pu signer le brevet permettant à l'officier ministériel d'entrer en fonctions.

Or c'était là le cas de l'oncle des Delavigne.

L'Empereur était à Moscou. Chaque jour on recevait des dépêches, mais le brevet en question ne venait toujours pas. Nos trois futurs auteurs dramatiques, s'inspirant de ce contre-temps, écrivirent la *Commission dans l'embarras ou douze titres pour un.*

« Une affiche monstre, dit Morlent, placée à la porte du grand salon,
« rédigée en style Pixérécourt, en donnait la longue et comique énu-
« mération. Casimir avait pris le rôle d'un postillon malencontreux
« sans cesse contre-barré dans son voyage à Moscou par les éclaireurs
« de l'armée russe. Il le jouait avec une verve et une gaieté charmantes.
« Il avait composé une manière de baragouin très plaisant qu'il faisait
« débiter à un cosaque, aux rires inextinguibles de l'assemblée, parterre
« indulgent choisi dans la famille et qui ne pensait pas alors qu'un
« autre public dût bientôt applaudir devant la première scène du monde
« l'œuvre plus réfléchie du Jovial Postillon. »

Andrieux, un jour, présenta Casimir à Picard l'auteur des *Étourdis*.

Celui-ci appréciait beaucoup le jeune homme. Il lui disait : Il y a du
« Molière dans cette tête-là. Faites des comédies, rien que cela et vous
« irez loin. »

Picard devint par la suite l'hôte de l'oncle Lambert.

Dans le salon de l'avoué, ce salon ouvert à l'esprit, se rencontraient
avec Andrieux et Picard, le professeur Tissot, les membres du Caveau
Piis, Barré, Radet, Desfontaines, Chambon, le caissier du Vaudeville
qui excitait les deux frères Delavigne et leur ami Scribe à écrire des
pièces de théâtre.

Aux trois amis qui se plaignaient de ne pas avoir la bourse suffisamment garnie pour pouvoir se payer une place à la Comédie-Française,
ou à l'Opéra, ce dernier leur disait : « Vous n'avez pas d'argent, mes
« petits amis. Eh bien travaillez pour notre petit théâtre national tout
« prêt à vous ouvrir son coffre ».

Et Chambon, en prononçant ces paroles, ne faisait qu'exciter davantage le désir de nos trois étudiants.

Ceux-ci ne se firent pas répéter le conseil. Ils se mirent à l'œuvre.

Ils demandèrent avis à un vaudevilliste célèbre de l'époque, M. Dupin,
un cousin de l'ex-président de l'Assemblée nationale, qui se prêta de
grand cœur à examiner les œuvres de nos débutants.

Le 2 septembre 1811, on jouait leur première pièce au Vaudeville.

Cette pièce, une arlequinade, avait pour titre : les *Dervis* ou le
Derviche.

Elle ne plut pas au public.

Casimir s'était contenté de mettre le mot à la chose sans pourtant y
mettre son nom.

Ce premier échec désespéra nos écrivains.

« Bah ! fit M. Dupin, travaillez toujours. Il faut s'habituer au feu.
« J'en ai vu bien d'autres. »

Ils écrivirent *l'Ile de Barataria*, qui obtint le même.... succès. L'acteur qui jouait dans cette pièce le rôle de Sancho eut le plaisir de recevoir une pomme sur l'œil gauche.

Vraiment c'en était trop.

Le public du Vaudeville était par trop cruel.

« C'est le théâtre qui vous porte malheur, dit M. Dupin. Je vous « offre ma collaboration pour entrer aux Variétés. Avez-vous un sujet ?

« — Oui, répondit Scribe.

« — Quel titre ?

« — *Le Bachelier de Salamanque.*

« — Délicieux, apportez-moi cela. »

Quelque temps après, cette œuvre voit le feu de la rampe.

Aux Variétés. le public est aussi difficile.

« — Ah ! s'écria alors M. Dupin, voilà qui est fort. Un de vous est « né sous une étoile fatale. »

Le modeste Germain Delavigne croyant que c'est lui qui est la cause de tous ces maux se retire et laisse les autres, y compris M. Dupin, présenter *Barbarancia* ou les *Bossus*, au Vaudeville.

Même réussite.

« — Décidément, c'est vous qui me portez guignon, dit Dupin à Scribe, « Bonsoir. »

Scribe ne perdit pas courage, bien qu'il eut éprouvé encore un échec avec un opéra comique en trois actes qu'il avait écrit sans collaborateurs, la *Redingote et la Perruque*, musique de Guénée.

Au contraire, « il redoubla de zèle et de travail, nous dit Louis « Huart, dans sa galerie de la Presse. De même que les Prussiens et les « Russes apprenaient la guerre en se faisant battre par les grenadiers « de Napoléon, de même Eugène Scribe à force de se faire battre par le « public apprit aussi comment on pouvait remporter des victoires. Une « fois maître de ce précieux secret il a su le garder et en faire bon « usage. »

Il faut dire que dans l'œuvre commune, Scribe s'occupait principalement de l'entente des effets de scène, il laissait aux deux Delavigne, le soin du dialogue et du couplet.

De cette persévérance naquit une œuvre qui obtint l'encouragement du public.

Cette œuvre était l'*Auberge ou les Brigands sans le savoir* dans laquelle est rappelée une anecdote d'un voyage de Mlle Scudéry, une compatriote de Casimir Delavigne.

Scribe qui avait trouvé le sujet s'adressa tout d'abord à M. Delestre-Poirson et lui dit :

« Je sais pourquoi mes premières pièces sont tombées.

« — Oh ! oh ! bonne affaire. Pourquoi ? demande Poirson.

« — Parce que je restais dans les sentiers battus. Je copiais les vieux
« faiseurs dont je n'ai acquis ni la routine, ni les ficelles. Il faut chasser
« du Vaudeville les rôles banals comme Picard les a chassés de la Comé-
« die. En un mot, je veux suivre l'exemple de Molière et tâcher de
« peindre les mœurs de notre époque.

« — Bravo, c'est mon idée, reprit Poirson.

Scribe continua :

« — Nous avons d'abord à mettre en scène les généraux et les colonels
« de l'Empire. Du militaire, nous passerons au civil et nous descen-
« drons, s'il le faut, jusqu'à la boutique. Notaires, avoués, bourgeois,
« courtauds de magasin, tout cela doit être de notre ressort. »

« — Et les gardes nationaux ! Quels bons types ! s'écria Poirson.

« — Je n'y songeais pas, dit Scribe ; commençons par eux.

« — Très volontiers.

A eux deux, ils rédigèrent le plan de cette comédie-vaudeville qui
eut pour titre, le jour de la première représentation, *Une nuit de corps
de garde*, et le lendemain, *Une nuit de la garde nationale*.

Puis Scribe en parla à Germain qui refusa de collaborer.

« — Je n'ai, dit celui-ci, ni ta persistance ni ton courage. Travaille
sans moi.

« — Diable, murmura Scribe, et les couplets ? Je me défie des miens.
« Quant à Poirson, j'ai peur qu'il n'y entende goutte.

« — Casimir et moi nous te les ferons.

« — Alors, sois de la pièce.

« — Non, j'ai assez du théâtre. Tu aurais du reste grand tort d'avoir des
scrupules. Il y a toujours un magasin de rimes à ton service. Exploite-
le sans gêne. »

Cette scène n'est-elle pas renouvelée des deux Corneille ?

On se rappelle que l'auteur du *Cid* ouvrant une trappe qui com-
muniquait dans l'appartement de son frère, s'écriait : « Thomas, une
rime ? »

Casimir et Germain se chargèrent des couplets sans vouloir être de
la collaboration pour cette nouvelle pièce, la *Nuit de la garde nationale*.

En voici quelques vers :

Je pars,
Déjà de toutes parts,
La nuit sur nos remparts
Jette une ombre
Plus sombre.

Chez vous,
Dormez, époux jaloux,
Dormez, tuteurs, pour vous
La patrouille
Se mouille.

Au bal,
Court un original
Qui, d'un faux pas fatal
Redoutant l'infortune,
Marche d'un air contraint.
S'éclabousse et se plaint
D'un réverbère éteint
Qui comptait sur la lune.

Aux pièces que j'ai déjà citées, dues à cette collaboration, je dois mentionner encore *la Robe et les Bottes* et *Thibaut, comte de Champagne*.

Dans ce dernier vaudeville la lune joue un rôle.

Pour la représenter, le machiniste ayant employé une matière qui chatouillait le nez des spectateurs, ceux-ci s'empressèrent de s'écrier : « A bas la lune ! »

On obtempéra à leur désir. La pièce eut du succès (1).

Ces renseignements sur les débuts littéraires de nos jeunes auteurs dramatiques qui, peut-être, paraîtront quelque peu fantaisistes sont empruntés au biographe de Mirecourt. J'ai cru devoir les relater parce qu'ils peignent parfaitement bien l'incertitude d'esprit de ces jeunes gens qui poursuivaient ce qu'ils considéraient par moment comme une chimère, et dans d'autres comme étant chose réalisable.

---

(1) Thibaut, comte de Champagne. c'est, écrit M. Le Goffic, l'éternelle histoire de la Pastourelle, pauvre et jolie, épousée par le riche et vieux seigneur du village et qui finit par mourir de consomption au milieu de ses richesses.

Voici les deux derniers couplets :

Comme un lys meurt et succombe
Sous l'effort cruel du vent
Elle expire et sur sa tombe
On pleurait en répétant :
L'opulence,
La puissance.
L'apparence,
Ne sont rien.
Sans sagesse,
Sans simplesse.
Sans tendresse,
Point de bien.

IV

Un dernier concours académique. — Une tragédie.
La conscription.

Un troisième concours fut ouvert par l'Académie française.

Il s'agissait cette fois de résoudre cette question :

L'étude fait-elle le bonheur dans toutes les situations de la vie ?

Pour traiter ce sujet, notre poète éprouva dans son esprit le doute de Montaigne.

Il concourut toutefois, persuadé que l'Académie l'aurait censuré.

C'est ce qui lui arriva du reste.

L'Académie en cette circonstance fut perplexe. Tout d'abord, elle se demanda quel pouvait bien être l'auteur de cette œuvre pleine de franchise et de vérité. Elle alla même jusqu'à supposer que certains de ses membres, soit Andrieux, soit Etienne, soit Picard pouvaient bien en être le père, et ne se douta nullement que Casimir l'avait écrite. L'Académie se trouva dans un cruel embarras et elle crut trouver une échappatoire, en lisant en séance publique ces vers qu'elle ne couronnait pas.

Delavigne ne fut pas le seul qui eut en cette circonstance à se plaindre de nos immortels.

Victor Hugo, lui aussi, avait pris part à ce même concours. Il était alors à la Pension Decotte. Il avait quatorze ans et deux mois. Et dans son œuvre, il n'avait pas caché à l'Académie sa jeunesse :

> Moi qui toujours fuyant les cités et les cours
> De trois lustres à peine ai vu finir le cours

L'Académie crut encore à une mauvaise plaisanterie. Cette œuvre eut le même sort que celle de Casimir Delavigne.

Le prix fut partagé entre Saintine et Lebrun. Loyson obtint un accessit.

Je passe maintenant à l'analyse du poème présenté par notre poète.

L'auteur au début de son œuvre se fait passer pour un vieillard :

> Le bonnet de Docteur couvre mes cheveux blancs
> Et pour argumenter, je monte sur les bancs

Puis, il déclare qu'il ne partage pas l'avis des illustres académiciens et il leur dit :

> L'étude à vous entendre est un divin secours ;
> De l'existence entière, elle embellit le cours.

Son opinion à lui est toute différente :

> L'étude est un grand mal comme un souverain bien.

Il s'en excuse :

> Le besoin de parler m'entraîne à contredire
> Je suis vieux et docteur, passez-moi mon délire.

L'orgueil de l'homme ajoute-t-il n'a pas de limite :

> L'homme dit : je sais tout et j'ai tout défini ;
> J'ai pour loi la raison, pour borne l'infini.
> L'Etude me ravit à des hauteurs sublimes ;
> De ce globe étonné, j'ai sondé les abîmes,
> Cet élément subtil dont je roule entouré,
> Ce feu de tous les corps, le principe sacré,
> L'onde qui les nourrit de ses flots salutaires,
> N'ont pu contre mes yeux défendre leurs mystères.
> Est-il quelque secret caché au fond des cieux
> Que n'ait point pénétré mon regard curieux ?

Et Casimir continue non sans esprit :

> Moins fier de sa raison, il eût mieux dit peut-être.
> J'ai su tout expliquer ne pouvant tout connaître ;

O présomption humaine !

> Tout le pouvoir humain est un grand labyrinthe.

En lisant ces vers, ne pourrait-on pas les mettre avec raison en parallèle avec certaines poésies de Lamartine ? n'est-ce pas le même rythme ?

Le système de Ptolémée, le système de Pythagore et de ses disciples sont tombés d'eux-mêmes.

> Si le temps nous éclaire et les a réfutés,
> Le temps de mille erreurs a fait des vérités.

Puis voici Anaxagore, voici Aristote. On ne les écoute pas. On les traite de fous.

> Que de petits esprits jaloux des noms célèbres,
> Prendront contre le jour parti pour les ténèbres.
> Leur nombre dangereux fait leur autorité,
> Les sots depuis Adam sont en majorité.

A son tour, Galilée est condamné et

> Le siècle de Louis, le siècle des beaux-arts
> N'accorda qu'à regret, vaincu par la prière,
> Du pain au Grand Corneille, une tombe à Molière.
> .... La noire calomnie
> Flétrit de ses poisons le laurier du génie.

Il donne ensuite ce conseil à l'homme :

> Fais-toi donc de te vaincre une douce habitude,
> Oui consacre ta force à cette noble étude ;
> Elle est digne de l'homme, elle mène au bonheur.
> Apprends pour être heureux à devenir meilleur.

Après quelques vers à l'adresse de l'auguste Aréopage, il termine son poème par ce vers :

> L'étude après l'amour est le meilleur des maux.

Quand on sort du collège, empreint des idées des classiques, on se trouve porté naturellement à les suivre. Ils sont pour ainsi dire les inspirateurs obligatoires.

La tragédie qu'écrivit Casimir Delavigne sous l'inspiration des classiques avait pour titre : *Polyxène*.

« Cet ouvrage, nous dit Germain, écrit d'un style élégant et pur et « qui reproduisait quelque peu avec bonheur les beautés d'Euripide, « n'aurait pu réussir sur notre théâtre. Casimir le sentit, il condamna « lui-même sa première production dramatique. »

Je ne crois pas que cette œuvre ait été soumise à l'appréciation de la Comédie-Française, comme le prétendent certains biographes, notamment M. Morlent. Je suis plutôt porté à croire, comme le dit le frère du poète, que celui-ci condamna lui-même cette première œuvre de jeunesse qu'il avait écrite sans recourir à aucune collaboration.

Maintenant, pour ne pas avoir voulu interrompre cet historique sur les premiers écrits de Casimir Delavigne, il me faut retourner quelque peu en arrière dans la vie de notre poète pour parler d'une anecdote qui lui est survenue quelque temps après son entrée dans les bureaux du comte Français.

L'époque de la conscription arriva. La santé de Casimir ne lui permettait guère de devenir soldat. Cela sautait aux yeux de tous, mais cela ne suffisait pas. Une infirmité était absolument nécessaire pour être exempté de droit. Ses camarades qui se rappelaient la réponse que fit un jour à l'un d'entre eux le futur poète : « Pourquoi me parles-tu tou-« jours de ce côté, tu sais bien que cette oreille est un peu pares-« seuse », s'empressèrent d'attester que Casimir était atteint de surdité. Les uns et les autres s'exposaient beaucoup en faisant cette déclaration. Mais ceux-ci n'écoutant que leurs cœurs avaient voulu en cette circonstance prouver toutes leurs sympathies à leur compatriote qui fut dispensé par ce fait du service militaire.

Ce fut donc à ses amis seuls que le poète dut de ne pas être appelé sous les drapeaux et non pas à la faveur de Napoléon, comme on l'a écrit à tort (1).

Cette exemption n'est pas au déshonneur de Casimir Delavigne. Il est toujours facile, bien que l'on ne soit pas revêtu d'un uniforme, de servir son pays. On le verra par la suite. Le Poète n'y a pas manqué, et il a plus fait pour la France en écrivant des vers que s'il avait pris un fusil qui aurait été un objet inutile dans ses mains.

On peut toujours servir sa patrie, il n'y a qu'à le vouloir.

Le jour de la conscription, le préfet de la Seine-Inférieure, qui était alors M. Stanislas de Girardin, l'invita à venir passer quelques jours à Ermenonville, cet ermitage célèbre dont Jean-Jacques Rousseau le grand penseur, fut un des hôtes les plus illustres.

Casimir accepta avec empressement une telle invitation :

> O champs de la Neustrie, ô fertiles vallons,
> Quand la fraîcheur du soir descend du haut des monts
> Sur des pommiers en fleurs, à l'ombre des vieux chênes,
> Laissez-moi m'égarer au bord de vos fontaines (2).

(1) Cette version est la vraie. — M. Arthur Delavigne, neveu du poète avec lequel j'ai eu le plaisir d'avoir une entrevue le 20 juillet 1893, et auquel j'ai soumis cette opinion, m'a assuré que j'avais raison.

(2) Poème : L'étude fait-elle le bonheur dans toutes les situations de la vie ?

II

HISTOIRE ET ANALYSE DES ŒUVRES

DE

CASIMIR DELAVIGNE

I

Les Messéniennes.

L'Empire croulait et en croulant, il laissait la France aux mains de ses ennemis.

Waterloo avait eu lieu et les alliés étaient aux portes de Paris.

1870 devait nous ramener le même spectacle avec la honte de Sedan.

Le premier Empire était mort avec Waterloo, avec Cambronne lançant aux Anglais cette apostrophe célèbre, ce mot fameux que Victor Hugo a écrit en entier dans ses *Misérables* et qui a été traduit par cette phrase : « *La garde meurt et ne se rend pas* ».

Le second Empire trouva que livrer les armées, les canons, les fusils, les drapeaux était plus glorieux que se défendre.

Casimir Delavigne voyant, en 1815, les malheurs fondre sur la France, fit entendre les accents chaleureux de sa lyre. Il la fit vibrer dans ces *Messéniennes* qui furent, tout en étant un chant de douleur, un cri de vengeance, de même que la *Marseillaise* de Rouget de l'Isle avait été un chant de triomphe qui devait conduire les soldats de la République et ceux de Napoléon à la victoire.

Pour écrire ses vers, le poète, on ne saurait trop le répéter, n'écouta que les élans de son cœur. Il exprima la pensée de toute la France qui se voyait déshonorée après avoir été pour ainsi dire la maîtresse indomptable de tous les peuples qu'elle avait combattus à la fin du XVIII⁰ siècle et au commencement du XIX⁰. Il traduisit les sentiments ressentis par tous les cœurs français à l'approche de cette invasion qui ainsi que celle de 1870 mit à feu et à sang ce territoire qui depuis longtemps n'avait pas été souillé par les armées étrangères.

Par ses vers remplis de fièvre patriotique, il releva le courage des âmes abattues, de même que pendant l'*année terrible*, un autre allait, usant lui non pas de l'art poétique mais de l'art oratoire avec la force du tribun et la puissance de l'éloquence, jeter le cri de l'espérance quand il prononça cette parole à jamais mémorable : « Français, éle- « vez vos âmes à la hauteur des effroyables périls qui fondent sur la « Patrie ».

La France toute meurtrie qu'elle fût à la chute du premier Empire, écouta son poète, l'élu de son cœur et écouta le tribun après l'infamie de Napoléon III.

Et aujourd'hui, malgré ses défaites, malgré son martyre, la France chaque jour se relève plus glorieuse.

Son drapeau est salué, son amitié est recherchée.

Une part de cette œuvre en revient au poète qui avait su relever le courage de nos ancêtres, l'autre à celui qu'on a appelé avec juste raison *le fondateur et l'éducateur de la troisième République* (1), à ces deux cœurs qui n'ont jamais désespéré de la Patrie.

Mais cette œuvre de relèvement de la France n'est pas encore achevée.

Chaque jour, nous y travaillons. Et pour réussir, nous irons interroger l'ombre du poète et l'ombre du tribun, certains de trouver dans le souvenir de ces deux patriotes de nouvelles forces. C'est en invoquant leurs ombres que nous retremperons notre courage pour le plus grand honneur et la plus grande gloire de la France.

Nous n'y manquerons jamais.

Rappelant cette époque déjà lointaine, M. de Montalivet n'a pu s'empêcher de s'écrier devant le cercueil de Casimir Delavigne : « Ne sommes-« nous pas de la génération qui faisait provision de généreuses colères « aux accents patriotiques de ces *Messéniennes* en pleurs dont les vers « immortels préparaient la revanche de la défaite d'un jour. »

Ne pourrions-nous pas répéter cette phrase en substituant au nom de l'œuvre, la parole sortie de la bouche du grand tribun et que j'ai rappelée plus haut ?

Casimir Delavigne écrivit donc ses *Messéniennes*. Sa muse chanta la liberté, flétrit le despotisme, haït l'anarchie, peignit les douleurs de l'invasion, exulta les vieilles gloires de la France, célébra la Grèce et sa résurrection. Il déborda tout son cœur dans celui de la Patrie.

Le poète fut écouté.

Peu d'œuvres ont eu un retentissement égal à celui des premières *Messéniennes* de Casimir Delavigne. Elles furent accueillies avec enthousiasme. Le nom du poète devint dès le premier jour populaire. Ses *Messéniennes* furent apprises par cœur et répétées aux quatre coins de la France.

Victor Hugo lui aussi allait mêler sa voix quelques années plus tard à celle du poète que la ville du Havre est fière de compter au nombre de ses enfants les plus illustres.

O heureux l'homme qui peut par la poésie faire grandir dans les âmes l'amour sacré de la Patrie !

(1) M. René Goblet.

Plus heureux encore celui qui par la parole, fait opérer le même changement, fait revivre à l'heure ou tout est perdu, même l'honneur, l'espérance qui ranime les courages au moment ou le péril devient de plus en plus grand, fortifie les cœurs pour ne pas laisser tomber le drapeau, ce drapeau sacré qui peut parfois s'échapper des mains mourantes de celui qui le porte, mais qui trouve toujours prête une autre main pour le maintenir haut et ferme !

Entre la *Marseillaise* de Rouget de l'Isle et les *Messéniennes* de Casimir Delavigne, avant et pendant lui, là-bas, de l'autre côté du Rhin, en Allemagne, des poètes faisaient retentir les accents de leur lyre.

Arndt (26 décembre 1769 — 29 janvier 1860), écrit ses chants de guerre restés populaires.

Théodore *Kœrner*, né le 23 septembre 1791 à Dresde, celui qui a été surnommé le Tyrtée allemand, que l'on a appelé : « l'amant de la mort au chant d'honneur », qui fut également poète dramatique et qui, à l'appel du roi de Prusse, s'engagea dans le corps franc du major Lutzow et trouva la mort dans un bois près de Shwerin en Mecklembourg, célébra à l'avance dans ses vers le relèvement de l'Allemagne : « Le peuple « se lève, l'orage éclate. Qui lâchement se croisera encore les mains ? » s'écrie-t-il dans une de ses poésies. Dans une autre : « Le devoir nous « appelle au combat et tous nos cœurs sont enflammés. »

Puis il donna la *Marche des chasseurs de Lutzow* : « Qu'est-ce qui « brille au soleil, là-bas dans la forêt ? Entends comme cela s'approche « avec bruit », ce chant composé dans une nuit d'enthousiasme et de fièvre se répandit la nuit même de sa création, parmi les soldats.

Les poètes français, les frères Deschamps en ont fait une traduction sans en trop trahir la sauvage énergie, écrit un critique.

Kœrner composa ensuite *Lien d'union avant la bataille*.

Dans un combat près de Leipzig, bien que blessé grièvement, il se livre tout entier encore à la poésie et dans des vers d'une beauté grandiose qu'aucune traduction ne saurait rendre, il dit :

« La blessure est brûlante, les lèvres pâles tremblent, je sens aux « faibles battements de mon cœur que je touche à la limite de mes « jours. O Dieu qu'il en soit comme tu voudras, je me suis abandonné « à toi. »

C'est le *Fiat voluntas tua* de Jésus aux jardins des Olives.

C'est la dernière pensée du héros qui croit, du héros chrétien.

C'est saint Louis mourant qui lève les yeux vers le ciel et qui murmure sa dernière prière à Dieu : « Père, je commets mon esprit en ta « garde. »

Remis de sa blessure, Kœrner va rejoindre son régiment.

Peu de temps après il trouve la mort sur le champ de bataille.

Ses compagnons d'armes l'ensevelirent au pied d'un chêne et voulant rendre les honneurs aussi bien au poète qu'au soldat ils chantèrent devant son cadavre, un des plus beaux chants de ce patriote : *Prière pendant la bataille* : « Père, je m'adresse à toi, la fumée des canons m'enveloppe ».

Avant d'expirer, le poète avait pu pousser son chant du cygne, adressé à son épée : « Épée suspendue à ma gauche, que signifie ton joyeux « éclat? » et que l'on a pu entendre chanter par les soldats allemands en 1870.

Les chants patriotiques de Kœrner ont été réunis en un volume ayant pour titre : *Lyre et Épée.*

Max de Shenkendoff (1783-1817), moins célèbre que les deux poètes dont je viens de parler, lança son premier chant patriotique lors de la déclaration de guerre de 1806. En outre, il écrivit des poésies religieuses. A citer de lui notamment : « Le *Chant du soldat au matin,* la *Matinée du dimanche.*

Frédéric Ruckert (1788-1866), qui fut tour à tour poète lyrique, poète didactique, poète épique, poète dramatique, écrit entre autres, ses *Sonnets cuirassés,* un chant sur la *Bataille de Leipzig,* cette bataille qui a été nommée la bataille des Nations où les Français écrasés par le nombre, — 300,000 alliés contre 200,000 Français, — furent vaincus, bataille qui nous faisait perdre l'Allemagne et permettait à l'étranger d'envahir le sol de notre patrie. Il laissa d'autres poèmes réunis sous ce titre : *La Couronne du temps* parmi lesquels se trouvent *Barberousse et les tombeaux d'Ottensen.*

A ces poètes allemands qui par leurs chants avaient eu la gloire de relever les courages abattus du peuple Teuton, la France allait leur opposer d'autres poètes aux lyres plus puissantes encore, *Béranger, Casimir Delavigne, Victor Hugo.*

Et avec eux, les Français allaient reprendre courage et reconquérir leur liberté, cette liberté que la poésie germanique avait aidé à leur enlever.

A la *Marseillaise,* l'Allemagne avait voulu répondre.

Elle y répondit par la *Marche des chasseurs de Lutzow.*

Au chant de *Kœrner,* la France répondit par les *Premières Messéniennes* de *Casimir Delavigne.*

Les *Messéniennes* sont dédiées à Madame X...

Le poète nous a caché le nom de celle à laquelle il a offert cette œuvre dictée par le patriotisme, dictée par le souvenir.

1re Messénienne. — *La bataille de Waterloo.* — Le poète salue ces héros qui se sont couverts de gloire sur tant de champs de bataille,

> Ils ont bravé les feux du soleil d'Italie,
>> De la Castille ils ont franchi les monts,
>> Et le Nord les a vus marcher sur les glaçons
> Dont l'éternel rempart protège la Russie
> Ils avaient tout dompté. — Le destin des combats
>> Leur devait après tant de gloire
> Ce qu'aux Français naguère il ne refusait pas,
> Le bonheur de mourir dans un jour de victoire.

ces héros qui comme l'illustre et modeste La Tour d'Auvergne couronnent leur vie en trouvant la mort au champ d'honneur,

> Domptés par la fatigue, écrasés par la foudre.
> . . . .
> Le bataillon sacré seul devant une armée
>> S'arrête pour mourir.
> C'est en vain que surpris d'une vertu si rare,
> Les vainqueurs dans leurs mains retiennent le trépas,
> Fier de le conquérir, il court, il s'en empare,
> La Garde, avait-il dit, meurt et ne se rend pas.
> On dit qu'en les voyant couchés sur la poussière,
> D'un respect douloureux, frappé par tant d'exploits,
> L'ennemi, l'œil fixé sur leur face guerrière
> Les regarda sans peur pour la première fois.
> Les voilà, ces héros si longtemps invincibles !
> Ils menacent encor les vainqueurs étonnés !
> Glacés par le trépas que leurs yeux sont terribles !
> Que de hauts faits écrits sur leurs fronts sillonnés !

ces héros morts pour la Patrie dont la France doit garder l'impérissable souvenir.

Le poète fait ensuite un appel chaleureux à la France.

Arrière, dit-il, les divisions de parti. La France souffre : elle gémit. elle pleure ; des hordes barbares souillent son sol. incendient tout sur leur passage, massacrent avec ivresse. apportent la dévastation et la ruine, emportent sur leurs chariots nos trésors..... qui ne peuvent répondre.

> Nous devons tous nos maux à nos divisions
>> Que nourrit notre intolérance.
> Il est temps d'immoler au bonheur de la France
> Cet orgueil ombrageux de nos opinions.

> Étouffons le flambeau des guerres intestines
> Soldats, le ciel prononce, il relève les lis :
> Adoptez les couleurs du héros de Bouvines
> En donnant une larme au drapeau d'Austerlitz.

Et dans une dernière strophe à l'adresse des orgueilleux vainqueurs, Delavigne a l'espoir de voir naître un nouveau Germanicus pour venger la France.

N'avais-je pas raison de dire que le poète avait par ses vers jeté le cri de l'espérance au milieu de l'abattement général qui accablait les désespérés ?

N'avais-je pas raison de dire qu'en écrivant ces vers, il faisait retentir le même cri qu'un jour allait faire entendre le Grand Tribun, à l'heure d'un nouveau et sanglant péril : « Français, élevez vos âmes et vos « résolutions à la hauteur des effroyables périls qui fondent sur la « Patrie. Il dépend encore de vous de lasser la mauvaise fortune et de « montrer à l'univers ce qu'est un grand peuple qui ne veut pas périr « et dont le courage s'exalte au sein même des catastrophes. »

Le poète allemand avait célébré dans ses vers la bataille de Leipzig, le poète français jeta des pleurs sur Waterloo.

2e MESSÉNIENNE. — *La dévastation des musées et des monuments.* — La pensée que le poète n'avait fait qu'émettre seulement dans la *Bataille de Waterloo* au sujet de l'enlèvement de nos richesses artistiques, il la reprend dans cette seconde *Messénienne* avec non moins d'éloquence et de fibre. Vous pouvez enlever nos statues, dit-il en substance, aux envahisseurs, vous n'enlèverez pas nos titres de gloire.

3e MESSÉNIENNE. — *Du besoin de s'unir après le départ des Étrangers.* — Delavigne rappelle la Révolution à laquelle succéda Napoléon, les victoires de l'une, les victoires de l'autre, puis les défaites fondant sans s'arrêter sur la Patrie, qui commencèrent en Russie, passèrent à Waterloo et vinrent se terminer sur le sol même de la France.

Et maintenant :

> Ces règnes d'un moment et les chutes soudaines
> De ces trônes d'un jour l'un sur l'autre croulants
> Ont laissé des levains de discorde et de haines
> Dans nos esprits plus turbulents.

L'étranger enfin est parti. Soyons unis, s'écrie le poète. Puis il salue le retour du descendant de la monarchie.

Par cette poésie, il donnait une leçon de politique aux irréconciliables, ce lycéen d'hier, ce poète d'aujourd'hui. Il démontrait à tous, la guerre étrangère ayant pris fin, que la guerre intérieure ne devait pas être allumée.

Avant tout, il fallait penser au relèvement de la patrie, s'unir.

Ce cri du cœur ne fut pas en vain jeté par l'auteur des *Messéniennes*.

Les Français comprirent et les blessures furent cicatrisées par les bienfaits de la paix.

4ᵉ MESSÉNIENNE. — *La vie de Jeanne d'Arc.* — Le calme peu à peu étant revenu en France, le poète n'eut plus besoin de faire de nouveaux appels à la concorde des esprits et des cœurs. Il voulut honorer dans ses vers les gloires passées, continuant ainsi son œuvre de patriote.

Il se rappela de l'héroïne née à Vaucouleurs, de son triomphe, de son martyre. Dans des vers admirables, il fit revivre celle que le fanatisme devait conduire sur un bûcher.

> Une femme parait, une vierge, un héros,
> Elle arrache son maître aux langueurs du repos.
> La France qui gémit se réveille avec peine,
> Voit son trône abattu, voit ses champs dévastés,
> Se lève en secouant sa chaine
> Et rassemble à ce bruit ses enfants irrités.

5ᵉ MESSÉNIENNE. — *La mort de Jeanne d'Arc.* — L'héroïne est aux mains des Anglais. Bedfort rend contre elle un arrêt infâme.

> Un prêtre en cheveux blancs ordonna le supplice
> Eh c'est au nom d'un Dieu par lui calomnié.
> D'un Dieu de vérité, d'amour et de justice.
> Qu'un prêtre fut perfide, injuste et sans pitié.

Jeanne après avoir monté le chemin du Calvaire, après avoir entendu le sarcasme de gens qui tremblaient encore à sa vue, arrive enfin à l'endroit du supplice. Là, elle est saisie d'effroi. C'est pour elle que ce bûcher a été dressé, ce bûcher qui va devenir la proie des flammes et dont les cendres contiendront celles de la victime. Elle pleure. Se peut-il qu'à cet instant personne ne vienne pour la délivrer? Non, personne. Elle doit mourir en martyre, en martyre de la patrie. Elle gravit les marches de ce nouveau mont du Golgotha que l'ingéniosité humaine vient d'établir. Dans ses mains liées, on lui a placé l'emblème sacré de la Rédemption, cet emblème qu'elle n'a jamais séparé de celui de sa patrie, avec lesquels elle a vaincu, avec lesquels elle va mourir. Le bûcher est allumé. Déjà la flamme environne la Vierge qui a rendu à Charles VII sa couronne et son royaume.

Et sa voix expirante
Murmure encore : « O France, ô mon roi bien-aimé ! »
Que faisait-il ce roi ? Plongé dans la mollesse
Tandis que le malheur réclamait son appui,
L'ingrat, il oubliait aux pieds d'une maîtresse
La Vierge qui mourait pour lui.

Ensuite le poète demande pour celle

.... qui sauva le trône et sa patrie
Et n'obtint qu'un tombeau pour prix de ses exploits,

un monument.

Qu'un monument s'élève aux lieux de ta naissance.
O toi qui des vainqueurs renversa les projets,
La France y portera son deuil et ses regrets
Sa tardive reconnaissance.

On a élevé des monuments à Jeanne d'Arc. On en a élevé à Paris, à Rouen, à l'endroit même où elle fut brûlée, dans d'autres encore. Et dernièrement, le 30 juin 1892, on en a élevé un à Bonsecours, près de Rouen, et le 13 août 1893, on a procédé à Chinon à l'inauguration d'une colossale statue équestre.

Bientôt on va en élever un autre près de Vaucouleurs, en Lorraine, lieu de sa naissance, ainsi que le demandait Casimir Delavigne.

L'Église en a pris l'initiative, voulant ainsi réparer le meurtre, l'assassinat, le crime qu'un des siens, un évêque qui s'appelait Cauchon, a commis.

Non, Église, tu as beau faire, celle que tu veux faire tienne ne t'appartient pas.

Jeanne la Lorraine appartient à la France.

N'enlève pas à la France ses héros, ses martyrs.

Si le monument que tu veux lui édifier, à cette héroïne morte pour la patrie, s'élève un jour, ce n'est pas la sainte que les Français viendront honorer, c'est la patriote, c'est la Jeanne victorieuse des Anglais, c'est la Jeanne qui a été traitée de folle, qui a été accablée d'injures, c'est la Jeanne brûlée par un évêque, c'est la Jeanne martyre qui fut suppliciée après avoir délivré la France.

Delavigne, dans une dernière strophe, rappelant qu'il a voulu par ses premiers vers rendre son hommage à l'armée française qui sera toujours la *première* du monde par sa vaillance, regrette que son luth n'ait pas été plus puissant. Il s'en excuse en disant :

Mais poète et Français, j'aime à vanter la France,
Qu'elle accepte de périssables fleurs.

Malheureux de ses maux et fier de ses victoires,
Je dépose à ses pieds ma joie et mes douleurs ;
J'ai des chants pour toutes ses gloires,
Des larmes pour tous ses malheurs.

6ᵉ Messénienne. — *Le jeune Diacre ou la Grèce chrétienne.* — L'auteur nous prévient dans une note que le récit qu'il va narrer, appartient au voyage de M. de Pouqueville, auquel il dédie cette pièce de vers.

Le Croissant règne maintenant à Coron, le Croissant a remplacé la Croix sacrée, là où la liberté a fait place à l'esclavage.

Le prêtre ne peut plus offrir le Saint Sacrifice. Il est obligé de se cacher.

Personne ne vient porter secours à ce peuple opprimé.

L'oiseau des champs trouve un asile
Dans le nid qui fut son berceau,
Le chevreuil sous un arbrisseau,
Dans un sillon, le lièvre agile.
Effrayé par un léger bruit
Le ver qui serpente et s'enfuit
Sous l'herbe ou la feuille qui tombe
Echappe au pied qui le poursuit

Heureuses créatures !
Mais les chrétiens que trouvent-ils, pour se réfugier ?

Notre asile à nous, c'est la tombe.

Au commencement du XIXᵉ siècle, en Grèce, l'Église retournait donc à l'époque des Catacombes. Elle perdait tout ce qu'elle avait acquis depuis dix-huit siècles.

« Il y eut un temps, dit M. l'abbé Cochet, un havrais, un contemporain
« de Casimir Delavigne, où l'Église cachée dans des rochers, célébrait
« dans des grottes, dans des souterrains, la pompe de ses cérémonies ;
« les carrières de Rome, les greniers d'Athènes, les cryptes de la Gaule
« formaient ses premiers temples et recevaient ses premiers enfants.
« L'Église alors, c'était les Catacombes. »

Le jeune lévite qui vient de chanter en s'accompagnant de son luth, tombe martyre, frappé par une balle musulmane au moment où il se préparait à prendre son esquif pour rejoindre son père.

Le lendemain, dès l'aurore, ce père souffrant d'angoisse va au-devant de son enfant. Sur ses pas il découvre :

> Un luth qu'un plomb mortel semble avoir traversé,
> Qui n'a plus qu'une corde à demi détendue.
> Humide et rouge encor d'un sang presque effacé.

Nul doute pour le vieillard, son fils est mort.

7e Messénienne. — *Parthénope et l'Étrangère.* — Au seuil de Parthénope, on frappe. Qui donc ? la Liberté. L'antique Italie écoutera-t-elle l'étrangère ? A ses accents, tous, Rome, Naples, Venise se soulèvent. Mais hélas, on l'écouta peu de temps. Trente jours ! Le Germain règne maintenant en oppresseur sur cette terre où devait toujours régner la liberté.

La liberté alors abandonne ce pays et adressant un dernier adieu à Parthénope qui la rappelle, elle lui dit :

> Tu m'as trahie, adieu, dit-elle,
> Je pars. — Quoi, pour toujours ? — On m'attend. — Dans quel lieu ?
> En Grèce. — On y suivra tes traces fugitives.
> — J'aurai des défenseurs. — Là comme sur mes rives
> On peut céder au nombre. — Oui, mais on meurt, adieu.

8e Messénienne. — *Aux ruines de la Grèce païenne.* — Le poète parcourt ces ruines. Chacune d'elles lui rappelle un jour célèbre de cette Grèce ancienne. Il annonce le retour de la liberté triomphante.

9e Messénienne. — *Tyrtée aux Grecs.* — Comme Tyrtée jadis, le poète français présage la victoire aux Grecs. Ils se vengeront des massacres et de l'incendie de Chio. Puis, il célèbre la victoire de Constantin Canaris qui rend définitivement la liberté à ce peuple qui a tant souffert.

Est-il besoin de rappeler que Victor Hugo lui aussi a consacré des vers à ce patriote hellénique.

10e Messénienne. — *Le Voyageur.* — Le voyageur est un Grec. Il va de par le monde cherchant la liberté, cherchant un vengeur pour sa patrie. Il va à Rome, à Naples, à Venise, à Vienne, en Angleterre, à Cadix.

A Paris, il trouve un autel pour la déesse :

> Mais c'est un arbre qu'il contemple,

Remarquez-vous la satire ?

La Liberté ? Il ne l'a trouvée nulle part. Un vengeur pour sa patrie ? non plus.

Miné par la douleur, il revient dans son pays pour mourir.

C'est Procida allant de royaume en royaume réclamer des secours pour rendre sa liberté perdue à la Sicile. C'est le Procida tel que l'a conçu Casimir Delavigne, ainsi que nous le verrons plus tard.

11e MESSÉNIENNE. — *A Napoléon.* — Au géant tombé, à celui qui a subi les rigueurs de l'exil dans une île déserte, au grand mort qui venait de disparaître de ce monde, Delavigne consacre cette Messénienne.

Le poète dit à celui

.... qu'un empire immense eut peine à contenir

et non peut-être sans vérité :

> Tu règnerais encor si tu l'avais voulu,
> Fils de la Liberté tu détrônas ta mère,
> Armé contre ses droits d'un pouvoir éphémère,
> Tu croyais l'accabler, tu l'avais résolu,
>   Mais le tombeau creusé pour elle
> Dévore tôt ou tard le monarque absolu.
> Un tyran tombe ou meurt : seule elle est immortelle.

En pleine nuit, dans un songe, le poète fait apparaître aux yeux de Napoléon, d'abord une guerrière s'appuyant sur un drapeau tricolore qui lui dit :

> Tu changeas mon drapeau contre un sceptre d'airain,
> Tremble, je vois pâlir ton étoile éclipsée.
> . . . .
> Adieu, ton règne expire et ta gloire est passée.

Une autre guerrière suit la première, elle est armée d'un glaive et d'un compas :

> ... Si tu t'égarais dans ton vol glorieux
>   C'était pour chercher la lumière.
> Tu voulus l'étouffer dans ton sceptre d'airain.

Et comme sa sœur, elle ajoute :

> Tremble, je vois pâlir ton étoile éclipsée.
> . . . .
> Adieu, ton règne expire et ta gloire est passée.

Ce songe, où toute cette vie de triomphe est passée en revue, s'achève au moment où le géant entend le roulement du tambour.

Mais un jour celui qui a été le César des temps modernes se réveille,

> .... Sur un rocher où sa vie importune
> Troublait encor les rois d'une lueur commune.

> Du fond de son exil encore présent partout,
> Grand comme son malheur, détrôné mais debout
>   Sur les débris de sa fortune,
>   Sur ce rocher il est mort.

Dans une dernière strophe, le poète préconise que cette tombe est la tombe de toute une dynastie.

Delavigne ne pensait pas qu'un jour la France après Napoléon le Grand, aurait eu Napoléon le Petit. Il ne pensait pas, le poète, ayant confiance dans l'avenir, que celui qui avait fait Brumaire, qui vainquit à Austerlitz, qui fut malheureux à Waterloo, aurait eu un descendant qui aurait fait le 2 Décembre, qui aurait fait Sedan, Napoléon le Petit, Napoléon le fusilleur.

12e Messénienne. — *Lord Byron.* — Après le grand guerrier, victime de son orgueil, Delavigne passe au grand poète, au grand génie, insulté par sa patrie même, à cet amant de la Grèce, à ce chantre de la Liberté.

Cette Messénienne a été traduite en vers anglais par M. G. H. Poppleton (1).

Ces premières *Messéniennes* sont terminées par un épilogue adressé aux rois de la terre.

> A vous puissants du monde, à vous rois de la terre
> Qui tenez dans vos mains et la paix et la guerre.
> A vous de décider si lassé de souffrir
> Les Grecs ont pris le fer pour vaincre ou pour mourir
> Si du Tage au Volga, de la Tamise au Tibre
> L'Europe désormais doit être esclave ou libre.

Voici donc ces *Messéniennes* qui à leur apparition firent tant de bruit en France, les trois premières surtout, ces *Messéniennes* que l'on trouva moyen de critiquer au point de vue de l'art poétique, oubliant le but patriotique qui les dictait, oubliant que dans ces vers se faisait entendre la voie sacrée de la patrie elle-même.

La bataille de Waterloo, La dévastation des Musées nationaux par l'étranger, Le besoin de s'unir après le départ de l'oppresseur étaient bien la préoccupation de tous les esprits en ces jours de deuil, se succédant rapides après tant de jours de triomphe.

Il se trouva un poète à cette heure d'angoisse pour faire vibrer sa lyre et jeter le premier cri de l'espérance.

(1) *Messenian on Lord Byron*, translated into English verse, by G. H. Poppleton Marseille, Camoin, 1824, br. in-8.

A ce cri poussé par un jeune homme tous les cœurs répondirent. Les vieux à barbe blanche, les survivants de la grande armée et mêmes leurs futurs successeurs furent enthousiasmés en entendant les accents de ce luth qui chantait la liberté.

Et comme je l'ai dit déjà, bientôt ces vers furent dans toutes les mémoires. On les récita sur tous les points de la France.

Ce poète était Casimir Delavigne.

Et après avoir elle-même retrouvé le calme, la pensée de la France se dirigea du côté où la liberté était opprimée. La Grèce martyre, combattant pour son indépendance qui déjà avait inspiré lord Byron, sur les rivages de laquelle, le grand poète anglais devait mourir, inspire elle aussi Casimir Delavigne.

Pour cette nation il écrit sa *sixième*, sa *septième*, sa *huitième*, sa *neuvième*, sa *dixième Messénienne*.

En même temps que lui, Victor Hugo la chante et les deux poètes unis dans la même pensée, en rappelant aux Français les luttes qui se livrent dans l'Hellespont, célèbrent dans leurs chants la liberté due au peuple.

Dans sa quatrième *Messénienne*, il rappelle le souvenir de *Jeanne la Lorraine*, dans sa onzième celui de *Napoléon*, dans sa douzième celui de *Lord Byron*. Et l'héroïne, le géant, le poète, reçoivent chacun l'éloge qu'il mérite.

Quant à celui du vainqueur d'Iéna il le tempère. Tout en reconnaissant la gloire qui couvre ce grand homme, il jette un regret sur la fin si malheureuse de celui qui s'en alla mourir sur un rocher, triste et solitaire.

Dans toute cette œuvre du poète, un seul sentiment, un seul amour se montre toujours, l'amour de la liberté, cette liberté à laquelle il a consacré ses premiers chants et qui aura sa dernière pensée.

> ... Cette liberté que je chantai toujours,
> Redemandant un hymne à ma veine glacée,
>   Aura ma dernière pensée,
> Comme elle eut mes premières amours (1).

Casimir Delavigne fut à son époque un poète historien, le journaliste poète de la nôtre. Il avait mis à la disposition de ce peuple de France qui avait soif d'indépendance, sa muse vibrante de libéralisme. Il flattait ainsi le goût public.

Voici ce qui explique l'engouement qui accueillit ses *Messéniennes* à

(1) Casimir Delavigne. *Funérailles du général Foy*.

leur apparition au moment où un vent de révolte soufflait contre les anciens préjugés, où on demandait à la royauté des concessions comme si la royauté pouvait en donner jamais.

Du jour où celle-ci ne voulut pas se prêter à ces réformes qui lui assuraient pour l'avenir le pouvoir, elle tomba par terre sans possibilité pour elle de se relever, victime elle aussi de son orgueilleuse inconsé-quence, de son orgueilleuse surdité.

Un vent de fronde qui n'avait cessé de se faire entendre fit cet ouvrage.

Par ce nom de *Messéniennes* donné à ses poésies, Casimir Delavigne fait allusion à un passage du *Voyage du jeune Anacharsis* de Barthé-lemy (1). En effet, cet auteur fait chanter par un habitant de Messénie réfugié en Lybie, trois élégies sur le souvenir des maux que sa patrie avait eu à supporter dans ses guerres contre les Lacédémoniens.

Et en terminant ce chapitre, pour prouver combien cette œuvre a été célèbre, j'ajouterai seulement qu'il a été vendu plus de vingt et un mille exemplaires des *Messéniennes* dans une année.

(1) T. IV, chap. 40.

II

Les autres Messéniennes. — Une semaine à Paris.

1re MESSÉNIENNE. — *Le Départ.* — Sur le brick napolitain qui l'emporte, loin de ces rivages de France, cette fille de la Grèce, Delavigne, à l'exemple de lord Byron, à l'égard de son ingrate patrie, adressa ses adieux à la nation qui lui a donné le jour :

> O France, je te quitte, adieu France chérie,
> Adieu, doux ciel natal, terre où j'ouvris les yeux,
>   Adieu Patrie, adieu Patrie.

Mais que bien différente est l'hymne du poète français ! Rien de commun avec l'hymne du poète anglais qui quittait le sol natal, le désespoir dans le cœur. Delavigne, lui, espérait revenir tôt ou tard dans sa patrie qu'il aimait, mais Byron, lui, sentait que la sienne lui était à jamais perdue, qu'il devait mourir loin d'elle.

2e MESSÉNIENNE. — *Trois jours de Christophe Colomb,* le grand navigateur qui découvre l'immense Amérique.

> Que dira Ferdinand, l'Europe, l'avenir ?
> Il la donne à son roi cette terre féconde,
> Son roi va la payer des maux qu'il a soufferts.
> Des trésors, des honneurs en échange d'un monde,
> Un trône ! Ah ! c'était peu ! Que reçut-il ? des fers.

Oui, des fers pour « ce fou » qui découvrait une terre nouvelle.

3e et 4e MESSÉNIENNES, dans lesquelles le poète adresse un nouvel appel aux peuples pour venir à la délivrance de la Grèce.

5e MESSÉNIENNE. — *Les funérailles du général Foy.* — La France venait de perdre un de ses enfants illustres qui, soit sur le champ de bataille, soit à la tribune avait toujours glorieusement défendu sa liberté. Delavigne glorifie la France d'avoir rendu un hommage mérité au guerrier et à l'orateur dont elle déplore la perte.

6e Messénienne. — *Adieux à Rome*, à la patrie de Numa, à la patrie de Cicéron, à la patrie de César, à la patrie de Virgile, à la patrie du Tasse.

Et suivant sa pensée, Delavigne se demande quel nom en France on pourrait opposer à ceux de ces demi-dieux romains.

> Il y en a un, c'est celui de Corneille ;
> Le Sophocle français, l'orgueil de sa patrie,
> L'égal de ses héros, celui qui crayonna
> L'âme du grand Pompée et l'esprit de Cinna.

Et alors l'élève fait l'éloge du grand Corneille qui par ses œuvres a élevé des monuments immortels à ces demi-dieux de l'ancienne Rome que le temps ne saurait détruire (1).

7e Messénienne. — *Promenade au Lido.* — Encore un chant en l'honneur de la Liberté.

Puis un *Épilogue* qui se termine par ces vers menaçants :

> La force comprimée est celle qui détruit,
> C'est quand il est captif dans un nuage sombre
> Que le tonnerre éclate et luit.
> Et la chute est facile à qui marche dans l'ombre.

Ces nouvelles *Messéniennes* auxquelles l'auteur a joint *Une semaine à Paris*, n'ont peut-être pas l'envergure des premières. Elles paraissent plus faibles. Cette faiblesse doit être attribuée surtout aux sujets même choisis par l'auteur qui ne comportaient pas toute la puissance lyrique que l'on se plaît à reconnaître dans les précédentes.

A ce moment, en France, en Grèce, le péril paraissait disparaître peu à peu et par suite ces nations n'inspiraient plus avec autant de puissance l'Amant des Muses. Dès lors le poète semblait se réserver pour l'avenir.

Le poète attendit.

Il attendit cette révolution de Juillet qui éclata soudain et qui lui procura l'occasion d'écrire une *Semaine à Paris*, cette page triomphale adressée aux Français, à l'heure où la Royauté n'exécutant plus ses promesses, ses serments, disparaissait, laissant la place à un gouvernement constitutionnel.

(1) Cette pièce de vers a été mise en musique par Rossini (accompagnement de harpe ou piano). — La musique a été imprimée à la fin de l'édition des *Sept Messéniennes Nouvelles.* — Ladvocat, 1827.

> Quels sont donc les malheurs que ce jour nous apporte,
> Ceux que nous présageaient ses ministres et lui.
> Quoi, malgré ses serments ? — Il les rompt aujourd'hui.
> Le ciel les a reçus. — Et le vent les emporte.
> Mais les élus du peuple ? — Il les a cassés tous
> Les lois qu'il doit défendre ? — Esclaves comme nous.
> Et la pensée ? — Aux fers. — Et la Liberté ? — Morte.
> Quel était notre crime ? — En vain nous le cherchons.
> Pour mettre en interdit la Patrie opprimée,
> Son droit ? — C'est le pouvoir — Sa raison est une arme,
>   La nôtre est un peuple. Marchons.

Ce jour-là fut le jour du peuple.

   « Un peuple comme un homme a son jour de génie. »

Ce jour-là, le peuple de France se révolta, prit des armes. La liberté qu'on voulait lui reprendre, il la défendit encore au prix de son sang. Il se vengea.

> Vengeons-les ou mourrons. — Des armes, où les prendre ?
>   Dans les mains de leurs meurtriers.
> A qui donne la mort, c'est la mort qu'il faut rendre.
> . . . .
>   De la Liberté, l'arsenal est partout.

Le poète salue le retour du drapeau tricolore et l'avènement au trône de celui qu'il appelle *le Roi Citoyen*. Il termine cette pièce de vers en disant au peuple qui a fait un si grand travail, de se reposer dans les plis de ce drapeau qui lui a fait remporter cette victoire sur le despotisme.

> Pour toi, peuple affranchi dont le bonheur commence,
> Tu peux croiser tes bras après ton œuvre immense.
> Puis de tous les excès, huit jours l'ont enfanté,
> Ils ont conquis les lois, chassé la tyrannie,
>   Et couronné la Liberté.
> Peuple, repose-toi : ta semaine est finie.

Un dernier vers qui résume d'une façon si heureuse, l'œuvre accomplie par ce peuple.

III

Études sur l'antiquité. — Épître à Lamartine. — La Parisienne.

Casimir Delavigne a réuni sous ce titre général : *Études sur l'anti-quité*, neuf pièces de vers, *Les Troyennes*, cantate, *Danaé*, *Antigone et Isménie*, *Hymne à Vénus*, *Ode*, *A mes Amis*, *Au vallon d'Argental*, *Stances*, *Imitation d'une scène d'Hécube d'Euripide* et qui sans doute devait faire partie de la tragédie de *Polyxène*, écrite par notre poète et qui ne vit jamais le feu de la rampe.

Viennent après des *discours* en vers ; des *épîtres*, des *poésies* diverses dont j'ai déjà eu l'occasion de parler.

Puis cette célèbre *Epître* en réponse à Lamartine, dans laquelle le poète chante la liberté qui fut toujours son impératrice et qui est aussi celle du poète des *Harmonies*.

Oui, c'est la liberté que Lamartine a chanté, en célébrant la Religion. Assurément non, ses vers ne prêchent pas le fanatisme. Il a voulu honorer ces deux sœurs, la Liberté et la Religion.

Unissons-nous et sur deux autels, continuons à chanter la gloire de nos deux héroïnes, conclut l'auteur des *Messéniennes*.

Les partis avaient essayé de fâcher à jamais les deux poètes. Les deux poètes répondirent en se donnant la main.

L'un et l'autre persévérèrent dans leurs chants et dans leurs amours pour la plus grande gloire de la France. Ils donnèrent ainsi au pays un exemple de plus de confraternité littéraire qui fait honneur à tous deux.

L'attente, *Versaille*, *Élégie*, *A mon Ami*, en lui demandant une place dans un hospice, précèdent la *Parisienne*, cette nouvelle *Marseillaise* que chantèrent tous les Français :

> Peuple français, peuple de braves,
> La liberté rouvre ses bras.
> On nous disait : soyez esclaves,
> Nous avons dit : soyons soldats.
> Soudain Paris dans sa mémoire,
> A retrouvé son cri de gloire.

> En avant, marchons
> Contre leurs canons,
> A travers le fer, le feu des bataillons.
> Courons à la victoire.

Avec la Révolution de juillet,

> Les trois couleurs sont revenues
> Et la colonne avec fiereté
> Fait briller à travers les nues
> L'arc-en-ciel de la Liberté.

Ce chant de triomphe célébra Lafayette, ce défenseur de la Liberté.

Par ses vers, Delavigne imprégna plus encore dans les cœurs l'élan patriotique de cette génération de 1830 qui par de nouveaux héros, par de nouveaux martyrs, revendiqua la Liberté pour la Patrie, pour la France.

IV

Les Vêpres siciliennes et le Comité de lecture du Théâtre-Français.

Casimir Delavigne s'était dit assurément comme le personnage de Piron de la *Métromanie* :

> Que la fortune donc me soit mère ou marâtre,
> C'en est fait : pour berceau, je choisis le théâtre
> Pour client, la vertu ; pour lois, la vérité
> Et pour juge, mon siècle et la postérité.

Car, comme bien on s'en doute, admirateur passionné des poètes grecs et latins, il n'avait aucune sympathie pour la carrière du droit.

Le cerveau du poète enfanta alors les *Vêpres siciliennes*, une des plus belles œuvres qu'il ait été donné à cet amoureux des Muses d'écrire.

Il la présenta à la Comédie-Française. Le Théâtre-Français s'empressa de la garder pendant une éternité *ad usum* deux années peut-être qui parurent à Delavigne des siècles.

Enfin, un jour pourtant le comité de lecture daigna s'occuper de cette œuvre, et la reçut à correction.

« Ce jugement, nous apprend Germain Delavigne, offrit une circons-
« tance assez singulière. A cette époque, les comédiens avaient l'habi-
« tude, après avoir entendu une pièce, de motiver leur vote dans un
« bulletin. Celui de Thénard, qui tenait alors l'emploi des premiers co-
« miques, était conçu en ces termes : « Je reçois cet ouvrage malgré ses
« défauts, j'y trouve la preuve que l'auteur un jour écrira très bien la
« comédie. »

Nous verrons par la suite que Thénard ne se trompait pas.

« Une jeune sociétaire, plus célèbre par sa beauté que pour son talent
« motivait ainsi son refus : « Je refuse l'ouvrage parce que je *la* trouve
« mal *écrite.* »

Une autre actrice prétendit que l'on ne pouvait faire imprimer sur une affiche de théâtre le mot : « *Vêpres* ».

Notre poète revit son œuvre, la corrigea suivant les conseils qui lui furent donnés.

Une seconde fois, elle fut soumise au comité de lecture.

La pièce alors fut reçue mais il y eut un *mais, à la condition que l'auteur n'exigeât jamais que sa pièce fût jouée.*

On peut juger du désespoir qui s'empara du poète : « Il paraît que je « me suis tout à fait trompé, dit-il à son frère, il faut faire une autre « tragédie. »

Et, ajoute Germain Delavigne : « En disant ces mots, il jeta son ma-« nuscrit dans le feu. »

Virgile brûlant l'*Énéide*.

Son frère s'empressa d'empêcher que cette œuvre devint la proie des flammes et répondit : « Sans doute il faut faire une autre tragédie, mais « il faut garder celle-ci ; le jugement qui la condamne n'est peut-être « pas sans appel. »

Ce fut donc grâce à la présence d'esprit de Germain et à sa confiance obstinée dans l'avenir que les lettres françaises doivent de ne pas avoir vu une des plus belles œuvres dramatiques du XIXe siècle disparaître à jamais.

Germain avait raison d'avoir confiance dans l'avenir et de remonter le moral de son frère qui, malheureusement, était enclin à devenir une victime du désespoir, lui qui aimait tant à donner l'espérance à ceux qui n'en avaient plus.

V

Les Vêpres siciliennes à l'Odéon. — Picard, directeur de ce théâtre et Casimir Delavigne. — Discours d'ouverture.

Le 20 mars 1818, le théâtre de l'Odéon avait été la proie des flammes (1). Ce théâtre fut reconstruit et Picard en eut le privilège. Celui-ci s'empressa de choisir des artistes d'un talent réel, de former un comité de lecture. Il demanda à Casimir Delavigne, sa tragédie des *Vêpres Siciliennes*.

« Mon cher Casimir, lui dit-il, on vous a brutalement fermé les portes « du premier. Je viens vous proposer de vous ouvrir à deux battants « les portes du second. Entrez, quoique ce soit une tragédie à la main, « vous recevrez chez nous bon accueil. »

La pièce fut jouée le 23 octobre 1819. Ce fut un triomphe dans la salle et même en dehors de la salle.

Picard se jetant dans les bras du poète ne put s'empêcher de lui dire: « Mon cher Casimir vous nous sauvez. Vous êtes le fondateur du second « théâtre français. Jouissez bien de votre succès. Vous ferez sans doute « de plus beaux ouvrages, mais vous n'obtiendrez jamais un pareil « triomphe ».

Delavigne fit en vers le discours d'ouverture du second théâtre français.

Et le poète, « non porteur d'un sinistre message », mais

Modeste ambassadeur d'un empire comique,

adressa au public le compliment d'usage,

Un des statuts sacrés du théâtre français.

Sans aller voyager et par monts et par vaux, sans revenir couverts de lauriers, il espère que les acteurs futurs du théâtre inauguré, « artistes

______
(1) Ce théâtre avait été incendié une première fois le 18 mars 1799. Il fut reconstruit en 1807.

casaniers », cueilleront dans cette salle leurs vrais lauriers grâce à la bienveillance du public qui ne manquera pas de les encourager, public qui viendra en foule quoiqu'il pleuve ou qu'il grêle et grâce aux efforts des auteurs dramatiques qui feront jouer leurs pièces dans ce coin de Paris perdu.

Le public ne voudra pas donner raison aux craintes suggérées par ceux qui ont vu d'un mauvais œil l'édification de ce nouveau temple de l'art dramatique, et n'écoutera pas ces pronostics de mauvaise augure.

> Deux théâtres, dit-on, mais le seul existant
> Faute d'appui nouveau ne marche qu'en boitant.

Le poète a donc pleine et entière confiance et pour convaincre encore mieux le nombreux auditoire, il ajoute :

> Eh ! Messieurs, partagez le champ le plus stérile,
> Un seul le négligeait, deux le rendront fertile ;
> Les talents sont les fruits de la rivalité,
> Souvent un fils unique est un enfant gâté.

Le grand siècle, le siècle de Louis XIV qui est celui de Corneille, de Racine et du grand Molière, ne montre-t-il pas l'exemple ?

A cette époque ne voit-on pas deux troupes célèbres se disputer les lauriers, l'une ceux de la comédie, l'autre ceux de la tragédie ?

Le siècle suivant, celui de Voltaire, ne suit-il pas les traces de son ainé et ne fait-il pas applaudir à la fois sur des scènes diverses, les œuvres de l'auteur de *Zaïre*, les œuvres de Regnard, de Beaumarchais et de plus celles de Fabre d'Eglantine, de Chénier, de Legouvé, de Colin d'Harleville, de Ducis et d'autres en faisant connaître les noms d'interprètes immortels ?

> .....Si la vérité fut féconde en succès,
> Pourquoi désespérer de ses nouveaux essais ?

Pourquoi aujourd'hui ne pas suivre l'exemple du temps passé ?

Pourquoi craindre alors qu'il n'y a plus lieu de le faire, puisque la réussite a couronné les efforts des devanciers ?

Et le poète compare le théâtre dont les portes viennent de s'ouvrir, à un navire :

> Notre esquif lève l'ancre et va braver l'orage.

On a fait le nécessaire pour lutter victorieusement contre la tempête. Des artistes sont là prêts à livrer le grand combat et sans nul doute le parterre, les galeries applaudiront à leurs généreux efforts et voudront consacrer le talent de ces nouveaux interprètes qui iront sur les traces de leurs prédécesseurs.

Delavigne, à l'exemple d'Esope (qui en faisait même aux rois, continue son discours par un conte en s'excusant toutefois et en ajoutant spirituellement :

> Les rois, vous le savez, sont des dieux sur la terre
> Et ce qu'on dit aux dieux peut se dire au parterre.

Voici ce conte :

> Dans un pays que je ne nomme point,
> Pays des arts, du goût, de l'élégance
> (Il est, je crois, de votre connaissance),
> Était un parc admirable en tous points.

Qui ne reconnaît pas la Comédie-Française ? Or, cette Comédie-Française fait relâche un certain temps de l'année.

> Et un bon vieillard, un sage
> Dit : Mais pourquoi ne pas en avoir deux ?
> Quoi donc ? deux théâtres parbleu !

Et tous viennent les uns après les autres formuler leurs critiques. Le vieillard après les avoir écoutés leur répond :

> Juger trop vite à l'erreur nous entraîne.
> Est-ce en deux jours que le gland devient chêne ?
> . . . .
> Laissez aux fleurs le temps de s'entr'ouvrir.
> Et leurs couleurs n'en seront que plus belles.
> Vienne l'automne et les fruits vont mûrir.
> Achetez donc par un peu d'indulgence,
> Double avenue et double jouissance.

Et Casimir Delavigne se demande si ce conseil du vieillard fut suivi ? si son conseil à lui qui est le même le sera ?

Il y a tout lieu d'espérer que la bienveillance du public le voudra et il renvoie,

> Le mot de cette énigme au compliment prochain.

Le poète n'a-t-il pas par ses vers qui coulent de source, empreints d'une teinte d'ironie et fort spirituels, prononcé un plaidoyer habile en faveur de cet Odéon que, dès le premier jour, on semble vouloir mettre à l'index ?.

L'avocat, en cette circonstance a-t-il été en dessous de sa tâche ? Je ne le pense pas.

A mon avis, la cause a été bien défendue, et d'autant mieux que tout en donnant un coup de patte aux comédiens du Roi, le porte-parole a su à la fin de son discours tirer une péroraison que n'aurait pas désavouée notre grand fabuliste La Fontaine qui, d'une manière inimitable et qui ne sera jamais surpassée, a fait revivre les fabulistes de l'antiquité.

VI

Analyse de la pièce.

Après l'analyse de ce discours, je passe à l'analyse de la tragédie, *Les Vêpres siciliennes* (1).

Acte premier. — Un noble sicilien, Procida, revient dans son palais après une absence de deux ans. La première personne qu'il rencontre, c'est son confident Salviati qui lui témoigne toute sa joie de ce retour inespéré.

> Le règne des tyrans touche donc à son terme ?

Procida répond :

> Que je t'embrasse ami ! Salut, murs de Palerme,
> J'en jure par ce Dieu qui nous doit protéger
> Vous serez affranchis du joug de l'étranger.

Salviati veut l'entraîner en dehors du palais, séjour de l'ennemi.

Cette révélation terrifie Procida.

> Eh quoi ? Charles d'Anjou ? Le vainqueur de Mainfroi,
> Le bourreau, l'assassin de notre dernier roi
> Charles, dans mon palais, lui cet indigne frère,
> De ce pieux Louis que la France révère.

Non pas, lui apprend Salviati, c'est un favori de ce prince, Roger de Monfort.

A nouveau le confident supplie Procida de fuir. Celui-ci s'y refuse. Il attend son fils qu'il a fait prévenir de son arrivée.

Salviati lui demande alors de lui parler de sa longue absence :

> Le ciel a-t-il béni votre exil volontaire ?

---

1) Les rôles furent remplis par : MM. Eric Bernard Roger de Monfort, Joanny (Jean de Procida). Victor (Loredan), Lafargue (Gaston de Beaumont), Thénard (Salviati), Paul (Philippe d'Aquila), Mmes Guérin (Amélie de Souabe), Clebert (Elfride).

Procida s'empresse de satisfaire au désir exprimé :

> Il m'inspirait. Le ciel a sans doute allumé
> Ce feu pur et sacré dont je suis consumé.
> Oui, c'est avec transport que j'aime la patrie
> Mais, d'un amour jaloux, j'ai toute la furie.
> Je l'aime et la veux libre, et pour la liberté,
> En un jour, biens, amis, parents, j'ai tout quitté.

Ah ! c'est qu'il avait un but, soulever les Siciliens contre les oppresseurs et s'allier des partisans.

Pour y parvenir, rien ne lui a coûté, tourments, mépris, outrages.

> Pour qu'un chemin plus libre à mes pas fut ouvert,
> J'ai porté le cilice, et de cendres couvert.
> Tantôt durant les nuits, debout sous un portique.
> Je réveillais l'ardeur d'un peuple fanatique.

Tantôt feignant la folie, ajoute-t-il,

> Partout, dans tous les cœurs j'ai fait passer ma rage.

A l'heure actuelle, de nombreux conjurés attendent le signal et des rois sont là qui viendront à leurs secours.

Avant de se mettre à l'œuvre, avant de commencer cette entreprise qu'il ne s'agit plus que de mener à bonne fin, il était allé demander au préalable au pape son autorisation, son appui.

Celui-ci a consenti et lui a dit de s'adresser au roi d'Aragon.

> C'est le sang de Mainfroi qui doit régner sur vous.
> De sa fille, dit-il, je couronne l'époux.

Or :

> Le dangeureux présent d'un nouveau diadème
> Est un brillant appas pour un front couronné.

Aussi Don Pedro d'Aragon s'empressa-t-il de rassembler sa flotte et de faire voile sur Messine. Mais, en ce moment, ce roi continue sa route vers le Bosphore et va poursuivre une guerre dans l'intérêt même de la Sicile. Charles d'Anjou y est avec ses chevaliers.

> Nourris dans les combats, ardents, pleins de vaillance,

que le patriote Sicilien ne peut sentir dans son pays, chevaliers, ajoute-t-il,

> Que je hais en Sicile et que j'admire en France.

L'Empereur menacé lui aussi

    Assure aux conjurés l'appui de ses soldats.

Tout est donc prêt.

Procida se demande s'il peut avoir confiance dans ses amis.

Oui, répond Salviati, pour les conjurés. Mais Loredan, le fils de Procida est devenu, depuis l'absence de son père, l'intime ami de Montfort. Celui-là ignore les desseins des opprimés.

A cette révélation, Procida ne peut y croire.

On me pardonnera de m'être attardé trop longuement peut-être sur cette première scène, d'avoir abusé par trop des citations. Mais comment ne pas se laisser entraîner en analysant une des scènes capitales de l'œuvre toute vibrante de patriotisme, toute pleine d'amour paternel, dans laquelle le poète lui-même a fait ressortir, avec un talent hors ligne, l'amour de ce patriote qui ne désespérait pas de revoir sa patrie renaître de ses cendres et recouvrer sa liberté, l'amour de ce père accablé de douleurs en apprenant que son fils s'est allié aux ennemis de sa patrie, et qui brûle quand même de revoir ce fils ?

Et de plus, cette scène n'est-elle pas l'exposé succinct de l'action qui va se dérouler dans les autres que je vais avoir l'occasion d'analyser ? ce que je m'empresse de faire en reprenant là où je me suis interrompu avant de commencer cette incidente.

Sur ces entrefaites, Loredan arrive au moment où Salviati sur l'ordre de son maitre, s'en va donner de l'espérance aux conjurés.

Quand il aperçoit son fils, le père, la tristesse peinte sur le visage, l'interroge. Quel est cet étranger qui commande maintenant en Sicile ?

Loredan fait alors l'éloge de Montfort, son ami, comme poète, comme guerrier. Par lui, il a été créé chevalier et bientôt il ira assiéger Paléologue dans Byzance, remporter des victoires qui réduiront à l'impuissance cet empereur,

Procida fait tous ses efforts pour détourner son descendant de cette voie.

Et dans une tirade où l'on remarque notamment ces vers :

    Que sont dans leurs succès les peuples conquérants ?
    Des sujets moins heureux sous des rois plus puissants,

il lui rappelle que la Sicile, sa patrie, est asservie, la mort de Conradin trainé à l'échafaud, le serment qu'il a fait d'épouser la sœur de ce dernier, la jeune Amélie.

Loredan mourra, réplique celui-ci avant de tenir ce serment. La princesse du reste ne se hâte pas non plus d'accomplir le sien. De plus,

Montfort l'aime. Et l'autre jour, celui-ci a prié Loredan de lui faire avoir une entrevue avec la jeune fille pour pouvoir lui déclarer son amour avant de partir pour des guerres lointaines.

Amélie paraît à ce moment et Procida en profite pour demander à l'amant et à l'amante de l'écouter.

Avant de mourir, Conradin lui a dit :

> Parmi des inhumains, j'abandonne ma sœur,
> Vivez, qu'à sa jeunesse, il reste un défenseur,
> Qu'elle soit votre fille et qu'un jour l'hyménée
> Au sort de Loredan joigne sa destinée.

La princesse a-t'elle oublié son serment ?

Et alors, devant Procida, les deux amoureux renouvellent leurs promesses et dans un élan sublime, le vieux patriote invoque la mémoire de celui qui n'est plus :

> Et toi du haut des cieux, descendant parmi nous,
> Héros infortuné, bénis ces deux époux ;
> Consacre leur hymen et fais qu'il s'accomplisse,
> Viens, qu'un pieux courroux à ta voix les remplisse,
> Viens réveiller en eux l'horreur de l'étranger,
> L'amour de leur pays, la soif de le venger.

Dans cette scène, comme dans la première, le patriote autant que le père fait à nouveau parler tout son cœur.

Procida se retire laissant les amoureux en tête à tête et les priant de ne pas parler de son retour.

Amélie, dans la religion, voudrait retrouver la paix de son âme. Cette détermination prouve à Loredan qu'il ne s'était pas trompé, et qu'un autre plus heureux lui a enlevé son amour.

Ce rival, c'est Monfort.

La jalousie du fils de Procida éclate :

> Monfort même est l'objet de ce triste délire.
> C'est à vous qu'il consacre et son glaive et sa lyre :
> S'il vous chante, ses vers ont un charme plus doux
> Qu'il combatte à vos yeux et tout cède à ses coups,
> Je n'en saurais douter, je sais qu'il vous adore.

Loredan supplie ensuite la princesse de déclarer aujourd'hui même à Montfort qu'il essaierait en vain de devenir son mari :

> Nommez-lui votre époux, hâtez notre hyménée.

Amélie peut-elle elle-même faire cet aveu ? Cela lui est impossible.

Loredan la laisse en lui disant :

> Mais si dans mon ami je dois craindre un rival,
> Tremble qu'à l'un de nous ce jour ne soit fatal.

Amélie, seule, trouve que Conradin, de sa tombe, ne saurait lui reprocher un hymen avec Montfort qui n'a pas été son bourreau.

Que vient-elle de dire ? Elle va de ce pas à l'église implorer le Seigneur.

> Au pied de tes autels, ô mon souverain maître,
> Rends la force à ce cœur honteux de se connaître,

lui demander la force de remplir son serment.

> Le faible doit trouver dans ta bonté suprême
> L'appui que sa raison cherche en vain dans soi-même.

Au *deuxième acte*, Montfort est entouré de chevaliers. Il les congédie à l'exception de Gaston de Beaumont. Celui-ci blâme Montfort de ne pas se faire accompagner dans ses excursions, de ne pas avoir de garde pour veiller son palais, de s'exposer journellement au danger. Qui sait, le fer d'un ennemi est peut-être tout prêt ?

> La Sicile murmure et sent trop qu'on l'opprime.
> . . . .
> D'un fanatisme ardent, le peuple est possédé :
> Par les grands soutenu, par leurs conseils guidé,
> Il essaie à braver un peuple qui lui pèse,
> Il s'agite sans but, il s'irrite, il s'apaise.
> Cet esprit inquiet, ces vagues mouvements,
> Sont les avant-coureurs de graves événements.
> Du nom de Procida, souvent il nous menace,
> De ce fier citoyen je redoute l'audace.
> Ne peut-il nous tromper par un retour prochain ?
> On dit qu'il a juré de venger Conradin.

Montfort ne peut y croire, Loredan, le fils de Procida n'est-il pas son ami ? De plus ajoute-il.

> Nous sommes tous Français et nous avons des armes.

Et le favori de Charles d'Anjou reste incrédule aux avertissements de son conseiller :

> Et que sert la valeur contre la trahison.
> Comment se garantir du poignard, du poison,
> Des complots meurtriers tramés dans le silence.

Montfort congédie de Beaumont en apercevant Amélie accompagnée
de sa confidente Elfride.

La princesse s'est aperçue trop tard de la présence de Montfort et elle
ne peut plus l'esquiver.

Celui-ci lui fait l'aveu de son amour. Mais Amélie s'empresse de lui
répondre :

> Un invincible obstacle à jamais nous sépare,
> L'ombre de Conradin, sanglant, percé de coups,
> Terrible vous repousse et se place entre nous.
> . . . .
> Celui dont vous bravez la majesté céleste
> Refuse ses autels à cet hymen funeste ;
> Mon père me transmet sa sainte volonté,
> J'entends, j'entends la voix de Conrad irrité.
> Il maudit les bourreaux de sa triste famille
> Et désigne un époux plus digne de sa fille :

C'est Loredan.

Monfort surpris s'écrie :

> Loredan, mon ami, et mon compagnon d'armes,
> Mon frère ! pour me perdre, il m'avait obéi ;
> Il était mon rival, l'ingrat ! je suis trahi.

Amélie s'enfuit à l'arrivée du fils de Procida qui ne comprend pas
ce brusque départ. et Montfort au désespoir reproche l'outrage que lui a
fait son ami en lui ravissant celle qu'il aime :

> . . . . Un perfide, un parjure,
> Un infidèle ami que j'avais mal jugé,
> Qui déchire la main dont il fut protégé,
> Qui sous des faux dehors à mes yeux se déguise,
> Abuse des secrets surpris à ma franchise,
> Qui me perce le sein des plus sensibles coups,
> Qui me trahit, me tue, et cet ami, c'est vous !

L'étonnement de Loredan est grand. A-il commis une trahison en
cachant son amour? N'est-il pas libre d'aimer lui aussi? Peut-on lui en
faire un crime ?

Dans ces conditions, il met un terme à l'amitié qui les unit :

> Allez, votre amitié ne veut que des esclaves.
> Ses dons sont flétrissants, ses nœuds sont des entraves,
> Je les brise et bénis un effort de fierté
> Qui me rend mon estime avec ma liberté.

Et Montfort de répondre :

> Soyons donc ennemis ! Oui, je vous abandonne.
> . . . .
> Je ne vous parle plus qu'en vainqueur outragé,
> Qu'en maître tout-puissant qui veut qu'on obéisse.
> De vos chagrins amers me proclamer l'auteur
> Je deviendrai pour vous tyran persécuteur.
> Perdez, perdez l'espoir d'obtenir Amélie,
> Qu'à me céder sa main votre orgueil s'humilie
> Qu'un exil mérité vous dérobe à ses yeux ;
> Fuyez, je vous bannis et voilà mes adieux.

En entendant ces paroles, Loredan tombe anéanti. Survient Procida. A la vue de son père, l'esprit de vengeance revient dans le cœur de l'amant. C'est alors qu'on assiste à une scène des plus pathétiques empreinte du plus ardent patriotisme entre le père et le fils, où celui-ci furieux de l'affront qu'il vient de subir, chassé des lieux qui l'ont vu naître par l'oppresseur qui, il y a un instant, était son ami, où celui-là, le père, instruit son enfant des projets qu'il veut mettre à exécution, c'est-à-dire venger ceux qui sont morts pour la patrie, délivrer la Sicile du joug qui l'écrase, être sans pitié sans merci pour ceux qui n'ont eu ni pitié ni merci pour ce peuple martyr. Les tyrans sont à Palerme et Palerme sera leur tombeau.

> . . . . Ils n'en sortiront plus,
> Femmes, enfants, vieillards, tous ceux que l'alliance,
> L'amitié, l'intérêt asservit à la France,
> Confondus avec eux, frappés des mêmes coups
> Suivront dans le cercueil leurs ombres en courroux.

Loredan éprouve un sentiment de pitié à l'égard des victimes de ce massacre, ce qui fait dire à Procida :

> . . . . Eh ! vaut-il mieux pour nous
> Dans des fers éternels vieillir à leurs genoux ?
> Vaut-il mieux en rampant déshonorer sa vie
> Que de la prodiguer pour sauver la patrie,
> Pour briser l'instrument de ma captivité.
> Lui rendre le bonheur, ses lois, sa dignité,
> La venger ?. . . . .
> . . . .
> De la pitié pour eux ? quoi pour ces inhumains ?
> Fatigués de nos cris, nous ont-ils jamais plaints ?
> D'un pouvoir usurpé leur insolence abuse,
> La force est dans leurs mains, triomphons par la ruse,

Ce combat comme à nous peut leur être fatal.
Égaux sont les périls, le courage est égal.

Loredan suivra son père et mourra avec lui.
Non, répond Procida :

Tu vivras ; que le sort me soit ou non propice
. . . .
Seul, au fer des bourreaux j'irai porter ma tête.

Et le fils alors de persister dans son idée.
Le père, ne pouvant vaincre cette détermination s'écrie, avec transport.

Non, tu ne démens pas les héros de ta race,
Viens, mon fils, viens mon sang, que ton père t'embrasse,
Espoir de mes vieux jours, viens recueillir des pleurs
Que n'ont pu m'arracher dix-huit ans de malheur.
N'hésite plus. Suis-moi . . . .

Loredan, avant de quitter ce palais où il est né, où il a grandi, adresse
au séjour de ses ancêtres un dernier adieu :

. . . . Adieu, séjour par le crime habité,
Et vous de mes aïeux vénérables images
J'ai fait serment par vous, témoins de mes outrages.
Du dernier des tyrans ces murs seront purgés
Et nous n'y rentrerons que vainqueurs et vengés.

Au *troisième acte*, Amélie raconte à Elfride que dans l'église d'où
elles reviennent Loredan lui a remis un billet par lequel il lui apprend
que Montfort sera la victime d'un complot. Que ne peut-elle le prévenir ?
Sur ces entrefaites, celui-ci se présente. Il apprend à la princesse qu'il
a banni Loredan. Mais, il peut sans crainte revenir en ce palais :

Qu'il reprenne son rang, qu'il se montre à la cour,
Que l'ingrat sur ma foi goûte un bonheur tranquille.

Monfort, lui, s'en ira.
Alors. Amélie après avoir essayé en vain de le dissuader d'accomplir
ce projet. lui dénonce le complot tramé contre lui. Le gouverneur
ne peut y croire. S'il y a un complot. c'est elle Amélie qui le dirige. La
princesse qui ne veut pas laisser subsister dans l'esprit de Monfort une
telle pensée, dans un sublime transport. déclare son amour en s'écriant:

Je t'aime, ingrat ! Tiens, lis . . . . .

Gaston de Beaumont apparaît au moment où Montfort est terrassé par cette lecture.

Celui-ci lui apprend le retour de Procida, son arrestation et lui annonce que des gens d'armes conduisent ce dernier dans ces lieux.

Après avoir entendu ce récit, la princesse réclame le billet à Montfort qui refuse de le rendre, et c'est à peine si, sous le coup des remords et sous l'empire de l'émotion, elle a encore, en s'adressant à Elfride, la force de prononcer ces mots :

> Ote-moi de ces lieux, la raison m'abandonne
> Ah ! le cruel, pour lui j'ai tout sacrifié
> J'ai tout trahi, mon Dieu, l'honneur et l'amitié.

Procida arrive et son fils avec lui.

Loredan interroge le gouverneur et lui dit :

> Le Roi vous a-t-il fait plus roi qu'il n'est lui-même,
> D'où vient que son ministre avec impunité
> Ose porter les mains sur notre liberté.

Son père le supplie de se contenir, et demande à Montfort quel est le crime qu'on lui reproche. Celui-ci montre le billet qui lui a été remis par Amélie.

Loredan a donc été trahi par celle qu'il aime et dont il est soi-disant aimé. Cela est-il possible ? Il avoue être l'auteur de l'écrit et devoir être l'instrument, et il ajoute :

> Mon père l'ignorait, mon père est innocent.

Si Montfort écoutait la volonté de son pays, le châtiment serait terrible, mais il n'écoutera que son ancienne amitié. Loredan et son père quitteront à la nuit tombante ces rivages.

Le gouverneur termine cette scène, dont le premier cri a été celui de la vengeance et dont le dernier a été celui du pardon, par ce vers empreint de magnanimité :

> Loredan, c'est ainsi que se venge un Français.

Après le départ de celui-ci, le père et le fils se consultent entre eux. Que feront-ils dans cette alternative ? Fuiront-ils la Sicile ? ou resteront-ils ? Procida ne partira pas. Cette nuit, les conjurés seront réunis et commenceront le massacre. Il y est d'autant plus déterminé que son confident Salviati, vient lui apprendre l'arrestation d'un des leurs, Forti, pour lequel Procida et Loredan vont aller demander la grâce au gouverneur après avoir entendu toutefois le serment de Salviati de garder le plus grand silence sur tout ce qui se prépare.

A la première scène du *quatrième acte*, Amélie a consenti à accorder un entretien à Loredan. Celui-ci lui annonce qu'il est banni de ces lieux qui lui sont si chers. Mais avant de les quitter il veut éclaircir dans son esprit un doute qui l'assiège et il lui dit :

> Je veux savoir de vous, si la reconnaissance,
> Si l'amour, les serments reçus par l'Éternel,
> La faveur qu'on étale au pied de son autel,
> Si le respect profond des droits de la nature,
> Ne sont qu'un jeu cruel, un piège, une imposture.

Qu'a-t-elle fait de la lettre qui lui a été remise ?

Et la jeune princesse est obligée d'avouer cet élan d'amour qu'elle a ressenti pour Montfort.

Et quand Amélie se dispose à aller, pour lui, implorer le gouverneur, le fils de Procida se récrie :

> Tu peux en m'exilant payer tous mes bienfaits,
> Me perdre, m'immoler, mais m'avilir jamais.
> Mes maux sont ton ouvrage, ils seront ma vengeance
> Toi qui fus sans pitié, souffre sans espérance.

A la scène troisième, Loredan et Procida sont à nouveau réunis, attendant les conjurés qui ont dû être avertis par Salviati. Cette attente leur paraît longue. Le père apprend à son fils qu'il vient de tuer Gaston de Beaumont. La mer emporte le cadavre.

Le patriote sicilien, en apercevant de la pièce où il se trouve le panorama de Palerme avec sa cathédrale et ses monuments, s'écrie :

> O berceau d'un grand peuple ! O cité que mes yeux
> Ont vu libre, en s'ouvrant à la clarté des cieux !
> Dans tes remparts sacrés, j'ai reçu la naissance,
> Reçois la liberté de ma reconnaissance !

Et à son fils, il dit :

> . . . . Toi qui nous a trahis
> Je te crois digne encore de sauver ton pays.
> Ta faute inspire à tous un mépris légitime
> Choisis pour l'expier quelque grande victime.

Les conjurés sont là. Procida les harangue. Mourir ensemble ou sauver la Sicile. Voilà ce qu'il faut faire.

Et quand Loredan s'écrie :

> . . . . *Il faut mourir en braves !*

Son père s'empresse d'ajouter :

> Non pas mourir, mais vaincre et venger à la fois
> Votre Dieu, vos foyers, et le sang de nos rois.

Malgré le peu d'espérance de recevoir des secours par la mer, le moment est opportun. Il faut en profiter. Dans les églises on célèbre les fêtes de Pàques.

> Déjà par la prière aux autels rappelé,
> Le peuple, dans le temple, en foule est assemblé.
> Offrons un sacrifice affreux mais nécessaire,
> Apparaissons soudain au pied du sanctuaire;
> Courons le glaive nu, le bras ensanglanté,
> En proférant ces mots : Vengeance et liberté !
> Que cette multitude au carnage animé
> Se lève devant nous et devienne une armée.
> Soutenons la valeur de ces soldats nouveaux
> Par nos deux cents guerriers vieillis sous les drapeaux.
> . . . .
> Écoutez l'airain sonne, il m'appelle, il vous crie
> Que l'instant est venu de sauver la patrie.
> . . . .
> Venez, le cœur rempli d'une sainte assurance,
> Reconquérir vos droits et votre indépendance.
> Venez, allons venger nos femmes et nos sœurs,
> Que Palerme se plonge au sang des oppresseurs,
> Frappons et de leur tête, arrachons la couronne
> A ces profanateurs, que Dieu nous abandonne,
> Rendons guerre pour guerre et fureur pour fureur.
> Dieu les terrassera d'une invincible erreur ;
> Il promet à vos mains la victoire et l'empire.
> Venez, marchons, c'est lui, c'est Dieu qui nous inspire.

Loredan réclame l'honneur de tuer lui-même Monfort. Procida à la tète des conjurés court sus à l'ennemi.

Les cris partent de toute part. Le tumulte vient de réveiller le gouverneur qui se rencontre avec Loredan.

Celui-ci lui apprend que le peuple s'est révolté :

> Téméraire où vas-tu ? Désarmé sans défense.
> Arrête !..... avec ce fer tu m'as fait chevalier.
> Tiens, prends, prends, défends-toi : meurs du moins en guerrier.

Ils s'embrassent une dernière fois et ils se quittent sur ces mots de Loredan, patriotiquement sublimes :

.........C'en est fait, nous sommes ennemis
Va mourir pour ton maître et moi pour mon pays.

Acte cinquième. — C'est la nuit. Amélie erre affolée à travers le palais. Elfride n'est pas revenue. Où est Monfort? se demande-t-elle. La confidente apparaît l'œil hagard. Elle fait le récit de la tuerie à laquelle elle a assisté. Elle était à l'église, quand soudain ces cris se font entendre : Guerre aux tyrans.

> J'ai vu les citoyens, troublés par la furie,
> S'entr'égorger l'un l'autre au nom de la Patrie ;
> Sur les débris épars, le prêtre chancelant
> Une croix à la main maudire en immolant.

Le poète François Coppée, dans une de ses poésies a eu la même inspiration en décrivant une scène de la guerre d'Espagne.

Grâce aux faveurs de la nuit, Elfride a pu se frayer une route au milieu du carnage.

Loredan revient. Il a tué Monfort qui allait tuer Procida. Malgré sa blessure, le gouverneur est parvenu enfin à gravir les marches de ce palais. Amélie est prête à lui porter secours. Loredan supplie Monfort de lui pardonner de l'avoir frappé et il présente au mourant sa poitrine pour qu'il puisse se venger.

Non, répond Monfort.

> Viens, reçois mes adieux et mes embrassements.
> ....O ma Patrie ! O France !
> Fais que ces étrangers admirent ta vengeance.
> Ne les imite pas ; il est plus glorieux
> De mourir comme nous que de vaincre comme eux.

Cette scène est une antithèse de pensée avec celle que j'ai analysée plus haut la dernière scène du premier acte dans laquelle Monfort s'écrie :

> .... Soyons donc ennemis.

La seconde est la conséquence de la première. Monfort expire au moment où Procida, l'épée à la main arrive, accompagné des conjurés qui portent des flambeaux, fier de son triomphe :

> Nos tyrans ne sont plus et la Sicile est libre.

s'écrie-t-il avec transports.

Il aperçoit son fils agenouillé près du corps du gouverneur. Cela se peut-il, verser des pleurs sur le corps d'un ennemi ?

Mais pour Loredan, en obéissant à son père et à sa patrie, il a commis un crime. Le remords déjà l'assiège. Et si son père, si sa patrie l'absolvent, lui, il doit s'en punir.

Devant le corps inanimé de celui qui fut son ennemi et qui fut son ami, il se poignarde :

> .... Que ce digne guerrier
> Repose dans la tombe avec son meurtrier.

Avant de rendre le dernier soupir, sa dernière pensée est pour la princesse :

> Des larmes que vos yeux sur lui doivent répandre
> Quelques-unes du moins arroseront..... ma cendre
> Ah ! je vous aime encor............. j'expire

Procida maîtrise sa douleur :

> .... O mon pays !
> Je t'ai rendu l'honneur mais j'ai perdu mon fils.
> Pardonne-moi ces pleurs qu'à peine je dévore.

Après avoir gardé un moment le silence, le patriote sicilien, recouvrant toute son énergie, dit au conjurés :

> Soyez prêts à combattre au retour de l'aurore.

Maintenant que nous connaissons la pièce, jetons, si vous le voulez bien un dernier coup d'œil sur son ensemble.

Ne vous semble-t-il pas, bien que la vérité historique ait été un peu mise de côté et que le poète, pour conduire à bien l'action dramatique ait attribué à Procida d'avoir lui-même ordonné le massacre qui a ensanglanté Palerme le lundi de Pâques, que l'auteur a su d'une façon heureuse peindre une page mémorable de l'histoire de la Sicile et aussi de la nôtre ?

Ne vous semble-t-il pas qu'il a, se souvenant des malheurs qui venaient de fondre sur notre pays, fait dire par la bouche de Procida tout ce que tout cœur français a ressenti alors et qu'il devait hélas ressentir en 1870 ?

Et cet amour qui donne un rival à Loredan, tout supposé qu'il puisse être, ne donne-t-il pas à l'action de la vengeance d'une patrie ayant perdu sa liberté, un certain intérêt ? La fable ne vient-elle pas d'une manière heureuse prêter son concours à l'histoire ? Ne nous fait-elle pas assister à des scènes dramatiques d'une grande valeur que n'aurait pas dédaigné de signer notre grand Corneille, à commencer par les trois dernières scènes du premier acte, où, devant Procida, les deux amants renouvellent leur serment, ou Loredan exige que la jeune princesse avertisse Montfort qu'elle ne saurait l'aimer, où Amélie en proie aux plus cruels tourments va demander à Dieu la force nécessaire de prévenir ce nouvel amant qui prend déjà une place dans son cœur, à continuer par la scène du deuxième acte dans laquelle Amélie dévoile à Montfort son amour pour Loredan, par les scènes du troisième acte où elle déclare son amour au chevalier français et lui découvre le complot tramé contre lui, où elle demande à celui-ci de lui rendre cet écrit que par amour pour lui elle lui a remis, à finir par la première scène du quatrième acte dans laquelle Loredan demande à la perfide amante ce qu'elle a fait du billet qu'il lui a fait parvenir, sans compter les autres scènes auxquelles je vais faire allusion par la suite ?

Ce personnage de la princesse n'est-il pas suffisamment tracé ?

Il est vrai que l'on a reproché à Casimir Delavigne de ne pas avoir donné au caractère d'Amélie tout le déloppement dont il était susceptible. L'auteur du reste n'avait pas été sans s'en apercevoir. Il avait senti que ce caractère aurait eu besoin d'être creusé davantage. Il avait même à cet effet écrit une scène qui devait terminer le premier acte. Mais il l'avait supprimée parce qu'à son avis, elle entravait la marche de l'action. Et Delavigne avait raison.

Ceci me rappelle un mot charmant de cet autre poète normand, Louis Bouilhet à son ami Gustave Flaubert, écrivant *M*ᵐᵉ *Bovary*. Il s'agissait pour le romancier de faire la description d'un jouet d'enfant qui selon lui était admirable et qui aurait valu dix pages à l'écrivain, dix pages merveilleuses assurément comme savait en faire l'auteur, mais parfaitement inutiles à l'action de son œuvre. Et le poète de *Mélænis* pour vaincre l'incertitude de Flaubert lui disait : « Quelque belle « que soit une bosse, si tu la mets sur les épaules de Vénus, Vénus sera « bossue. Donc supprime les bosses ».

Casimir Delavigne considérait que tout ce qu'il aurait pu ajouter pour peindre le caractère d'Amélie plus amplement ne faisait que mettre une bosse à son œuvre. Aussi s'empressa-t-il de la supprimer.

La critique crut devoir dire son mot et la critique ne fit pas attention qu'elle demandait à l'auteur une chose qui tout en paraissant utile était purement nuisible.

Pour caractériser ce personnage, il aurait fallu faire, ainsi que l'écrit lui-même Delavigne à la suite de son œuvre, en tête de cette scène qu'il a cru devoir retrancher, une tragédie tout entière pour peindre les combats d'une passion criminelle dans l'âme d'une dévote espagnole ou sicilienne.

Or, ce personnage en somme est un personnage de second ordre qui ne se trouve mêlé au drame qui se déroule devant les yeux des spectateurs que pour en augmenter l'effet, sans toutefois agir par lui-même pour oui ou non en empêcher la solution.

Le héros principal de l'œuvre, c'est Procida.

Or, quel but poursuit-il ?

Obtenir la liberté de la Sicile.

Il croit y réussir quand il apprend que celui sur lequel, il doit le plus compter, son, fils se trouve être devenu l'ami de l'oppresseur de sa patrie. Faire rompre cette amitié, voilà à quoi tenteront tous les efforts de Procida. Y parviendra-t-il ? Oui, il y parviendra grâce à l'enchaînement de cet amour d'Amélie qui, à un moment donné, peut paralyser tout, mais qui soudain fait renaître dans le cœur de Loredan un autre amour plus sacré encore, celui de la patrie. La jalousie aura fait éprouver ce changement.

On voit donc que si le personnage de la princesse n'a pas été caractérisé aussi profondément que celui de Procida, cela est de peu d'importance dans l'intérêt même du drame.

Ne l'oublions pas, le poète a voulu peindre un fait historique. Il y est parvenu. Il a voulu consacrer ses vers à un épisode célèbre et l'amour d'Amélie n'est qu'une seconde action jointe à la première, étant donné que dans toute œuvre dramatique l'amour doit toujours avoir sa place.

Cela est d'autant plus vrai que l'auteur qui aurait pu donner à sa pièce un tout autre titre, qui aurait dû même le faire s'il avait voulu donner au caractère de la princesse le rôle principal dans sa tragédie, l'a appelée les *Vêpres siciliennes*, voulant par ce fait bien définir le but qu'il poursuivait en l'écrivant, immortaliser par ses vers la journée qui a rendu à la Sicile sa liberté.

S'il avait fait du personnage d'Amélie le héros principal de son œuvre, ce n'était plus la peinture des *Vêpres siciliennes* qu'il nous donnait. Il nous aurait présenté une femme dont le cœur serait partagé par deux amours. Alors la pièce changeait de tout au tout. Le but n'était plus atteint et logiquement cette femme devait trouver la mort à la fin de l'action. Il ne se serait plus agi de la Sicile, de sa délivrance, d'une page d'histoire moderne. Rien n'empêchait alors le poète de faire mouvoir son action dans la vie privée, l'intérêt historique étant mis de côté, l'amour fantasque d'une femme servant de pivot au drame lui-même.

Quant au personnage de Montfort, il a un rôle épisodique créé par les circonstances et son amour pour Amélie ne sert qu'à relier l'action principale. Son amour peut paraître au premier abord aussi sincère que celui de Loredan, mais en réalité cet amour était pour lui une amourette qui lui permettait d'être un joyeux compagnon, d'être poète à ses heures. Parti de la Sicile, aurait-il pensé à Amélie ? On peut en douter malgré ses déclarations.

Cet amour fait contraste avec celui de Loredan, amour de jeunesse que Procida voudrait voir se réaliser sans retard. Mais l'ingrate Amélie prise dans les filets de Montfort croyait trouver dans un nouvel amour un tout autre charme. Elle voyait se préparer une vie différente pour elle, et malgré les serments prononcés, son cœur était tout prêt à se laisser séduire par un autre amour. Elle jouait en diplomate avec l'amour. C'est elle qui a été vaincue.

Quant au personnage de Loredan, il est en somme ce qu'il doit être, un amant malheureux, un fils dévoué, un ami passionné qui se laisse conduire par les impressions qu'il subit soit qu'il se sente le cœur plus ou moins épris par la conduite de la princesse, soit que son ami Montfort le comble d'honneurs, de prévenances, soit que son père le prémunisse contre cet entraînement de jeunesse qui l'empêcherait de combattre, de mourir même pour l'indépendance de son pays. Il subit toutes ces influences, incapable de s'arrêter plus à l'une qu'à l'autre, mécontent de lui-même, mécontent des autres, toujours irascible.

L'amour paternel le rend un héros, l'amour de sa fiancée, un jaloux. Et son amitié pour Montfort le pousse à se suicider sur le cadavre même de son ami.

Selon lui, chasser les oppresseurs, rendre la liberté à sa patrie n'est pas une gloire quand pour y parvenir on tue son ami, serait-il un rival en amour.

A son tour, cet ami, ce rival doit être vengé. Par une mort volontaire, Loredan croit y satisfaire.

Par ce sacrifice à la mémoire d'un ami, il nie tous les autres amours, l'amour de la future épouse, l'amour paternel et le plus sacré sur cette terre, l'amour de la patrie.

Son cœur comme celui d'Amélie est partagé mais d'une tout autre façon.

D'un côté il se révolte contre le despotisme qui l'opprime, qui opprime les siens, il est transporté en entendant son père exalter le courage de tous par pur amour de la liberté ; de l'autre il ne peut résister aux attaches de l'amitié d'un homme qui représente à ses yeux non seulement un rival en amour, mais encore un ennemi de sa liberté propre et de la liberté de la Sicile.

Après avoir sauvé son père, après avoir tué le chef des ennemis de sa patrie, après être devenu un héros, il trouve une satisfaction dans le suicide.

Or, soit qu'on considère le suicide comme un acte de courage, soit qu'on ne le considère pas comme tel, il est évident que l'amour primant de droit l'amitié, ce suicide ne se comprend pas et indique une faiblesse de caractère évidente.

En agissant comme doit agir tout patriote lorsque sa patrie est en danger, il accomplissait son devoir. En s'enfonçant un poignard dans le cœur, il ne l'accomplissait pas. Il supprimait un appui à sa patrie. Il renonçait à la défendre.

Dans ces derniers temps, il s'est trouvé un homme qui sur des champs de bataille fut un héros, qui fut comblé d'honneurs mais qui ne sut pas trouver dans ces actes de bravoure, dans ces honneurs une récompense suffisante à son orgueil toujours croissant. Il voulut s'élever plus haut. Sa chute fut terrible.

Dans un cimetière, sur la tombe d'une femme, il pressa sur la détente d'un revolver et mit fin à une vie qui aurait dû se terminer glorieuse jusqu'à la mort.

Comme le personnage de Casimir Delavigne, cet homme a fini une vie par un coup de théâtre. Il est mort et personne ne lui sait gré de cette mort. Elle n'a pas sa raison d'être. Elle ne se comprend pas. — à moins que l'on ne trouve dans tout ceci un acte de courage dicté par les circonstances, inutile en tout cas au bien de l'État.

L'homme quel qu'il soit, quelque épreuve qu'il ait à subir, doit avoir le caractère assez fort pour supporter la situation qu'il s'est faite lui-même ou que les événements lui ont faite.

Dans un homme de cette trempe, la famille, la patrie ont le droit d'avoir confiance.

Casimir Delavigne a cru devoir nous faire assister à la mort non justifiée de Loredan. Dans cette mort il a trouvé un coup de théâtre. A ce point de vue le poète, pour corser l'action dramatique de son œuvre, a peut-être bien fait. Mais dans la vie réelle l'auteur certainement ne l'aurait pas admise.

Si Procida avait été à la place de son fils, lui ce héros de l'indépendance, n'aurait certes pas agi ainsi. Il aurait survécu à sa gloire en attendant de pouvoir un jour ou l'autre mourir au champ d'honneur.

Cela me sert de transition pour parler à nouveau du patriote sicilien, du personnage principal de cette tragédie.

On ne peut, — et tout le monde partagera cet avis, — adresser un reproche quelque minime qu'il soit pour le caractère si bien dépeint de ce patriote à la mâle énergie qui n'a qu'une pensée en tête, sauver sa patrie qu'il a quittée pour aller dans des pays étrangers, chercher des secours afin de hâter la délivrance de la Sicile, qui revient à Palerme alors que tous ceux qui lui ont promis leurs concours vont bientôt y arriver, qui revient à Palerme pour donner l'espérance à ceux qui n'en ont plus, pour relever les courages, pour donner le signal de la révolte, enfin, pour vaincre ou mourir.

Soit qu'on l'écoute quand il narre toutes les péripéties de son exil, soit qu'il ressuscite dans le cœur de son fils, l'amour de la patrie, amour qui semble s'éteindre pour jamais chez ce dernier, soit qu'il semble accepter dédaigneusement le pardon de Montfort, soit qu'il répugne à reprocher à son fils d'avoir livré un secret à Amélie, secret que celle-ci, prise d'une passion irréfléchie, s'est empressée de dévoiler à l'ennemi commun, soit qu'il harangue les conjurés, imitant en cela les héros de l'antiquité, soit qu'il assiste impassible à la mort de son fils, il reste toujours le même, il reste toujours grand.

L'amour de la patrie prédomine sur ce caractère stoïque. Quelle que soit la douleur qui l'obsède, il est et il reste inflexible. Le malheur privé ne saurait prendre, dans cette âme pleine d'abnégation et de sacrifice, une place plus grande que le malheur public. Comprimant sa douleur personnelle, son esprit se reporte à la pensée qui le hante : voir la Sicile libre ou bien mourir, mourir ensemble ou sauver l'État.

Le poète a su donner à son héros toute la force nécessaire. C'est lui qui constamment se trouve sur la brèche. C'est lui autour duquel l'action se déroule tout entière. Il survit victorieux. Et, bien que l'amour paternel ne reste pas insensible au malheur qui l'accable, l'amour de la patrie chez le citoyen reconquiert toute sa puissance.

La Sicile est libre à présent, mais cela ne suffit pas, il s'agit maintenant de conserver cette indépendance obtenue au prix des plus cruelles souffrances.

L'œuvre n'est donc pas encore achevée. L'ennemi essaiera a nouveau de surprendre les révoltés. Celui-ci voudra leur faire expier cet acte. Il faut donc être toujours prêt à la première alerte.

Telle est la pensée de Procida.

Telle est la pensée de tout citoyen qui aime sa patrie.

Telle est la tragédie de Casimir Delavigne, sublime par son sujet même, transcendante par le style, style qui se marie pour ainsi dire avec les mœurs, les personnages de l'époque que le poète a voulu dépeindre. Aussi est-elle supérieure à des tragédies même célèbres auxquelles on pourrait reprocher aux auteurs de ne pas avoir conservé cette peinture obligatoire des temps où ont vécu leurs héros.

Aussi comprend-on l'enthousiasme qui accueillit cette pièce jouée tant de fois sur le théâtre de l'Odéon, non seulement parce qu'elle faisait tressaillir des cœurs avides de liberté, mais encore parce qu'elle était

historique autant par le style que par le sujet : « Les annales du théâ-
« tre, dit Larousse, ne nous donnent pas d'exemple d'un tel succès »,
succès qui s'est maintenu et qui se maintiendra encore.

Il en est des *Vêpres siciliennes* comme de toutes les œuvres qui sont
écrites avec talent et avec cœur, elles subsistent.

Libérale dans son essence, dramatique dans son sujet, ce pur chef-
d'œuvre vit et vivra, immortalisant le nom du poète.

Les *Vêpres siciliennes* eurent trois cents représentations consé-
cutives.

Cette tragédie a été parodiée :

1° Les *Vêpres odéoniennes*, parodie en un acte, par Simonin et
Arnaud, 1819, in-8°.

2° *Cadet Roussel Procida ou la Cloche du dîner*, parodie en un acte
et en vers par Dupin et Carmouche, 1819, in-8°.

3° *Et nous aussi nous chantons les Vêpres ou Fanfan Laqueue*,
aux Vêpres siciliennes, par M. Ourry, membre du Caveau moderne et
des Soupers de Momus, 1820, in-8° (1).

(1) Paris, chez Eymery, libraire, rue Mazarine, 30. Delaunay, lib., Palais-Royal,
galerie de Bois, et les marchands de nouveautés.

VII

La Comédie des comédiens avant, pendant et après Casimir Delavigne.

Après les *Vêpres siciliennes*, Casimir Delavigne écrivit la *Comédie des comédiens* qui fut jouée sur le théâtre de l'Odéon, le 6 janvier 1820.

La comédie, a-t-on dit depuis longtemps, est partout et elle est même où elle ne devrait pas être. On ne doit donc pas trouver extraordinaire de la rencontrer chez les comédiens, ces aimables interprètes de la comédie.

Eux aussi, depuis longtemps déjà ont bon gré mal gré servi de personnages, de types, à la pléiade des écrivains. Et la comédie et le roman et la satire se sont empressés de nous les peindre, dans leurs caractères, dans leurs défauts, dans leurs ridicules, dans leurs caprices et aussi, il faut le dire de suite, dans leurs qualités.

Des comédiens eux-mêmes, à commencer par Molière, se sont plu à se montrer sous tous leurs avantages et leurs désavantages, et à se rire de leurs propres collègues.

Cela a été avant Casimir Delavigne, pendant lui et après lui.

Avant lui. En effet, la première œuvre en France qui fit sensation sur ce sujet fut ce *Roman comique* de Scarron, le cul-de-jatte, le mari malheureux de Mme de Maintenon, une œuvre remarquable il est vrai, mais à laquelle on a reproché peut-être à tort certains défauts en ne faisant pas assez attention aux qualités que l'on y rencontre et que l'on ne peut nier, et à l'époque où elle a été écrite. En effet, après l'œuvre de Rabelais, elle est peut-être la première à classer dans notre ancienne littérature.

Puis, en 1633, Gougenot écrit une pièce en cinq actes, la *Comédie des comédiens*, une œuvre dans le genre de l'époque et qui ne porte guère à conséquence, si on en croit les contemporains.

En 1635, le *Bienheureux* Scudéry, comme l'appelle Boileau, lui aussi fait une *Comédie des comédiens* assez curieuse mais quelque peu emphatique comme du reste toutes les œuvres de cet auteur, qui se croyait le rival heureux de Corneille et qui ne craignait pas de le proclamer partout à tous ceux qui voulaient bien l'entendre.

Puis, après lui, vient Molière qui donne le coup de massue avec son *Impromptu de Versailles*, cette charmante comédie bouffe où le grand comique se plaît à rire aux dépens des acteurs de sa troupe, de son calomniateur Montfleury, de ses rivaux, Hauteroche, de Villiers, Beauchâteau, Mlle Beauchâteau, voire même du poète Boursault.

Auparavant, dans les *Précieuses ridicules*, le grand Molière avait déjà mis en ridicule les comédiens de l'Hôtel de Bourgogne. Avec son *Impromptu de Versailles*, il n'a fait que grandir le sujet pour le bon plaisir du Roi.

La Bruyère, dans ses *Caractères*, Bossuet, l'illustre Bossuet lui-même dans ses *Maximes et réflexions sur la comédie* s'attaquent aux comédiens. Et celui qui a été surnommé l'Aigle de Meaux, le plus grand évêque de France a cru devoir parler de la mort du plus grand comédien et du plus grand poète comique de l'univers, dans des termes tels que la pensée se trouve impuissante à exprimer leur violence. Aussi ne peut-on que les transcrire pour les laisser juger par l'esprit du lecteur :

« La postérité saura peut-être la fin de ce poète comédien qui en
« jouant son *Malade imaginaire* ou son *Médecin par force* reçut la
« dernière atteinte de la maladie dont il mourut peu d'heures après et
« passa des plaisanteries du théâtre parmi lesquelles il rendit presque
« le dernier soupir au tribunal de celui qui dit : « *Malheur à vous qui*
riez car vous pleurerez. »

Une question qui fut à l'ordre du jour, à partir de cette époque fut l'intolérance de l'Église au sujet de l'inhumation des comédiens. Il y eut du pour, et il y eut du contre. Bossuet tonna et bien d'autres avec lui tonnèrent.

La Bruyère, lui, se montra libéral ; il réclama ce qui était juste, ou bien la fermeture des théâtres, ou bien un peu moins de sévérité pour l'état des comédiens.

Et après Bossuet et après La Bruyère, le sceptique Voltaire, Diderot, d'Alembert et J.-J. Rousseau, qui, entre parenthèses n'est pas tendre, prennent souvent la plume pour et contre ceux auxquels le roi commande de jouer, ceux auxquels l'Église le défend, ceux auxquels on permet de s'asseoir à la table royale et ceux auxquels on ferme les cimetières.

Cela n'empêche pas à ceux de ces écrivains qui prennent la défense des comédiens, de les éclabousser quelque peu et de leur dire leur fait, de même que Le Sage, dans son roman de *Gil Blas*, qui ne les épargne pas non plus. Ce faisant, l'auteur de *Turcaret* a fait œuvre de pam-

phlétaire. Faire ressortir les prétentions, la vanité, l'insolence et la vie
quelquefois surprenante à bien des points de vue des comédiens dont
lui, auteur dramatique, n'avait pas eu toujours à se louer, est pour cet
écrivain un bonheur inexprimable. Il se venge enfin de toutes les tor-
tures morales qu'on lui a fait subir. La vengeance, cette fois, est violente, mais peut-être était-elle méritée.

Gœthe, le grand poète, lui aussi crut devoir écrire sur les comédiens.
Et dans son roman de *Wilhelm Meister*, l'auteur de *Faust* conclut avec
son héros que cette profession n'est guère enviable, qu'elle exige un
travail énorme, une patience inouïe et que la récompense n'est pas en
proportion quand toutefois elle vient couronner les efforts du comédien.

Voici donc les principaux écrivains, avant le XIX⁰ siècle, qui se sont
occupés de passer en revue tantôt d'un ton gouailleur, tantôt d'un
ton sympathique, ceux qui par leur vie même, se faisaient une
gloire de représenter la comédie humaine, cette comédie de tous les
temps, cette comédie d'hier, cette comédie d'aujourd'hui, cette comédie
de demain.

Voici donc les principales œuvres écrites avant les *Comédiens* de
Casimir Delavigne, une œuvre inspirée au poète par les artistes du
Théâtre-Français qui avaient déjà inspiré Le Sage pour son *Gil Blas* et
qui par leur peu d'empressement à vouloir jouer les *Vêpres siciliennes*
procuraient une nouvelle occasion à un autre écrivain, de se voir eux-
mêmes mis sur la scène et de devenir une fois de plus les victimes des
railleries, des rires, des lazzis de ce bon public amoureux de la satire,
amoureux de la comédie et qui n'a cessé de mettre en pratique
la maxime du grand conteur Rabelais : *le rire, est le propre de
l'homme.*

Qu'on me pardonne cet historique. A mon avis, il fera mieux ressortir l'œuvre du poète et il expliquera mieux les raisons qui ont dicté
Casimir Delavigne à jouer, lui aussi, la comédie avec les comédiens.

Il y a des questions qui se trouvent en tout temps à l'ordre du jour.
Delavigne en écrivant son œuvre n'a fait que reprendre, que moderni-
ser les idées émises par ses prédécesseurs sur les acteurs et sur les
actrices, de même que nous verrons postérieurement d'autres écrivains
la traiter encore.

Il n'est donc pas étonnant que celui auquel Picard disait d'écrire des
comédies se soit mis à choisir un sujet qu'il était apte à traiter, puisque
lui personnellement avait subi la risée de ces bons comédiens ayant
osé leur présenter une œuvre qui pouvait subir le feu de la rampe avec
honneur.

Mais il y a dans la vie des auteurs dramatiques certaines difficultés, certaines mauvaises chances contre lesquelles ils se voient être en butte, s'appelleraient-ils même Victor Hugo.

Et une preuve convaincante que Casimir Delavigne n'avait pas au premier abord dans son esprit la pensée bien déterminée de lancer, après d'autres, une satire contre les comédiens, c'est qu'il a écrit sa pièce pour ainsi dire à bâtons rompus sans se préoccuper de faire un plan. Il écrivit son œuvre par saccade et ce n'est que plus tard qu'il la coordonna pour en faire un tout présentable. Ce fut là une des causes qui permit à la critique certaines attaques contre cette œuvre spirituelle.

Aussi combien est-elle juste, l'opinion d'un vieux bibliothécaire de la Sorbonne disant à Picard, avec lequel il s'entretenait un jour du jeune poète : « la muse de Casimir Delavigne tient plus sûrement encore la « marotte de Thalie que le poignard de Melpomène. Le brodequin le « chausse mieux que le cothurne » ?

M. Auger de l'Académie française a eu raison de dire, le jour où le poète des *Messéniennes* était reçu au nombre des quarante, dans son discours à l'adresse du récipiendaire :

« La muse des comédiens s'était moquée de toutes les autres profes-
« sions ; il lui restait à jouer ceux qui jouent tous les autres et à obte-
« nir qu'à la fois modèles et copies, ils consentissent à se représenter
« eux-mêmes. Molière dans l'*Impromptu de Versailles*, avait esquissé
« en passant un de leurs plus légers travers, mais vous avez grandi le
« tableau. Vous l'avez enrichi de tout ce qu'un siècle et demi de fortune
« et d'enivrement a dû ajouter aux prétentions, aux ridicules des comé-
« diens, à leurs étranges procédés envers le public, leurs auteurs et
« leurs camarades mêmes. Quelle variété de figures originales et de
« situations piquantes ! Quelle profusion de traits fins et délicats ! Que
« d'esprit, de malice et de goût dans vos plaisanteries ! »

Mais cet historique ne se trouverait pas complet si je ne parlais des autres écrivains qui à la même époque ou après Casimir Delavigne, ont, prenant aussi leur plume, peint les mœurs de ceux qui recherchent les applaudissements.

Dans *Angelo*, on verra Victor Hugo dépeindre cette admirable comédienne Thisbé, cette charmante créature si sympathique.

Qui ne se rappelle après l'avoir lu les paroles prononcées par Thisbé à Angelo ?

Dans le *Bénéficiaire* de Theaulon et Etienne, dans le *Père de la Débutante* de Theaulon et Bayard, les auteurs nous feront habilement la peinture de la vanité des artistes et dans les *Saltimbanques* de Dumarsan et Varin, les lazzis, les blagues, les bêtises d'acteurs qui courent les coulisses et dans lesquels l'esprit ne manque pas.

A peu près à la même époque, Eugène Sue écrit son roman, *Martin l'enfant trouvé* ou les *Mémoires d'un valet de chambre*, dans lequel on peut lire l'histoire de la danseuse et de la cantatrice Basquine.

Alexandre Dumas écrit *Kean ou désordre et génie*, les *Aventures et les tribulations d'un comédien*.

Théodore de Banville, laissant pour un instant les vers, écrit les *Pauvres saltimbanques*. Edouard Ourliac publie son *Essai sur les mœurs des saltimbanques* dans le *Diable à Paris*.

Victor Fournel consacre sa plume aux *Artistes nomades*.

Alphonse Esquiros, dans l'*Angleterre et la vie anglaise*, s'occupe des musiciens des rues, des exhibiteurs forains et des acteurs en campagne de ce pays.

L'immortel romancier de la *Comédie humaine* s'occupe aussi des mœurs et de la *Vie des comédiens*. Il écrit un *Grand homme de province à Paris*.

En ce temps-là, Gavarni caricaturait les acteurs avec son crayon.

Béranger composait cette charmante chanson, *les Deux sœurs de charité*.

De son côté, George Sand, la grande romancière du XIX⁰ siècle, écrivait les œuvres suivantes : *Rose et Blanche* avec Jules Sandeau, la *Marquise*, *Pauline*, *Lucrezia Floriani*, le *Château des Désertes*, *Consuelo*, le *Démon du Foyer*, et une comédie-drame ou elle a voulu représenter le grand Molière, autant d'œuvres qui ridiculisent où glorifient la vie des comédiens.

Ces auteurs, contemporains de Delavigne, dont je viens de citer les noms, comme lui ont été guidés par la même pensée qui avait inspiré les écrits des siècles précédents et qui devait inspirer les écrits faits depuis une vingtaine d'année, c'est-à-dire peindre la vie, les mœurs, les triomphes, les déboires, *les sept péchés capitaux* pour tout dire en un mot, sujets jamais achevés de la Comédie humaine, proposés à tous les littérateurs de tous les temps et de tous les pays.

En veut-on une preuve convaincante et irréfutable ? Ne voyons-nous pas de nos jours ce même sujet de la vie des comédiens avoir été repris par des écrivains illustres soit au théâtre, soit dans le roman ?

Assurément ces derniers se sont dit ce que leurs prédécesseurs se sont dit eux-mêmes avec le Damis de la *Métromanie* en parlant des génies disparus :

> Ils ont dit, il est vrai, presque tout ce qu'on pense,
> Leurs écrits sont des vols qu'ils nous ont fait d'avance.
> Mais le remède est simple : il faut faire comme eux.

Peut-être ont-ils même ajouté ce vers orgueilleux ?

Malheur aux écrivains qui viendront après moi !

A citer notamment, parmi ces œuvres dernières écloses, *Nana* de Zola le maître romancier de notre époque naturaliste et financière, *Corne-bois* d'Edgard Monteil, *Criquette* de Ludovic Halévy un petit roman tout simple, un petit chef-d'œuvre, *Mam'zell Nitouche*, une comédie-vaude-vile en trois actes et quatre tableaux de Meilhac et H. Millaud, *Niniche* comédie-vaudeville en trois actes de MM. Hennequin et Mil-laud.

Je l'ai dit plus haut, Casimir Delavigne a modernisé le sujet.

De même que les écrivains du XX° siècle et des siècles futurs moderniseront les œuvres des écrivains du XIX° siècle, de même les écrivains de notre époque modernisent les œuvres de leurs prédécesseurs.

Ah ! c'est que la littérature continue sa marche presque latente de siècle en siècle. Elle se transforme de jour en jour ne poursuivant qu'un but, diminuer les ridicules, rendre l'homme plus parfait.

Heureux les hommes qui coopèrent à cette grande œuvre de régénération morale et intellectuelle !

Heureux les écrivains qui laissent après eux des écrits immortels !

Casimir Delavigne est un de ces hommes-là, puisque même de son vivant il a su en inspirer d'autres.

Ne critiquons donc pas trop sa pièce.

Si par elle-même cette comédie n'est pas un chef-d'œuvre, elle a donné naissance à d'autres œuvres plus parfaites que j'ai eu l'occasion de rappeler.

VIII

Analyse de la pièce.

La *Comédie des comédiens* est précédée d'un prologue entre deux
acteurs.

L'un, Derville, éprouve une grande colère en lisant une affiche qui
annonce la représentation de cette pièce. Est-il possible, pense-t-il, que
l'on puisse mettre un comédien en scène. Et l'artiste en courroux de
faire une diatribe très violente contre l'auteur : « Eh bien, dit-il en
« quittant la scène, puisque rien n'est sacré pour vous, je vous déclare,
« moi, que je vais convoquer le ban et l'arrière-ban des artistes de la
« capitale, ceux qui sont retirés depuis longtemps, ceux mêmes de votre
« théâtre qui ne sont pas ce soir en activité de service, ceux enfin de
« tous les théâtres de la banlieue et je reviens à leur tête jouer mon
« rôle au parterre et je puis vous certifier que ce ne sera pas un rôle
« muet. »

L'autre, Daillainval, qui joue également dans la pièce, ne peut parvenir
à faire entendre raison à son irascible confrère. Il a beau dire. Il a
beau faire. Et quand celui-ci s'en est allé, Daillainval ayant pour seul
confident le public, harangue en ces termes, à la façon de Bruscambille,
mais d'une manière plus polie, ce bon public qui est tout oreille :

« Messieurs les gens de cour, Messieurs les avocats, Messieurs les
« médecins, financiers, huissiers, praticiens, bourgeois de tous les rangs
« et de tous les états, Messieurs les maris, classe nombreuse et respec-
« table et vous Mesdames dont on adore tout en les maudissant, les
« tendres faiblesses et les aimables caprices, vous tous que depuis trois
« siècles nous avons le privilège d'amuser à vos dépens, permettez-
« nous de vous amuser ce soir aux nôtres. »

Premier acte. — Grainville, un riche héritier, nous dit l'auteur, lisant
un journal, apprend que le gouvernement, soucieux des intérêts de l'art,
vient de nommer un inspecteur général des théâtres de province. Cet
inspecteur doit conserver l'incognito. Voilà un moyen pour Grainville

d'entrer dans la place et, pense-t-il, ce sera un véritable coup de maître.
Au moment où il parle il se trouve dans le foyer du théâtre de Bordeaux. Nous allons voir dans les scènes suivantes ce qu'il y venait chercher.

Sur ces entrefaites, un certain lord Pembrock se présente. Grainville le reconnaît. Il a fait connaissance avec lui au Mogol. Quelle rencontre ? Que vient-il faire dans ces lieux ? Une intrigue, sans doute ?

L'Anglais attend un M. Bernard pour avoir une loge pour la première qui doit être donnée le soir.

La conversation continue.

Grainville demande à Pembrock s'il va retourner en Angleterre. Oh ! non, répond Mylord :

> L'amour surprit mon cœur entre Dax et Bayonne
> Je prends racine en France et fait souche gasconne.

Lui, le voyageur infatigable, se trouve être devenu subitement l'amant d'une veuve qui de plus est baronne et qui possède encore une tante aimable :

> J'ai pris pour les charmer les façons du grand monde.
> ....
> Je ne dis plus goddem et jure par sandis.
> Comme au seul nom d'amour leur fierté s'effarouche,
> Enfin le mot d'hymen est sorti de ma bouche.

La charmante veuve n'en a pas moins consigné pendant huit jours son adorateur dans les appartements de ce dernier. Il faut, dit-elle, qu'elle consacre ce temps à son ancien époux très courroucé, dit-on, qu'un Anglais lui succède dans le cœur de la belle.

Cependant bravant la consigne, l'anglais ira ce soir au théâtre dans une loge grillée.

Au tour maintenant de Grainville à être interrogé. Lord Pembrock demande des nouvelles de cet oncle Balthazar dont le jeune homme a été l'intendant. Grainville répond :

> Il vivait au Mogol en forban retiré.
> Quand il fut par la mort surpris contre son gré,
> La faculté du lieu le traita Dieu sait comme.
> Ils étaient trois docteurs et pourtant ...

Et Pembrock ajoute comme un personnage d'Horace :

> Que vouliez-vous qu'il fît contre trois ?

Et Grainville achève le vers :

Qu'il mourût.

Un trait à la Molière et une réminiscence de Corneille !

Qu'il mourût ! c'est ce qu'il fit du reste, ce cher Balthazar, qui avant de s'en aller dans un autre monde eut la prévoyance de mettre Grainville sur son testament, qui aux yeux de ce dernier est un chef-d'œuvre, dit-il :

> ....Par la raison très claire
> Qu'il me fait de son bien unique légataire.

Un mot de Beaumarchais.

Ces neveux ? A charge continue l'héritier de

> M'informer à Bordeaux de sa nièce Lucile
> Auprès d'un vieux parent dont elle est la pupille
> ....
> .... Mon oncle, article seize,
> Me la choisit pour femme au cas qu'elle me plaise,
> Sinon de la doter, il m'impose la loi.

Pembrock demande à Grainville ce qu'il compte faire dans cette alternative.

Ce dernier est encore très indécis.

Bernard, qui arrive et qui emmène l'Anglais avec lui interrompt cette scène d'un véritable comique.

Grainville se trouve maintenant en face de Lebrun, un artiste, son ami (Belrose pour le public), auquel il avait donné rendez-vous. Aux yeux de celui-ci, il se fait passer pour l'inspecteur tant redouté. Et Belrose alors d'offrir ses services à son ami de jeunesse qui lui promet de le protéger par la suite.

Cette scène me rappelle l'anecdote d'un brave homme du temps de l'Empire qui disait à son petit groom : « En me servant, tu ne sais pas « où cela peut te mener, tu peux peut-être devenir le cocher de l'em- « pereur. »

J'ignore si cette espérance formulée, s'est réalisée. J'en doute. En tous cas la charge n'aurait pas été de longue durée si le petit groom de jadis était parvenu au palais des Tuileries.

Belrose fait le dénombrement de la compagnie dont le directeur est Floridore :

> Floridore a du sens, des lumières, du goût,
> Il a tout, il sait tout, il se vante de tout.
> Fièrement retranché dans sa fière importance,
> Il vous parle toujours à dix pas de distance,

> Arrange son maintien, calcule un geste, un mot.
> Voilà son bon côté ! Du reste c'est un sot.

Un mot satirique qui ne manque pas de portée.
Madame Estelle

> ....Rentre ce soir, soubrette du théâtre
> Elle aspire aux bravos du parterre idolâtre.
> C'est peu, vive en intrigue et coquette à l'excès
> Elle aime tous les arts,poursuit tous les succès,
> Protège les auteurs, arrange les querelles,
> Rend visite aux journaux pour les pièces nouvelles.
> Dans ses brusques écarts désolant vingt rivaux
> Elle cherche un époux et par monts et par vaux,
> Son automne s'approche et Lisette a la rage
> De couvrir d'un contrat les péchés du bel âge.

Au tour maintenant d'une autre actrice et de son Ménélas d'époux de tomber sous la critique de Belrose :

> Une dame Blinval, notre grande coquette.
> Déjoue incessamment les projets de Lisette
> Et donne aux trahisons un tour original
> Qu'on n'a pas pu prévoir dans le Code pénal.
> Son esprit inventif par instinct se fatigue
> Elle épousa Blinval à dix-sept ans au plus.
> Il était jeune alors ! ô regrets superflus !
> Ce jeune et beau Rodrigue est aujourd'hui Don Diègue.
> Aux honneurs des soufflets son âge le relègue.
> Ces tranquilles époux d'un commun sentiment
> En se voyant toujours vivent séparément.
> Ils ne se parlent plus depuis leur mariage,
> Aussi dit-on partout qu'ils font un bon ménage.

Quant à Bernard, continue Belrose :

> Il est du chef d'emploi la troupe auxiliaire,
> Dans Racine Eurybate, Ergaste dans Molière,
> De la location il porte le fardeau
> Et frappe les trois coups au lever du rideau
> ....
> Lucile a de l'esprit, un talent qu'on admire,
> De la beauté, vingt ans et pas de cachemire.
> ....
> ....Elle aime un auteur..........

Blinval qu'on entend déclamer dans la coulisse est

.... Un mannequin politique
Prôneur très roturier de la noblesse antique.

Celui-ci se présente en scène et Belrose dit :

Salut au roi des rois, comment vous portez-vous ?

Un vers mi-partie ironique qui commence avec majesté et qui finit à la manière de Gavroche.

Blinval est irrité contre le public qui l'a sifflé, contre un auteur qui va être joué ce soir et il dit :

Jamais d'un mot flatteur sa voix ne vous caresse,
Sa franchise parfois frise l'impolitesse,
Je lui demande un jour après Agamemnon,
Ai-je été bien sublime ? Il m'a répondu : Non.
Et c'est fort déplacé...par ce ciel que j'atteste.

Et Belrose de l'interrompre :

Revenez sur la terre.................

Un hémistiche qui vaut bien le fameux, *Passez au déluge* des *Plaideurs* de Racine et le *Mets-les à terre* de Sganarelle de Molière.

Blinval annonce ensuite le mariage de Victor. Évidemment celui-ci qui est aimé de Lucile, que Lucile aime verra ce soir ce projet de mariage manqué. Bernard n'a promis la main de Lucile qu'autant que le jeune auteur remporterait sa première victoire dramatique. Or, comme il est certain que la pièce tombera, le mariage n'aura pas lieu.

Sur ce le *Prôneur* se retire laissant Belrose et Grainville discuter sur la pièce qui va être représentée et sur les auteurs et leurs œuvres en général que ce dernier critique en ces termes :

Je trouve à nos auteurs un air de Germanie.

l'influence de Gœthe sur notre littérature.

On se perd dans les cieux, chacun vise au génie,
Pour ces penseurs profonds le rire est trop bourgeois
Et leur comique est gai comme l'Esprit des lois.

Attrape Montesquieu.

Des sots de tous les rangs la ferveur politique
Transforme le parterre en arène publique ;
Attaquez vos penseurs, vos vers sont trop méchants ;
Bernez-vous un marquis, la noblesse est aux champs,
L'auteur intimidé perd son indépendance,
Le naturel s'enfuit, l'art tombe en décadence ;

> L'ennui règne et j'enrage à ne rien déguiser
> De voir que les Français ont peur de s'amuser.

Ce qui, entre parenthèse est du Boileau tout pur.

Grainville demande ensuite à être présenté à Floridore. Je vais te faire passer pour un auteur répond son ami et, lui mettant un rouleau de papier dans la main il ajoute :

> Le manuscrit te manque.........

Et Grainville de répliquer :

> Mais c'est du papier blanc.

Et Belrose insiste

> ....Allons prends, je l'exige.

Grainville continue :

> ....Tu me perdras, bourreau,
> Si quelqu'un lit ma pièce.

Belrose lui réplique :

> .... Eh ! sois sans crainte aucune,
> J'en reçois vingt par mois et je n'en lis pas une.
> Attention ! j'attends notre jeune premier
> Son asthme le trahit du bas de l'escalier.

Cette scène, on l'avouera, est du plus parfait comique. Ce manuscrit en papier blanc lancé dans les mains de Grainville qui n'y peut rien comprendre, fait allusion à une anecdocte célèbre d'un auteur dramatique du XVIII siècle qui eut une certaine célébrité, qui est né en Provence à Apt, le 12 décembre 1755, le chevalier Joseph Aude, l'ami de Dorvigny « un poète à la façon de Dufresny, dissipateur et bon vivant, un « panier percé selon l'expression des commères » (1) et qui passait pour être le fils de Louis XV.

Aude et Dorvigny étaient inséparables, et on rapporte qu'un jour, alors qu'ils habitaient dans une horrible mansarde de la rue du Champfleuri, l'un fut obligé de vendre les vêtements de l'autre. Ils ne s'habillèrent plus qu'à tour de rôle. Ce fut l'éditeur Barba qui les tira de cette triste situation. Ils avaient les mêmes défauts, ils aimaient la dive bouteille et avaient le même négligé dans leur toilette. Ils devinrent célèbres l'un et l'autre. Dorvigny par le type de Janot créé par Volange,

(1) Monselet.

par le type de Jocrisse créé par Brunet. Aude par le type immortel de Cadet-Roussel et par celui de Madame Angot. Quatre fois, il a repris ce type de la marchande de poisson dieppoise, *Madame Angot dans son ballon ou le voyage aérien*, *Madame Angot au sérail de Constantinople* qui eut plus de deux cents représentations, *Madame Angot au Malabar ou la nouvelle veuve*, la critique de *Madame Angot au sérail*.

Ce sujet de Mme Angot a été modernisé de nos jours. Tout le monde connaît et a applaudi la fameuse opérette du compositeur Lecoq, devenue si populaire.

De plus, un auteur havrais, ancien journaliste au *Courrier du Havre*, qui s'est présenté en 1892 et en 1893 à l'Académie française, M. Robert Le Minihy de la Villehervé, a repris l'œuvre du chevalier Aude et a donné *Madame Angot au sérail de Constantinople*, opérette, musique de Valentin.

Aude qui avait contribué puissamment à l'abolition de l'Inquisition, à Palerme, rentra en France au commencement de la Révolution de 1789.

Il travailla dès lors pour l'Odéon, le Théâtre Français, les Variétés, le théâtre Montansier, l'Ambigu, etc.

Un jour, et c'est ici que se place l'anecdote à laquelle Casimir Delavigne a fait allusion, Aude, se trouvant dans une pénurie des plus complètes et ne pouvant obtenir à crédit un simple déjeuner au Café des Variétés où il était entré, avise un garçon, lui envoie chercher une main de papier, la noue avec une faveur rose, détail que n'a pas oublié notre poète dans ses vers, et va séance tenante trouver Brunet, alors directeur du Théâtre des Variétés. Il annonce à celui-ci qu'il vient pour lui lire une pièce qu'il a terminée le matin. Brunet lui offre un siège et se prépare à écouter la lecture du manuscrit. Le chevalier Aude ouvre son rouleau de papier, se met à lire une pièce en trois actes avec couplets. Brunet accepte l'œuvre, on s'en doute et remet à l'auteur une avance de trois cents francs.

Aude avait improvisé la pièce séance tenante.

Il laissa aux mains du trop confiant directeur un rouleau de papier non souillé d'écritures. On raconte que Brunet voulut se fâcher en s'apercevant de cette supercherie quelques jours après, mais sa colère fut calmée par la promesse faite par Aude de lui remettre dans la huitaine un manuscrit réel de la pièce. L'auteur tint parole.

A cette anecdote s'en joint une autre, digne pendant de la première que je ne puis m'empêcher de rappeler. Elle peindra encore mieux l'homme.

Elle arriva quelques instants après que Aude ayant en poche les trois cents francs de Brunet, s'en vint dans un cabaret borgne de la Courtille, un des endroits privilégiés de l'auteur, où il assiste à une scène typique entre deux ivrognes et une femme. Les grossièretés, les injures, voire même les coups pleuvaient nombreux sur cette dernière. Aude veut intervenir, empêcher le mari de battre sa femme.

— Qui donc, dit l'ivrogne, me débarrassera de cette g.....-là ?

Aude de saisir l'occasion.

— Combien en voudriez-vous, dit-il à l'époux ?

— Ce qu'on voudra.

— Si trente francs pouvaient suffire.

— C'est plus qu'elle ne vaut ; mais c'est égal, donnez et emmenez-là.

La pauvre femme toujours en butte aux coups de son mari, ne se fit pas prier ; elle suivit son acquéreur avec une satisfaction réelle pendant que les deux ivrognes roulaient sous la table où, pour fêter le marché conclu, ils en avaient dépensé le produit.

Pendant plus de vingt-cinq ans, cette union assez bizarre dura et elle ne prit fin qu'avec la mort de celle qui consacra cette partie de son existence à aimer l'auteur dramatique, à veiller sur lui avec la plus grande sollicitude, à lui rendre la vie plus régulière, à ménager les ressources de ce ménage pour échapper à la misère lorsque la vieillesse arriverait. Ce couple s'était retiré dans une maisonnette de la plaine des Vertus.

Aude ne survécut pas longtemps à celle qu'il avait achetée dans les conditions que j'ai indiquées. Au mois d'octobre 1841, il mourut à l'asile de la Providence, à l'âge de quatre-vingt-deux ans.

Aude avait une pension de la société des auteurs dramatiques, mais c'était celle qui veillait sur lui qui la touchait.

Ceci dit, je reviens à l'analyse de la comédie, à l'endroit où je l'ai quittée, persuadé que le lecteur m'excusera d'avoir relaté un épisode qui ne manque pas d'intérêt et auquel j'ai été amené par l'œuvre même de Casimir Delavigne.

Je disais que cette scène était du plus parfait comique ; Belrose en faisant allusion à l'indifférence des directeurs de théâtres à lire les pièces qu'on leur présente, ne peint-il pas un trait de mœurs directorial réellement vrai qui se renouvelle chaque jour insoucieux de l'art, très indifférents pour la plupart et ne voulant pas se prêter à donner leur concours à ceux qui pour la première fois leur présentent une œuvre dramatique, qu'importe que cette œuvre soit bonne ou ne le soit pas.

Belrose présente ainsi Grainville à Floridore :

Un de mes bons amis que la gloire tourmente,

> Un homme de talent qui fait des vers moraux.
> Docteur en droit romain et maître ès-jeux floraux,
> Il a dans un écrit commenté les trois codes
> Et lance des extraits dans le journal des modes.

Puis il annonce à son directeur que Grainville veut donner un festin auquel il l'invite.

Ahurissement de Grainville qui ne comprend rien à la manœuvre de son ami.

Floridore parti avec le manuscrit en blanc dans la main, Grainville adresse des reproches à Belrose au sujet de ce repas pour lequel il a fait l'invitation. Celui-ci n'en a cure. Dans deux heures, il se présentera au comité.

Et comme conclusion Belrose ajoute :

> L'auteur chez qui l'on dîne est sûr d'un bon succès.
> Qui dîne avec son juge a gagné son procès.
> Tout s'arrange en dînant dans le siècle où nous sommes,
> Et c'est par les dîners qu'on gouverne les hommes.

Ces paroles ne trouvent-elles pas de nos jours leur actualité ?

Casimir Delavigne n'a pas été le seul de nos poètes qui ait lancé une flèche contre la justice humaine. Sans parler de Racine avec ses *Plaideurs*, il y en a eu bien d'autres depuis Rabelais jusqu'à nos jours.

Je me bornerai a citer ces quelques vers d'un poète normand, Théodore Lebreton (1), tirés d'une pièce de vers ayant pour titre *Le peuple et la justice*.

En parlant du pauvre, il dit :

> ....Il faut qu'il se résigne
> A ne rien obtenir de ses juges, celui
> Qui demande justice et qui n'a nul appui.
> D'un équitable arrêt, le pauvre n'est pas digne.
> Le bon droit n'est pas fait pour lui.

Comme on le voit, ce n'est pas d'aujourd'hui que date cette antipathie pour ainsi dire naturelle contre ceux qui parlent au nom de la loi.

Deuxième acte. — A cet acte apparait Victor, le jeune auteur, l'amoureux de Lucile dont Blinval nous a déjà fait le portrait. Il est accompagné de Bernard. Entre eux s'élève une discussion fort intéressante. Victor se refuse à acheter avec de l'or des applaudissements. Il répugne à ce moyen. Il veut laisser toute liberté au public de le juger et il dit :

(1) Né a Rouen le 1er décembre 1803, mort dans la même ville le 12 décembre 1883.

> Je confie au public mes plus chers intérêts,
> Mais en les respectant j'attendrai ses arrêts,
> Malheur à l'esprit vain qui dans l'ardeur de plaire
> Se dérobe aux rigueurs d'un juge qui l'éclaire,
> Le parterre abusé n'est dupe qu'un instant.

Les journaux le critiqueront si bon leur semble. Il ne voudra jamais aller solliciter leur réclame.

Bernard approuve mais, ajoute-il :

> Avec beaucoup d'honneur on peut mourir de faim.

Et en parlant de Lucile qu'il a promis en mariage au jeune auteur, il dit :

> Je veux que mon enfant vive, ne vous déplaise,
> Sinon dans l'opulence, au moins fort à son aise,
> Puisque vous tenez tant à ce chien de métier,
> Ayez donc un succès, un succès plein, entier
> Que prône le public et le journal lui-même,
> Autrement pas d'hymen, c'est là ma loi suprême.

Au moment où il va pour sortir, Lucile se présente. Bernard s'adresse à elle.

> Ah ! viens. De ton Victor je ne suis pas content,
> Il exagère tout. C'est à toi, ma Lucile,
> De fléchir, s'il se peut, cet esprit indocile.
> Je te laisse avec lui.

La scène deuxième se passe entre les deux amoureux. La jeune fille interroge son amant. Qu'est-il donc arrivé ? Victor prétend que Bernard le désespère et veut le déshonorer, ajoutant :

> ....Jusqu'à l'intrigue, il veut que je descende,
> De ma carte aux journaux que je porte l'offrande.

Une pointe lancée par Casimir Delavigne contre la presse.

Ces poètes, il faut qu'ils touchent à tout !

Ensuite l'amoureux reparaît chez Victor. Si sa pièce est sifflée, adieu à son hymen. Il craint une cabale. Lucile essaye de lui faire reprendre courage. Sur ces entrefaites arrive Belrose qui vient de trouver une lettre dans l'escalier. Elle est de lord Pembrock. Elle est adressée à Estelle. Elle annonce à celle-ci l'envoi d'un cachemire des Indes et d'un brillant, premiers présents de noce de son futur.

Suit alors une scène entre Belrose et Madame Blinval dans laquelle celle-ci décide qu'il faut brouiller Estelle avec son lord Pembrock, et, ajoute la bonne âme :

> Son talent assez mince est pour moi sans danger,
> Mais sa vogue m'irrite et je veux m'en venger.

Belrose d'applaudir :

> Bravo ! que la vengeance est douce aux belles âmes,
> C'est le plaisir des dieux et le bonheur des femmes.

Un trait charmant qui peint à ravir les sentiments de Mᵐᵉ Blinval en particulier et de toutes les femmes en général.

Floridore, Estelle, Blinval surviennent. Le directeur s'adressant à tous leur apprend le but de la réunion :

> Il s'agit aujourd'hui, d'un dîner, d'une fête,
> On veut nous réunir ; un monsieur fort honnête,
> Un ami de Belrose, opulent quoique auteur :
> Le fait ne s'est pas vu de mémoire d'acteur.

Et modestement il ajoute :

> Je n'ose régler seul ce qu'il convient de faire
> Et soumets au conseil cette importante affaire.

Estelle qui porte sur elle le cachemire et le brillant qui lui ont été donnés, ce dont Mᵐᵉ Blinval s'est aperçue tout d'abord, se lève en disant :
> Messieurs, avec douleur je vous fais mes adieux,
> J'ai d'un engagement subi le rude empire,
> Je m'y soumets encor ; dans huit jours il expire,
> D'après nos règlements je reprendrai mes droits
> Et j'assiste au conseil pour la dernière fois.
> ....Ma santé se dérange et s'altère,
> Je vais m'ensevelir dans le fonds d'une terre,
> Occuper mes loisirs par des soins bienfaisants
> Et veiller sur les mœurs de nos bons paysans.

Quelle est la décision du comité, demande ensuite Blinval, sur l'œuvre présentée par un certain Forbet?

Lagrange, qui est sourd par instants et qui n'a pu pour ce motif entendre toute la pièce, libelle ainsi son vote :

> Mon refus motivé, c'est qu'un homme à vingt ans
> Ne peut pas faire un bon ouvrage.

Mᵐᵉ Blinval se joignant à l'opinion de son mari et de celui d'Estelle répond :
> Le style est par trop familier.

Belrose, lui, accepte la pièce.

Quant à la petite Emma, elle émet son vote en ces termes :

> Pour moi la langue est tout : au plus rare mérite,
> Je ne puis sur ce point pardonner un écart ;
> Je vote le rejet et le motive : car
> Cette ouvrage est très mal écrite.

Delavigne avait voulu faire allusion à la raison donnée par une actrice du Théâtre Français lorsqu'il avait présenté sa pièce des *Vêpres Siciliennes* et qui avait écrit sur son bulletin : « Je refuse *cette* ouvrage « parce que je *la* trouve mal *écrite*. »

Blinval, après avoir compté les bulletins annonce le refus de la pièce.

> ....Ma foi, c'est grand dommage.

s'écrie alors Belrose,

> Je trouvais, moi, du bon dans ce mauvais ouvrage.

Floridore dit alors son mot :

> Aussi répondrons-nous qu'il est fort bien écrit,
> Des détails très heureux.....infiniment d'esprit,
> De l'observation..... des mœurs............

Et Belrose conclut avec cet air de moquerie qui lui est naturel :

> ....En conséquence
> Nous refusons la pièce................

Encore un joli trait à l'adresse des comités de lecture composés de gens incompétents.

Le directeur continue sa pensée :

> Un dénouement brusqué... quelques réminiscences,
> L'entente de la scène.... et puis les circonstances.
> C'est un jeune homme enfin qu'il faut encourager.

Et le moyen de donner un encouragement, répond le comité de lecture, c'est de refuser la pièce.

Depuis lors les choses ne sont pas changées. Journellement ceux qui envoient des manuscrits aux directeurs de nos théâtres subventionnés ou non, reçoivent, après le dépôt de leur manuscrit, des lettres *imprimées* dans le genre de celle-ci :

THÉATRE

du ....

MONSIEUR,

L'administration me charge de vous faire savoir que le Comité de lecture n'a pas cru devoir admettre à la représentation la pièce que vous avez bien voulu lui adresser et qui a pour titre : ....

Avec tous mes regrets, veuillez agréer, je vous prie, mes salutations empressées.

Le Régisseur général,

SIGNATURE.

Que voulez-vous, c'est le progrès. Et les pièces s'enfouissent dans les cabinets de direction *ad vitam æternam*. C'est l'enfouissement des manuscrits qui servent plus tard à donner des idées et des titres aux autres.

Floridore imitait Molé qui fut tour à tour acteur et directeur de théâtre au XVIIIe siècle.

On raconte que cet artiste célèbre avait reçu un jour un manuscrit ressemblant en tout point à celui de Grainville. Quelques semaines après celui qui avait déposé le rouleau de papier revient trouver le directeur. Molé répond qu'il a pris connaissance de la pièce et qu'elle n'est pas jouable, le plan en est vicieux, les situations mal amenées, le style faible. Le visiteur dénoue alors son manuscrit et montre des feuilles de papier blanc à Molé. Cette anecdote fit écrire une comédie, le *Comédien de Persepolis*, où elle est relatée.

A cette scène du comité de lecture, en succède une autre plus comique encore. Grainville en fait les frais.

On se rappelle qu'au premier acte, celui-ci, sur les instances de son ami Belrose, dépose entre les mains du directeur un rouleau de papier avec une faveur rose, vierge de toute écriture et qui est sensé être un manuscrit. A l'arrivée de Grainville, Floridore s'empresse de le présenter à toute l'assemblée comme un grand écrivain. Floridore a lu sa pièce. C'est un chef-d'œuvre, dit-il. Il y a des vers admirables. Cette pièce est sublime. Grainville à cet éloge qui lui tombe pour ainsi dire des nues est sur le point de tomber par terre. Et de son côté Belrose rit de voir son directeur s'enfoncer à ce point. Mais voici le moment critique. Tout le monde réclame un passage de cette œuvre. Floridore dont la mémoire justement fait défaut ne se rappelle pas, et pourtant, il y a une tirade superbe. Il demande à Grainville de la lui rappeler.

Celui-ci, comme bien l'on s'en doute, est dans un extrême embarras et dit aux comédiens :

> Ma muse aux grands sujets se montre sans effort ;
> Mon style n'est pas gai, messieurs, mon style est fort ;
> Thalie a dans mes vers un air tout romantique,
> Et donne même un peu dans la métaphysique,
> Boileau, timide auteur, qui n'a pas toujours tort,
> Sur un point seulement est avec moi d'accord.
> Je foule au pieds le sac où Scapin s'enveloppe,
> J'ai puisé dans Shakespear, dans Schiller, et dans Lope,
> Si le genre sévère a pour vous des appas,
> Lisez ma comédie et vous ne rirez pas.

Et l'œuvre jugée à l'avance est reçue à l'unanimité.

Tout le monde se retire soit pour une raison, soit pour une autre. Seul, Belrose reste et il a le plaisir de recevoir le laquais de lord Pembrock. Celui-ci réclame la loge grillée retenue dans la matinée par son maître.

Voilà une fameuse chance, pense Belrose en se rappelant cette lettre qu'il a trouvée tantôt et qui lui a dévoilé l'amour d'Estelle et de l'Anglais. Il se propose donc de mettre nez à nez les deux amoureux. L'occasion est propice. Il va de ce pas trouver lord Pembrock, disant :

> Milord sans le savoir entrera dans mes vues ;
> Courons le voir. Vivat ! Ce soir je vais aux nues,
> Mes débuts dans un mois, demain pompeux festin,
> Aujourd'hui grand scandale ! Allons, saute Frontin.

On remarquera que ce personnage de Belrose ne manque pas de naturel et que de plus cette lettre qu'il a trouvée, a sa place nécessaire dans un potin de coulisses, ce fait se renouvelant journellement dans nos théâtres. On a critiqué ce moyen de la lettre. A-t-on eu raison ? Je ne le crois pas. Cela me semble être une peinture prise sur le vif de la vie théâtrale. Il en est de même des autres moyens dont s'est servi l'auteur dans cette pièce, qui sont d'une exactitude frappante.

Acte troisième :

> Ils répètent la pièce et je viens de l'entendre,
> Je veux être pendu, si j'y puis rien comprendre.
> L'un gronde entre ses dents, l'autre rit aux éclats.
> On crie, on s'interrompt, l'auteur peste tout bas.
> Moi j'admirai de près ma charmante cousine.

s'écrie Grainville au commencement de cet acte. Il est bientôt suivi de Lucile. Il en profite pour déclarer son amour à la charmante enfant qui ne l'écoute pas tant elle est éprise de Victor. Et la belle de répondre :

Je suis fière, il est vrai, de l'amour qu'il m'inspire ;
. . . .
. . . . Il est loin d'être millionnaire.
Alors pour bien des gens, c'est un homme ordinaire.

. . . .
Il n'offre pas d'écrin, d'équipage, d'hôtel,
Non, mais je l'aime.

Voici venir Belrose qui précède lord Pembrock qui le remercie de mettre sa loge à sa disposition. Estelle, ignorant la présence de son amant, se présente. Étonnement de l'un et de l'autre. Belrose en profite pour s'éclipser. Pembrock demande des explications. Bref la comédienne, pour se retirer du piège qui lui est tendu, explique qu'elle est l'auteur de la pièce nouvelle. Ravissement alors de Milord qui aimait.

. . . . Sans le savoir la sapho Bordelaise

Mais Estelle subitement renonce à cette tentative littéraire et supplie Pembrock de la suivre, lorsqu'elle aperçoit Victor accompagné de Floridore et de Mme Blinval.

. . . . Je le veux,
Que m'importe de plaire à vos derniers neveux,
C'est de vous, de vous seul que je veux être aimée.
Je dois vous immoler jusqu'à ma renommée,
Je vous la sacrifie.

L'Anglais n'en continue pas moins à rester. Alors l'adorée ajoute :

. . . . Venez, je le veux, je l'exige.

Victor voit peu à peu tous les acteurs lui rendre leur rôle, Estelle, Mme Blinval qui jalouse de Lucile dit à l'auteur :

Ajoutez à mon rôle ou retranchez du sien ;

Floridore qui ne veut pas dire : *mes cheveux gris.*

Ceci fait penser à une anecdote postérieure à cette pièce, entre Victor Hugo et Mlle Mars à la lecture et qui se renouvela aux répétitions d'*Hernani.*

Victor Hugo lisait lui-même sa pièce au comité de lecture. Il en était arrivé à ces vers qui doivent être dits par Dona Sol :

Moi, je suis fille noble et de ce sang jalouse,
Trop pour la concubine et trop peu pour l'épouse.

Une voix l'interrompit, en disant : *Favorite.*

Le poète recommença à trois reprises différentes la lecture de ces deux vers.

A chaque reprise, ce mot était répété par Mlle Mars qui, les yeux en l'air, plongeait la main dans un paquet de bonbons.

Alors, entre le poète et l'actrice s'engagea la conversation suivante que j'emprunte à un biographe :

— Vous pensez alors que le mot *favorite* remplacerait avantageusement *concubine*.

— J'en suis certaine. On n'a jamais dit *concubine* au théâtre.

— On le dira pour la première fois, Madame. Ce mot donne de la force à ma pensée, l'autre l'affaiblirait.

— Comme il vous plaira ; puisque vous avez l'obligeance de me destiner le rôle de Dona Sol, il est bon de vous dire que je trouve très dur de lancer un pareil mot au public.

Que dirait la grande actrice aujourd'hui s'il lui fallait jouer les pièces de nos auteurs contemporains !

— De vous. Madame, le public accepte tout.

— C'est possible, excepté *concubine* pourtant ! *Concubine* ne passera jamais.

— Nous verrons cela, Madame, à la première représentation.

Victor Hugo salua dignement sa célèbre interlocutrice.

Quelques jours après, on répétait la pièce ; Mlle Mars, revenant toujours sur sa pensée, dit au poète :

— Monsieur Hugo, tenez-vous toujours à *concubine* ?

— Toujours, Madame.

— Vous refusez toujours de remplacer cela par *favorite* ?

— Oui, Madame. Soyez assez bonne de dire le vers comme je l'ai écrit.

— Je le dirai, Monsieur, je le dirai ! Mais concubine sera joli ! Comme le public va siffler *concubine* !

— Il sifflera, Madame.

— Ce n'est pas tout, continua Mlle Mars. Pourquoi donc, Monsieur Hugo, faites-vous dire à Hernani par Dona Sol :

Vous êtes mon lion superbe et généreux ?

— J'ai cru devoir la faire parler ainsi, répondit le poète.

— *Lion*, cependant me paraît étrange, car enfin je ne suis pas une *lionne*. Monsieur Hugo.

— Sans doute. Madame, sans doute, mais la métaphore est permise.

— Il me semble, reprit Mlle Mars, qu'il serait plus simple de dire :

Vous êtes mon seigneur, superbe et généreux.

— Permettez, je n'accepte pas *seigneur*.

— Tant pis pour vous. *Lion* partagera les sifflets avec *concubine*.

— Le public sera dans son droit, Madame, répondit Victor Hugo, saluant toujours avec une extrême politesse : mais vous n'êtes pas dans le vôtre en interrompant ainsi les répétitions. Continuons, si vous le voulez bien.

Chaque jour, Victor Hugo subissait les tracasseries de l'un et de l'autre malgré les exhortations du vieil acteur Joanny qui disait à ses collègues : « Prenez garde, n'attaquez pas Monsieur Hugo. Vous ressemblez « à des bornes qui insultez une pyramide. »

Ainsi que Victor Hugo, Casimir Delavigne eut à subir le même genre de tracasseries de la part de ses interprètes.

Mais je reviens à l'œuvre de notre poète, à la *Comédie des Comédiens*.

Victor a le bonheur de rencontrer Grainville tout prêt à lui rendre service. Suivant l'avis de ce dernier, il faut retrancher quelques passages de la pièce et de cette façon on vaincra le refus des acteurs, et pour l'avenir, il donne au jeune auteur le conseil suivant :

> Croyez-moi, pardonnez au pauvre genre humain,
> Laissez là le théâtre, et l'épée à la main
> N'entrez pas comme un fou dans la littérature,
> En style descriptif, chantez l'agriculture.
> A la femme du maire adressez un sonnet,
> Ou sur la bienfaisance une épître au préfet.
> C'est ainsi qu'on parvient et les grands à leurs tables
> Disent : ce garçon-là fait des vers admirables.
> On boit à vos succès, on vous fête, on vous rit,
> Voilà ce que j'appelle exploiter son esprit.

Précepte qui a été souvent suivi par certains arrangeurs de rimes de province pour le plus grand plaisir de leurs concitoyens.

Victor répond :

> Les hommes d'aujourd'hui valent bien leurs aïeux.
> . . . .
> Ramenez au bon sens la mère de famille,
> Qui gouverne l'État et néglige sa fille.
> Estimons l'étranger sans rire à nos dépens ;
> Aimons la nouveauté en novateurs prudents ;
> Que le littérateur se tienne dans sa sphère,
> Qu'il vise à l'Institut et non au ministère.
> Confondez les partis et qu'il n'en reste qu'un,
> Non le vôtre ou le mien, celui du bien commun.

Ainsi qu'il est facile de s'en apercevoir, Casimir Delavigne, par la bouche de Victor, indique à ses contemporains non seulement un précepte de littérature, mais encore il leur donne une leçon de politique. Il rappelle à la mère de famille qu'elle ne doit pas s'ingérer dans les affaires de l'État, que sa place est marquée au sein de la famille et non ailleurs, que nous pouvons estimer l'étranger mais que nous ne devons pas nous en rendre l'esclave adulateur, que tous les partis doivent se confondre en un seul, le parti du droit, le parti de l'honneur, c'est-à-dire arriver à former cette union des cœurs que l'on prêche depuis des siècles et qui pourrait s'appeler le mariage de l'humanité.

Cette dernière pensée que Casimir a émise dans ces vers que je viens de citer, a été reprise un jour par Gambetta qui prophétisait que les temps n'étaient pas très éloignés où l'on verrait disparaître jusqu'au souvenir même des monarchies et qu'il ne resterait bientôt plus rien des *querelles de partis si funestes au pays*. « La République acclamée « partout et par tous comme le seul gouvernement raisonnable, comme « le seul gouvernement possible en France, ajoutait l'éloquent tribun, « s'élève majestueuse sur les ruines monarchiques et ses bases seront « si solides que nul ne songera plus jamais à les ébranler. »

Une prophétie qui se réalisera.

En effet, n'a-t-on pas vu dans ces derniers temps une réaction se produire en ce sens ? À part les anarchistes et les quelques fidèles de la royauté défunte, les partis disparaissent comme par enchantement. Les uns et les autres tombent comme tombent en ruine les monuments.

Quand Grainville, poursuivant son idée, lui parle de Gilbert, le jeune poète dans le feu de l'enthousiasme réplique :

> J'affronte son destin et l'accepte en partage,
> Vertu, gloire, malheur, c'est un noble héritage.

Grainville (à part) ne peut qu'approuver cet élan du cœur.

On a dit que le personnage de Victor avait beaucoup de ressemblance avec le *Damis* de la *Métromanie*.

On a peut-être raison. Du reste il était assez difficile qu'il n'en fût pas ainsi. Je m'explique.

Le personnage de Delavigne et celui de Piron sont tous deux poètes. Tous deux sont amoureux, tous deux sont de fidèles adorateurs des Muses. L'un comme l'autre éprouvant les mêmes sentiments sont donc forcés d'avoir les mêmes pensées. Tous deux veulent défendre la cause sacrée de la poésie.

Leurs arguments ont donc les mêmes bases.

Quoi d'étonnant alors qu'il y ait entre eux une espèce de ressemblance ? Prenez deux amoureux dans deux pièces différentes, il vous sera facile de faire le même parallèle. Si leurs caractères sont opposés, leur désir sera le même. Parvenir à le réaliser sera le but de tous leurs efforts. Il en est de même de nos deux poètes qui ont soif de remporter des succès.

Si la critique ne veut rien admettre il ne sera plus possible de faire des pièces de théâtre. Il ne s'agit pas seulement de formuler son jugement sur une pièce, de s'apercevoir qu'un caractère a déjà été peint, il faut se donner la peine de voir l'ensemble de l'œuvre. Or, si nous voyons l'ensemble de l'œuvre de Delavigne, il est facile de s'apercevoir que le sujet n'est pas le même que celui qui a été écrit par Piron.

Dans l'œuvre de ce dernier, il n'est pas parlé du tout des comédiens. Aucun n'y joue un rôle. Il y a deux amateurs des muses, l'un jeune, l'autre vieux, le premier se livre avec acharnement à son plaisir, le second fait de même pour couronner sa carrière non poétique. C'est un démon qui les pousse et pendant qu'ils font des vers ils ne font de mal à personne. On peut donc leur pardonner.

De plus, il y a un oncle adversaire de la littérature.

Retrouvons-nous ce personnage dans les comédiens de Delavigne ? Non. Le parent de Lucile, Bernard, n'est pas un ennemi des poètes. Que demande-t-il ? Voir Victor réussir et lui donner Lucile en mariage.

Grainville ne l'est pas non plus. Ses conseils n'ont aucun rapport avec ceux formulés par l'oncle de Damis.

Quant à la Lucile de Delavigne, elle n'a qu'une pensée : voir triompher Victor et voir se réaliser son union avec lui. La Lucile de Piron n'a aucun goût arrêté pour la poésie en général et pour les poètes en particulier, se nommerait-il même Damis. Elle aussi ne demande qu'une chose, la réalisation de son mariage avec celui qu'elle aime, Dorante, qui n'est ni poète ni prosateur. Damis ne se marie pas avec celle pour laquelle il écrit des vers, Victor fait le contraire. Le personnage de Dorante n'existe pas dans la comédie de Delavigne. En effet, on ne peut évidemment mettre en parallèle le personnage du prologue qui disparaît aussitôt qu'il a annoncé qu'il va monter une cabale contre la pièce nouvelle. Si Dorante agit de même, c'est par amour pour celle pour laquelle il est tout feu tout flamme.

Derville n'a pas le même motif pour agir puisqu'il n'est pas amoureux de Lucile. Son animosité existe parce que l'auteur veut mettre en scène des comédiens. A cette pensée, l'artiste se révolte parce qu'on va porter atteinte à sa réputation.

Dans ces conditions, on ne voit pas trop la ressemblance qui a été reprochée, non sans une certaine persistance et pas toujours avec modération.

Si, dans une pièce se trouve un épicier, que dans une autre il y a un épicier, il ne s'ensuit pas parce que l'un a parlé de moutarde et que l'autre aussi a parlé de moutarde que ces deux épiciers se ressemblent. Le premier trouvant que hors de l'épicerie il n'y a pas de salut, donnera sa fille à un épicier, le second non imbu des mêmes préjugés fiancera sa fille, par exemple à un médecin, à un ingénieur, à un homme de robe ou à un homme d'épée. Tous deux n'en seront pas moins épiciers pour cela et ils parleront et ils agiront en épiciers. Damis et Victor sont poètes. Si les auteurs avaient mis en scène des musiciens, ceux-ci auraient parlé en musiciens. Jugeons donc la pièce dans son entier. Ne la jugeons pas d'après une scène et même sur un vers. J'ajoute sur un vers avec intention, car on pourrait mettre en face l'un de l'autre certains vers de la onzième scène du troisième acte de la *Comédie des Comédiens* entre Victor et Grainville avec des vers de la septième scène du troisième acte de la *Métromanie* entre Baliveau et Damis. Et quand même on le ferait, cela aboutirait-il à prouver que Delavigne a été dans cette circonstance un plagiaire parce que Victor aurait parlé de Molière et que Damis aurait fait allusion à Corneille, à Racine? Mais c'est là une chose toute naturelle de la part d'un poète. Se souvenir des anciens, suivre leurs exemples, les égaler si possible, les surpasser même si le génie qui le guide peut y parvenir.

Non certainement. Puis-je avoir convaincu les incrédules ?

Rappelons-nous ces vers de Voltaire :

« .....Le Théâtre instruit mieux qu'un grand livre ;
« Malheur aux esprits faux dont la sotte rigueur
« Condamne parmi nous les jeux de Melpomène.
« Quand le ciel eut formé cette engeance inhumaine,
« La nature oublia de lui donner un cœur. »

Rappelons-nous ces vers que Casimir Delavigne met dans la bouche de Victor :

« Le théâtre avant tout veut de la vérité ;
« Au sommet de son art si Molière est monté,
« C'est qu'il fut toujours vrai, toujours peintre fidèle,
« Et plus d'un trait chez lui fit pâlir le modèle. »

Ceux qui peuvent suivre les préceptes de l'auteur de *Mérope* et de l'auteur des *Vêpres Siciliennes* auraient tort de s'y soustraire. Ils auraient tort de paralyser leurs talents parce que d'autres avant eux auraient mis en scène des personnages déjà crayonnés. Doit-on reprocher à M. Pailleron d'avoir écrit le *Monde où l'on s'ennuie* parce que Molière a écrit les *Précieuses ridicules* et que le dernier acte de sa pièce a une certaine ressemblance avec un acte de Beaumarchais? Doit-on reprocher à Molière d'avoir écrit l'*Avare* parce que Plaute avant lui avait caractérisé ce personnage? Allons donc! n'écoutons la critique qu'autant qu'elle est fondée et ne nous arrêtons pas à ces petits riens, qui paralyseraient les plus nobles efforts et auxquels s'arrêtent ceux dont l'esprit s'occupe plus de la forme que de l'art lui-même.

Ne soyons pas plus royaliste que le roi.

Ne soyons pas plus pape que le pape.

Un peu d'aménité doit régner chez les censeurs.

Ceci dit, je reprends l'analyse de la pièce à l'endroit où je me suis arrêté.

Bernard accompagné de Lucile, lui aussi, rapporte son rôle non sans éprouver une certaine peine, ce qui fait dire à Victor :

> Quand on est bon pour tous, on ne l'est pour personne.
> Votre bonté ne veut, ne fait, n'empêche rien,
> Mon Dieu, soyez méchant et faites-moi du bien.

Et Bernard, qui ne veut pas quereller, s'enfuit avec Lucile.

Grainville reparaît pendant quelques minutes et ne peut faire changer la résolution de Victor qui, dans un mouvement d'exaltation, jette tous les vers dans le foyer. On ne jouera pas sa pièce et il adresse ses adieux aux Muses, au théâtre.

> Adieu, je t'abandonne aux discordes fatales,
> Aux serpents de l'envie, au démon des cabales,
> Loin d'eux et loin de toi, je cours chercher la paix
> Et quitte ce foyer pour n'y rentrer jamais.

Casimir Delavigne, en faisant jeter par Victor son manuscrit, rappelait une anecdote de sa vie personnelle, quand après le refus par la Comédie Française de sa pièce des *Vêpres Siciliennes* il allait lancer son manuscrit dans les flammes et qu'il en fut empêché par son frère.

Quatrième acte. — Belrose et Mme Blinval nous apprennent que lord Pembrock a fait si bien de ses pieds et de ses mains qu'il est parvenu, en rendant visite aux acteurs et aux actrices, à les faire revenir sur leur décision. La pièce de Victor sera donc jouée le soir même. Floridore seul n'a pas encore donné son assentiment. Belrose supplie Victor, auquel il vient d'annoncer la grande nouvelle, d'essayer de fléchir l'omnipotent directeur. Celui-ci survient à propos, suivi de Grainville.

Dans cette scène dans laquelle Victor ne parvient pas à convaincre Floridore, les vers suivants sont à remarquer ; ils sont prononcés par Monsieur le directeur. C'est là une véritable peinture prise sur le vif de nos directions theâtrales et de nos jours ces vers auraient encore une heureuse application.

> Vous vous plaignez de nous ! D'où vient ! le comité,
> Reçoit votre grande œuvre à l'unanimité.
> Après six ans au plus par faveur singulière,
> Le comité consent à vous mettre enl umière,
> On répète vos vers et pendant cinq longs mois
> On fatigue pour vous sa mémoire et sa voix.

Et ceux-ci prononcés par Victor complètent cette peinture :

> ....Oui par votre indolence,
> Le théâtre avili marche à sa décadence.
> Que de vieux manuscrits qui sont encor nouveaux,
> Dans vos cartons poudreux ont trouvé leurs tombeaux ;
> Que d'enfants inconnus du vivant de leur père,
> En paraissant au jour sont nés sexagénaires.

Ce que Victor ne peut obtenir, Grainville l'obtient et pour y arriver il parle de ce fameux manuscrit tout en blanc dont la lecture a fait les délices de Floridore. Et l'ayant développé il le fait briller aux yeux du directeur qui, tout surpris d'avoir fait une bévue, s'écrie :

> ....Oh ! ciel, est-il possible ?
> Je suis sûr d'avoir lu............

Sur quoi Grainville lui répond :

> Et moi juge infailliblc,
> Je suis encore plus sûr de n'avoir rien écrit.
> Ah ! ah ! vous pâlissez devant ce manuscrit,
> Voilà qui vous confond et qui prouve, j'espère,
> Que vous êtes actif, juste et surtout sincère.
> ....
> Vous jouez tout le monde et je vous ai joué.

Et il menace de publier cette œuvre admise par le comité.

> ....Adieu, cet opuscule
> Ne vous couvrira pas d'un petit ridicule;
> Je le vais publier et dans l'avant-propos
> En votre honneur et gloire imprimer quatre mots.
> Et je veux que demain tout Bordeaux se régale
> Des charmantes douceurs de crier au scandale,

Faire pleuvoir sur vous cent couplets de chanson,
Qu'un rire inextinguible éclate à votre nom,
Qu'un orchestre inhumain en sifflant vous salue,
Au théâtre, au foyer, sur la cour, dans la rue,
Et forme en bruits aigus, un chorus d'opéra
Dont la fureur des vents jamais n'approchera.

Enfin Grainville parvient à vaincre la résistance de ce directeur qui est d'un comique bien réel.

Cette scène, on l'avouera, ne manque pas d'originalité, elle ne manque pas non plus de finesse, elle achève superbement la satire contre les comédiens.

Tous les acteurs sont réunis. Victor avant de lever le rideau les supplie de faire tous leurs efforts dans l'intérêt de son œuvre. On frappe les trois coups traditionnels et la pièce commence devant une salle comble.

Cinquième acte. — La pièce est bientôt à sa fin. On joue le dernier acte. Lucile assure Victor du succès. Blinval n'a pas confiance dans le dénouement. Pembrock qui a reconnu de la loge grillée qu'il occupait Estelle, prend à partie Victor à qui il raconte sa mésaventure. L'Anglais est furieux, il veut poursuivre l'infidèle n'importe où.

Estelle survient à propos et reçoit les invectives de Milord. La belle s'en soucie fort peu et on l'entend dire avec dignité :

Eh bien, tout est rompu, mais je ne prétends pas
Souffrir de vos fureurs les scandaleux éclats.

Du reste Estelle n'était venue là seulement que pour demander un conseil à Victor, qui le lui donne bien volontiers. L'actrice se retire pour rentrer en scène. Pembrock veut la suivre, mais Victor s'attache aux pas de Milord qui en se débattant s'écrie :

D'un concert de sifflets, je veux la régaler.

Le jeune homme le supplie au moins d'attendre jusqu'au lendemain. Pembrock n'en continue pas moins.

.... Mais quel homme êtes-vous ?
Quand je prétends rester, vous voulez que je sorte,
Et quand je veux sortir vous me fermez la porte.

Puis il crie :

Au meurtre ! à l'assassin.

Lucile annonce un succès complet. Pembrock en sortant maudit acteurs, actrices, auteurs. Estelle ne jouera plus. Floridore enthousiasmé demande une nouvelle pièce au poète. Et Bernard exécute sa promesse. Il accorde la main de Lucile à Victor. Grainville dote de deux cents mille francs les futurs au grand étonnement de tous. N'a-t-il pas le droit de doter sa cousine et de l'embrasser ? Puis il invite tout le monde au repas.

L'amphytrion dit :

> Qu'on y verse à grands flots et champagne et médoc,
> Et que Madame Estelle y trinque avec Pembrock.

Il termine cet acte en donnant ce conseil personnel à Victor :

> Toi, retiens bien ceci : le talent d'un poète
> Avorte dans le monde et croît dans la retraite.
> . . . .
> Crains les salons bruyants, c'est l'écueil à ton âge ;
> Nous avons trop d'auteurs qui n'ont fait qu'un ouvrage,
> Poursuis, soutiens l'honneur de tes premiers essais.
> Qu'en mer, sous l'équateur, j'apprenne tes succès,
> Et qu'un jour comme moi courant la terre et l'onde,
> La gloire de ton nom fasse le tour du monde.

Telle est cette pièce des *Comédiens* due à la plume satirique, souvent modérée, quelquefois parodiste de Casimir Delavigne. Dans cette comédie il n'y a pas l'aigreur à laquelle on aurait pu s'attendre quand on songe aux tracasseries des comédiens que l'auteur en débutant avait eues à subir.

Il y a des scènes, je l'ai fait remarquer, qui sentent leur Molière. Les comédiens de Delavigne ont existé et existent encore. Le luxe des uns, le dédain des autres pour les auteurs, le désir de se marier poussant certaines actrices sur le retour, les opinions politiques de cet autre qui selon lui l'ont empêché d'être applaudi, les animosités d'une rivale contre une collègue, sont autant de traits parfaitement bien rendus par l'auteur, avec une habileté rare. Il s'en trouvera peut-être qui lui reprocheront d'avoir en parlant du luxe des uns, imité La Bruyère dans ses *Caractères*, en parlant du dédain des autres pour les auteurs, imité Lesage. Soit. Cette comparaison aura l'avantage de prouver d'une manière évidente que les comédiens qui ont vécu du temps de La Bruyère ceux qui ont vécu du temps de Lesage, ceux qui ont vécu du temps de Casimir Delavigne ont plusieurs points de ressemblance et n'ont pas changé dans leur manière de vivre.

C'était là un point bien essentiel à établir et qui doit, à, nous qui vivons plus tard, nous empêcher de nous étonner quand nous apprenons ce qui se passe chaque jour dans les coulisses de nos théâtres. Le caractère des artistes n'est pas changé. Il ne l'est pas davantage que ceux des Misanthropes, des Tartufes ou autres que nous rencontrons constamment sous nos pas. Tout n'a pas encore été dit sur les uns et sur les autres.

Le portrait de Grainville n'est peut-être pas suffisamment esquissé. Le spectateur aimerait peut-être voir celui que l'on appelle *un oncle d'Amérique* plus longtemps amoureux de sa cousine et ne pas prendre la détermination aussi prompte d'aider Victor dans son amour. Cela nous aurait évidemment valu de la part du poète de beaux vers.

Quant à lord Pembrock il a, dans la pièce, une situation assez drolatique mais qui ne peut surprendre, étant donné qu'il est Anglais... couvert de banknotes. Or on est accoutumé aux excentricités de nos voisins d'outre-Manche. Son portrait est donc vraisemblable.

L'amour de Victor, tout ingénu qu'il peut paraître, puisqu'il vise une actrice dont l'amour pourrait être partagé suivant le dire des mauvaises langues, mauvaises langues dont le jeune acteur ne se défie pas trop — et il agit en cela comme lord Pembrock, — se trouve avoir une espèce de raison, étant donné que Grainville dotant sa cousine et Victor, continuant à vivre dans la retraite chère aux poètes, empêcheront tous deux celle dont ils veulent faire le bonheur de remonter sur les planches où se trouvent souvent en péril la vertu et la fidélité, pour ne pas dire toujours.

On a dit encore que le cinquième acte ressemblait au cinquième acte de la *Métromanie*, parce que Victor comme Damis sont tous deux dans l'attente de savoir si la représentation de l'œuvre réussira ou ne réussira pas.

Mais quelle différence ! l'un se passe dans le théâtre même, l'autre dans une maison de campagne.

La pièce est vécue. Quant à la versification de l'œuvre, elle est académique et ne peut sur ce point être censurée. Les vers que j'ai eu occasion de citer en sont la preuve.

Cette pièce a été reprise à la Comédie Française le 13 juin 1832. A l'occasion de cette reprise Jules Janin dans une critique sévère a blâmé l'auteur d'avoir mis en scène ce *qu'il aurait fallu*, disait-il, *laisser derrière la toile*.

Comme on a pu s'en rendre compte, Casimir Delavigne a dépeint dans son œuvre certains caractères déjà connus, il est vrai, mais avec une perfection, une finesse que ses prédécesseurs, soit à la scène, soit dans le roman, n'étaient pas parvenus à atteindre.

Mais ces personnages portent l'empreinte évidente de leur époque, l'époque à laquelle l'œuvre a été écrite. Cela saute aux yeux.

On a décrit beaucoup de caractères ; on ne peut en disconvenir. Mais ces caractères restent forcément imparfaits malgré leur exactitude. Aujourd'hui les *Caractères* de La Bruyère, ces fameux *Caractères* si célèbres sont incomplets. Chaque jour cette imperfection se fait sentir. On s'aperçoit que l'on pourrait y ajouter encore et que l'on pourrait en faire d'autres.

Pour expliquer ma pensée, je rappellerai une anecdote théâtrale qui a été racontée par un écrivain contemporain et qui ne manque pas de piquant.

M. Albert Delpit allait faire représenter sa première pièce à l'Odéon, dirigé alors par celui qui était journellement appelé le père de Chilly.

Sur l'avis de ce dernier l'auteur vint au bureau directorial. Il était en conférence avec le maître de céans, quand soudain la porte s'ouvre. Une jeune actrice qui paraissait au théâtre pour être sage se présente. Elle s'appelait, croit M. Delpit, Elise Thomas.

J'ajouterai que de Chilly venait de perdre sa fille. Je laisse la plume à celui qui a rappelé l'anecdote.

— Je vous demande pardon, Monsieur le directeur.

— Que tu es fraîche, jolie, mon enfant. Le père de Chilly devient très rouge et soudain il porte la main à ses yeux et fond en larmes :

« Si tu savais comme la vie me fait mal. Tu ressembles tant à ma « pauvre fille. »

Encouragée par cette ressemblance la petite ajoute : « Voilà ce que je « venais vous demander, Monsieur le directeur : j'ai deux cents francs, « je voudrais bien en avoir deux cent cinquante. » Le père de Chilly se lève et vient flairer de son gros nez cette charmante petite créature, pleine de jeunesse et de pureté, il lui tapote doucement sur la joue et lui répond : « Quand on est jolie comme toi, ma petite, ces augmentations-là regardent le public. »

Ce trait d'amour paternel si réel, ce trait de puissance directoriale qui le suit, ont-ils été rappelés dans l'œuvre dramatique ou romancière d'un de nos contemporains ? je ne le crois pas. Et pourtant on a écrit depuis 1850 des œuvres touchant plus ou moins de près à la vie de théâtre.

L'anecdote de Chilly pourrait avoir sa place dans une œuvre quelconque, aussi bien que celle du chevalier Aude, que celle de l'actrice du Théâtre Français qui trouvait que la pièce de Delavigne, *Les Vêpres Siciliennes*, était mal *écrite*.

N'avais-je pas raison de dire que l'on pourrait toujours ajouter aux caractères, à ceux mêmes qui nous paraissent les plus parfaits ? Ne pourrait-on pas reprendre à nouveau aujourd'hui les caractères si bien décrits par Casimir Delavigne ? Et si la France en ce moment possédait un nouveau Molière, celui-ci n'aurait-il pas mille traits nouveaux à mettre en scène, malgré les types si génialement présentés par l'illustre et immortel auteur comique du XVIIe siècle ?

A quoi donc devons-nous attribuer toutes ces amplifications que notre esprit se prête à concevoir et à reconnaître évidentes et nécessaires ?

Ah ! c'est que depuis Molière comme depuis Casimir Delavigne les mœurs ont changé, les goûts ont changé, les hommes ont changé. En un mot tout change chaque jour. Et toute cette transformation qui s'opère chez l'un comme chez l'autre, aussi bien chez l'homme que chez la femme, soit qu'on l'attribue aux mœurs, aux goûts ou à toute autre cause, fait naître des caractères nouveaux, transforme ou augmente les anciens et donne aussi à l'écrivain de l'époque où il vit l'occasion de prendre la plume et de tracer sur le papier le fruit de ses observations, de ses études, de sa patience.

La littérature a donc encore un long règne. Elle a toujours été et elle sera toujours.

M. Camille Doucet écrivait un jour : « La mode avant tout. Pour les let- « tres et pour les arts, il y a des courants irrésistibles, leur code change « tous les vingt ans. » Avec le spirituel académicien, nous pouvons répé- ter la même chose.

A cette anecdote du père de Chilly il serait facile d'en ajouter d'autres qui seraient autant de peintures de nos mœurs théâtrales actuelles. Que l'on me permette de rappeler la suivante qui date d'hier :

M. Porel, l'ancien directeur de l'Odéon, un des successeurs du père de Chilly, répondait à un interlocuteur s'élevant contre les exhibitions toujours croissantes dans nos théâtres de jeunes filles court vêtues, venant le sourire aux lèvres, les bras en couronne, faire des grâces au public, forcées d'avoir quatre mille francs de toilette au moins par an, touchant la somme dérisoire de cent cinquante francs par mois : *Que voulez-vous, il n'y a que les pièces à femmes qui fassent de l'argent.* Cela est vrai. Le seul moyen pour les filles de théâtre de subvenir aux exigences de la toilette, d'obvier à l'exploitation dont elles sont victimes de la part de leurs directeurs, elles ne peuvent le trouver que dans la prostitution. Et alors elles se prostituent.

Et leur nombre chaque jour devient plus énorme, puisque chaque jour on voit s'édifier de nouvelles salles de spectacle. Quand Bornave, ce personnage de Zola, jette son apostrophe, peinture exacte de son éta- blissement, il ne fait que traduire la pensée du public quand on parle de la majeure partie des établissements de ce genre.

IX

Le Paria.

Après avoir fait son début dans une œuvre comique, Casimir Delavigne revint à la tragédie qui l'avait rendu si célèbre le jour où on applaudissait *Les Vêpres Siciliennes*. Il donna alors à l'Odéon la tragédie du *Paria*. La première représentation de cette œuvre eut lieu le 1ʳᵉ décembre 1821. Casimir Delavigne dédia cette pièce à son père.

« A mon Père,

« Je t'offre aujourd'hui celui de mes ouvrages que je crois le moins
« imparfait. Puisses-tu trouver dans cet hommage public une nouvelle
« preuve de la reconnaissance et du respectueux attachement de ton fils.

« CASIMIR DELAVIGNE. »

Par l'analyse qui va suivre on verra facilement que le poète ne se trompait pas dans son appréciation.

Acte premier. — Il fait nuit. Idamore, chef de la tribu des guerriers, accompagné d'Alvar, un portugais qu'il a fait prisonnier, se promène dans un bois sacré près de Bénarès. Il attend son amante Néala,

La fille d'Akébar, d'un prêtre, d'un bramine,

qui doit venir dans ces lieux avant l'aurore.
Aux yeux d'Alvar cet amour lui paraît dangereux.
Puis voici le portugais amené à parler de son passé ; il dit :

J'ai vengé mon roi, mon pays, et mon temple,
Malheureux j'éveillai par un seul jour d'erreur
D'un tribunal sacré l'ombrageuse fureur.
Du ciel pour me punir descendit l'anathème :
Il sécha sur mon front l'eau pure du baptême ;
Et comme rejeté de la table de Dieu,
Je vis devant mes pas se fermer le saint lieu ;

> J'errai loin de l'asile où le crime s'expie,
> Le pain de la pitié fuyait ma bouche impie,

Que devenir ?

C'est alors qu'Alvar eut la pensée de fuir ces bords où il avait vu le jour et d'aller à la conquête des richesses au delà des mers. Mais cette tentative ne lui a pas été favorable.

Il ajoute :

> J'apportais l'esclavage et j'ai reçu des fers,
> Vos mains ont adouci les maux que j'ai soufferts.
> Ah ! prenez en échange une vie agitée,
> Que loin du sol natal l'orage a transplantée ;
> Disposez d'un captif libre pour vos bienfaits,
> Mais du beau ciel d'Europe exilé pour jamais.

Le chef de la tribu des guerriers lui répond :

> Des bouts de l'univers quel destin nous rassemble
> Pour nous aimer, nous plaindre, et pour souffrir ensemble ?
> L'erreur t'a repoussé du milieu des chrétiens ;
> L'homme est partout le même et tes maux sont les miens.
> Il est sur ce rivage une race flétrie,
> Une race étrangère au sein de sa patrie,
> Sans abri protecteur, sans temple hospitalier,
> Abominable, impie, horrible au peuple entier :
> Les Parias ! Ce jour à regret les éclaire,
> La terre sur son sein les porte avec colère.
> Et Dieu les retrancha du nombre des humains,
> Quand l'Univers créé s'échappa de ses mains.
> Ami d'un malheureux tu vas cesser de l'être,
> Je foule un sol fatal à mes pieds interdit,
> Je suis un fugitif, un profane, un maudit.
> Je suis un paria.

Idamore est un paria.

Qu'est-ce qu'un paria ? Le poète vient de le dire dans des vers admirables. Cette peinture de l'homme honni de la société, on ne sait trop pourquoi, a été faite précédemment par d'autres écrivains notamment par Raynal dans son *Histoire des Deux-Indes :*

« Outre les quatre premières tribus, celles des brames, des guerriers,
« des laboureurs, et des artisans, il y en a une cinquième qui est le rebut
« de toutes les autres. Ceux qui la composent ont les emplois les plus
« vils de la société : ils enterrent les morts, ils transportent des im-
« mondices et se nourrissent de la viande des animaux morts naturel-

« lement ; ils sont dans une telle horreur que si l'un d'entre eux osait
« toucher un homme d'une autre classe, celui-ci a le droit de le tuer sur
« le champ ; on les nomme les Parias (1). »

Idamore a quitté son père ; il s'est introduit dans la tribu des guerriers
et aujourd'hui après de nombreux combats et dans lesquels il a montré
la plus grande vaillance, il est devenu le chef de cette dernière tribu.
C'est de ce jour mémorable que *date son amour pour Néala.*

> Néala parut et dans ce cœur dompté
> Je sentis s'amollir un reste de fierté ;
> Je fléchis le genou, je vis une immortelle
> Et mon front malgré moi se courba devant elle.

Sur ces entrefaites, exacte au rendez-vous, Néala arrive ; aussitôt Idamore donne ses ordres brièvement à Alvar.

> Ami, si quelque brame errait autour de nous,
> Cours, montre-lui ton glaive et contiens son courroux,
> Force-le de rentrer dans sa sainte demeure,
> Qu'il vive s'il se tait, meure s'il pousse un cri,
> Reviens pour la sauver. . . . .

Entre Néala et Idamore se passe une scène d'amour,
Celle-ci s'écrie :

> Qui que tu sois mon cœur est à toi sans retour.

Le chef des guerriers réplique :

> Sais-tu, fille d'un brame, à qui ton cœur se donne ?

La jeune fille répond :

> Le trône de Delhi que la gloire environne,
> Dut-il de mes splendeurs rendre les rois jaloux ;
> Un désert avec toi m'aurait semblé plus doux.

Cet entretien prend fin au moment où Alvar vient annoncer l'arrivée
du peuple qui chante dans le lointain. Les amoureux se quittent, se
donnant un nouveau rendez-vous pour le lendemain.

Néala restée seule tombe à genoux et invoque le soleil :

> Soleil, Dieu créateur, tes rayons bienfaisants
> Aux plus vils des humains prodiguent leurs présents.
> Entends du haut des cieux, entends ma voix timide,
> . . . .
> Dérobe au châtiment la fuite d'un coupable,

(1) Voir à ce sujet : les Relations du P. Catron, les voyages de Tavernier.

> Respecte le secret d'un amant malheureux,
> Dont ton œil vigilant a surpris les aveux ;
> Mais si contre son sang ta clarté s'est armée,
> S'il est puni, s'il meurt pour m'avoir trop aimée,
> Adieu, soleil, adieu, demain tu reviendras,
> Et mes yeux pour te voir ne se rouvriront pas.

A peine Néala a-t-elle prononcé son invocation que des brames, des guerriers, le peuple se présentent et font retentir l'air de leurs chants dans des strophes d'un lyrisme incomparable et que l'on ne retrouve que dans les chœurs d'Athalie.

Acte deuxième. — Empsaël félicite le peuple d'avoir invoqué le grand astre qui luit pendant le jour sur le monde et l'encourage à renouveler leur invocation, car le soleil ne saurait manquer d'exaucer leurs prières. Maintenant que tous se retirent. Akebar le grand Prêtre va bientôt descendre les degrés du temple. Les pèlerins du soleil obéissent à cet ordre ; Empsaël se prosterne jusqu'au moment où Akebar lui dit de se relever.

L'esprit d'Akebar est tourmenté pas mille soucis. Dans cette haute fonction dont il est revêtu il ne trouve pas le bonheur qu'il possédait jadis en étudiant la science :

> Science que j'aimais, séduisante chimère,
> Ta coupe inépuisable à ma bouche est amère,
> Tes charmes sont trompeurs et tu m'as enivré
> Sans étancher la soif dont je suis dévoré.
> Quoi ! tout est vain.

De ses lèvres semble vouloir s'échapper cette phrase : « Plus ne m'est rien, rien ne m'est plus. »

De tout cela Idamore en est la cause.

Akebar avec violence le déclare.

> Il osa me braver sans fléchir le genou,
> De mon œil menaçant il soutint le courroux,
> On l'admire pourtant, on l'exalte, on l'encense,
> L'amour qui l'environne impose à ma puissance.
> Il règne et qu'a-t-il fait ? le devoir d'un soldat,
> Un misérable sang qu'il verse pour l'État,
> L'emporte sur celui dont mon pieux courage
> De Brama sur l'autel vient arroser l'image.

Puis a lieu une scène entre le grand-prêtre et Idamore. Celui-ci se courbe devant son ennemi, en apprenant que ce dernier veut bien lui donner sa fille : l'hymen est fixé à la quatrième heure.

Akebar parti. Idamore pense à son père, à Zarès qui n'assistera pas à cette union, à son père qui va le maudire. Il se demande ensuite s'il doit cacher à Néala son origine ; en la voyant apparaître il se dit :

> Je tremble... Elle m'apprend que je pouvais trembler.

Néala assure Idamore de son amour.
C'est alors qu'il lui avoue qu'il est un Paria, un de

> Ces malheureux privés de l'aspect des humains
> Dont la tribu proscrite et vagabonde,
> Traîne après soi l'horreur et les mépris du monde.

En entendant cet aveu la jeune fille se précipite vers la statue de Brama qu'elle embrasse et implore. Elle demande au Dieu de faire tomber sa foudre sur le Paria. Aux paroles prononcées par Idamore, Néala se trouve tout émue. Elle ne craint plus le courroux des humains. Elle craint l'ange de la mort.

Et cette scène vraiment pathétique se termine par une réminiscence de Skakespeare :

> Dois-je fuir ou rester, dois-je mourir ou vivre ?

s'écrie Idamore.
Néala a encore la force de lui répondre

> Reste pour mon malheur.

Tous deux se retirent chacun de leur côté, tandis que le chœur des Prêtresses s'avance en chantant des prières aux Divinités.

Acte troisième. — Néala se trouve avec ses prêtresses au moment où un vieillard

> Sous d'obscurs vêtements qui le couvraient à peine.

se présente. C'est Zarès. Néala s'empresse auprès de lui. Que vient-il faire dans ces lieux, lui demande-t-elle ?

> Vous venez visiter le tombeau de nos saints,
> Consulter le grand-prêtre, ou votre vieillesse
> D'un long pèlerinage accomplit la promesse ?

Non. répond le vieillard je cherche

> Un lieu que j'ai perdu.

Néala répond :

S'il dépend d'un mortel il vous sera rendu.

Zarès continue :

Un seul homme le peut, il le voudra, j'espère,
Le chef de vos guerriers.

La jeune fille lui annonce qu'elle va se marier avec Idamore. Sur ces entrefaites Alvar précédant Idamore, lui apprend qu'il a guidé un vieillard dans ces lieux qui réclame sa présence ; Idamore, a-t-il dit, mettra un terme à sa douleur. Néala de son côté invite celui qu'elle aime à venir consoler l'étranger.

Le père et le fils se reconnaissent.

Entre eux se passe une scène d'amour paternel et d'amour filial d'une sublime beauté qui se termine par un serment prononcé par Idamore d'abandonner Néala et de suivre Zarès.

Le vieillard maintenant est heureux. Des larmes de joie coulent de ses yeux. Dans une heure, le fils rejoindra son père. Idamore est maintenant dans une cruelle alternative et quand Alvar vient le prévenir que le grand prêtre l'attend, le chef des guerriers sent en lui se livrer un combat terrible et il se dit :

Je la perds si je fuis, si je reste, il expire.

Il envoie Alvar près de Zarès.

Ce troisième acte s'achève par un chœur des Brames, des guerriers des prêtresses célébrant déjà l'hymen de Néala.

Acte quatrième. — Alvar n'a pas rencontré Zarès. Des tourments plus cuisants s'emparent d'Idamore. Si son père survenait au moment de la cérémonie nuptiale, il est évident que celui-ci présenterait son sein aux dards des guerriers.

Néala revient. Idamore l'interroge à nouveau.

Est-elle prête à contracter cet hymen funeste ? Oui, dit-elle,

Comment serai-je heureuse où vous ne serez pas ?

Puis Idamore lui demande si elle voudra le suivre le soir même. Néala y consent malgré la peine qu'elle éprouve d'abandonner son père. Akebar précédé des Brames, les uns portant le feu sacré, les autres armés de haches, s'avance et après avoir au préalable menacé de mort quiconque viendrait troubler la fête, il se prépare à procéder à l'union des jeunes époux. Le chœur fait entendre un chant d'allégresse. Soudain Empsaël se précipite vers Akebar et annonce la présence d'un Paria. C'est un vieillard, c'est Zarès. Et le grand prêtre ordonne son supplice. Idamore demande grâce. Néala supplie. Alvar implore. Le représentant des divinités reste inflexible. Le chef des guerriers se révolte. Ce vieillard c'est son père ; lui aussi est un Paria.

Oui, je suis Paria, je le suis. . . . . . .

Akebar ne pouvant maîtriser sa fureur s'écrie : « Qu'on garde les cap-« tifs qu'on les conduise devant le tribunal des vieillards assemblés à « cet effet. Ceux-ci prononceront la sentence des coupables ». Tour à tour les Brames, les guerriers, le peuple font entendre leurs cris, leur désespoir. Les juges ont condamné. Idamore subira le supplice.

Il se passe alors une scène entre Alvar et Idamore. Celui-ci raconte à son ami l'arrêt des vieillards. Il veut laisser ignorer à son père cette décision. Il supplie Alvar de vivre pour protéger Zarès qui dans un instant va être privé de son seul soutien, son fils. Idamore se soulève contre l'infamie des juges. Ce à quoi Alvar répond :

Ah ! croyez-moi quand votre heure est prochaine
Comme un poids importun déposez votre haine,
Les turbulents transports par la rage inspirés
La soif de voir punir ceux par qui vous souffrez,
N'aident point à franchir ce pénible passage.
De ma religion, le précepte plus sage,
Nous apprend que l'oubli de nos ressentiments
Verse un calme inconnu sur nos derniers moments,
Nous dit de pardonner même à qui nous immole.
Il en fait un devoir et ce devoir console.

Zarès transporté de joie se jette dans les bras de son fils. On ne l'a donc pas trompé. Idamore lui est rendu. Et le fils laisse le père dans cette idée. Empsaël vient avertir que tout est prêt ; le peuple attend, et l'entrevue de Zarès et d'Idamore se termine par ces mots :

ZARÈS

Tu me quittes encore ?

IDAMORE

Je vous l'ai dit, mon père.

ZARÈS

C'est la dernière fois du moins ?

IDAMORE

Oui, la dernière.

De la bouche même d'Akebar, Zarès apprend qu'Idamore est livré aux bourreaux. Le vieillard supplie le grand prêtre, qui reste toujours inflexible.

Le sacrifice maintenant est accompli, Empsaël vient en raconter les détails.

Alvar, le chrétien, lui aussi a voulu mourir. Il a voulu suivre son ami dans la tombe. Une femme ensuite s'est approchée du corps inanimé du chef des guerriers. Elle a déclaré :

Qu'elle aimait Idamore, qu'il était son époux.

Les Brames, le peuple, réclament contre l'infidèle, un châtiment, l'*exil* pour elle, l'*exil*. Il appartient au grand prêtre de le prononcer.

Néala s'avance et au grand étonnement d'Akebar, elle avoue que maintenant Zarès est son père. Elle le suivra, elle sera son soutien. Et avec lui elle pleurera celui qui n'est plus.

Akebar après un moment de silence prononce en ces termes l'exil de sa propre fille :

Je dévoue à l'exil ta tête criminelle,
Va, fuis, l'humanité te rejette loin d'elle.
Fuis, j'attache à tes pas l'abandon et l'effroi,
Je te maudis ; mes pleurs s'échappent malgré moi

Néala entraine Zarès qui l'embrasse, lui disant.

Il est temps de partir, la nuit vient et pour guide,
Mon père, vous n'avez qu'une vierge timide,
On va, si nous tardons, nous chasser des lieux saints.

Celui-ci avant de partir s'adresse une dernière fois à Akebar. Il lui lance cette parole terrible :

Pontife, il est des Dieux.

Le grand prêtre reste plongé dans la douleur, la tête appuyée sur la statue de Brama, tandis que le peuple se range pour laisser passer les exilés.

Voici donc le résumé aussi complet que possible de cette pièce du *Paria*, de cette tragédie puissante par la pensée qui s'en dégage, puissante par le mobile qui l'a fait écrire.

C'est le mépris jeté contre cette antipathie naturelle à l'égard d'une certaine classe de la société, de démontrer à l'exemple de l'Évangile que les hommes sont égaux, qu'ils sont tous frères, et que les victimes du fanatisme asiatique doivent être vengés. L'égalité doit être la source du bonheur pour tous. L'orgueil des castes, les préjugés de plusieurs n'ont pas de raison d'être. Et en traitant de ce sujet spécial à une certaine contrée de la terre, Delavigne intentait un procès à l'humanité elle-même. En visant le *Paria* en particulier, il visait tout à la fois la question des différences que l'esprit humain, cet esprit si étroit, s'est plu à établir parmi les membres de la même patrie.

Le poète nous montre un *Paria* ambitieux dont l'audace égale le courage, un Paria qui parvient à se glisser parmi la tribu des guerriers. En peu de temps, à force d'énergie, à force de bravoure, il arrive à gagner héroïquement tous ses galons, comme on dirait de nos jours. Et ce soldat d'hier voit sa fortune augmenter sans cesse. Idamore est un Bonaparte, sortant de l'École de Brienne, arrivant à être général en chef. C'est la glorification du héros, qui, pendant près d'un quart de siècle, fit retentir son nom à travers le monde.

Entre Idamore et Bonaparte, il y a cette différence, que le premier a été pris dans le milieu le moins élevé et que l'autre favorisé par le sort faisait partie d'une classe plus haute de la société. Tous deux sont fils de leurs œuvres. Or, comme dans toute action théâtrale, il y a nécessité pour l'auteur d'y joindre un amour quelconque, celui-ci suppose que son guerrier s'est épris d'une jeune fille, Néala, la fille d'Akebar, le grand-prêtre. Mais les deux amoureux sont dans l'impossibilité de s'unir, non seulement parce qu'il ne sont pas de la même tribu, mais encore parce que Néala a été vouée par son père au Dieu du Gange. Elle doit donc rester la vierge pure, digne de son Dieu. Elle est la jeune fille riche de nos jours, convoitée par un téméraire amant qui, ne possédant pas de fortune et qui malgré tout bravant l'obstacle parviendrait à ses fins. Elle est de plus la Religieuse, ayant prêté serment à son Dieu, et qu'aucune volonté humaine ne saurait relever de sa foi jurée. Mais il y a des Dieux, comme dit Zarès, et le Dieu du Gange veut bien parler par un oracle. De sorte, que le Pontife qui ignore l'amour des deux jeunes gens et malgré qu'il haïsse le chef des guerriers, parce que celui-ci méconnaît sa puissance, consent à consacrer cet hymen. Dès lors, il n'y aura plus de raison pour eux d'être des adversaires.

Du reste, le chef des guerriers n'a-t-il pas courbé la tête par cette orgueilleuse soumission, lorsqu'il a répondu à Akebar :

> Soyez plus qu'un mortel, j'y consens, si nous sommes,
> Vous le dernier des dieux, moi le premier des hommes.

Cette scène célèbre est suivie d'une scène plus célèbre encore, une scène entre Néala et Idamore, dont j'ai déjà dit quelques mots, dans laquelle ce dernier fait l'apologie des Parias. Cette scène est sublime.

elle est une réminiscence, dans un autre ordre d'idées, d'une scène de Shakespeare dans le *Marchand de Venise*.

Le juif Shilock ne fait-il pas l'apologie des enfants d'Israël ? idée qui a été reprise et habilement discutée par un romancier contemporain, M. Edouard Cadol, dans son ouvrage : *Un enfant d'Israël*.

La scène écrite par le poète français est plus puissante. On y remarque une supériorité de vue plus énergique, plus violente. On sent que ce n'est pas l'humanitaire qui parle seul, mais c'est le chrétien qui croit profondément dans la justice éternelle, et qui, comme son Dieu, donne la preuve évidente aux mortels de son incommensurable amour. Le personnage d'Idamore est tracé de main de maître.

Celui d'Akebar nous présente le prêtre, le pontife sacré qui, malgré le doute qui l'assiège, croit devoir remplir ses fonctions de représentant des Dieux avec une inflexible obéissance. Il est sur cette terre le Maître souverain de ce peuple qui se courbe sur son passage. Il est l'infaillible représentant des Divinités. Il n'est plus homme, il n'est pas Dieu, ni même demi-Dieu !

Il est seul, espèce de justicier dont la conduite ne se comprend pas. Il est le grand rien de là haut. Il est le grand tout d'ici-bas. De valet des Dieux, il devient tout à coup un être extraordinaire, qu'on serait prêt à adorer, mais qu'on n'adore pas dans la crainte des Dieux.

Tous doivent lui rendre hommage et tous s'inclinent devant lui.

Il est pour ainsi dire le Pion de l'humanité ; s'il est présent, personne ne bouge, s'il est absent tout le monde saute. Vaine est donc sa puissance, superflue sa volonté. Il remplit la mission de confiance que les Dieux lui ont donnée en mandataire fidèle, passivement, sans comprendre, ne sachant même pas la raison de son existence sur cette terre. Il est mortel et il ne jouit pas du tout de ce dont jouissent les autres mortels. Il est père et sa fille n'est pas à lui. En vérité il semble être dans ce monde *ad majorem Deorum gloriam*.

Ce pontife que nous représente le poète, ne paraît nullement satisfait de son sort. C'est l'orgueil qui paraît le faire vivre, dans cette situation extraordinaire, toute exceptionnelle, et Casimir Delavigne a eu bien soin de le peindre comme un individu accablé d'honneurs, honneurs qui ne peuvent compenser sa liberté perdue.

On a critiqué le rôle de ce personnage dramatique.

On s'est demandé pourquoi Akebar *trahissait le secret de ses impostures, le ridicule de ses pratiques, la cruauté de sa politique sacrée*.

Pourquoi ? C'est que Akebar tout en étant revêtu de fonctions sacrosaintes, n'a pas cette foi, cette croyance nécessaire qui s'impose à l'esprit de l'homme sans aucune discussion. Son plus grand rêve c'eut été d'en demander la preuve irrécusable à la science elle-même. Dans son pays il est un Montaigne qui jette ce cri : *Je doute que je doute*, etc.

Comme saint Thomas, il veut voir pour être convaincu. Il est le païen incrédule, comme il y a le chrétien incrédule. Son esprit ne veut se soumettre qu'à l'évidence. Les suppositions ne lui suffisent pas.

Le personnage du grand-prêtre est l'antithèse apportée par le poète au personnage d'Alvar, de ce chrétien qui croit sans se demander sur quoi se fonde sa croyance. Il croit. Il croit. Obligé de s'enfuir de son pays, du Portugal, ayant vu fulminer sur sa tête une excommunication, en en ignorant même la cause, le voilà fait prisonnier sur le bord du Gange. Il devient l'ami, le confident d'Idamore.

On a reproché l'utilité de ce personnage dans l'action. On a sans doute oublié de reconnaître que si Casimir Delavigne a tracé ce caractère, c'est que chez lui il y avait un but, et ce but quel était-il ? Établir un contraste entre les principes de la religion chrétienne avec les principes de la religion du Dieu Gange, montrer la différence entre une religion toute de pardon et une religion toute contraire. Le chrétien bien qu'excommunié ayant conservé la foi des premiers jours, fait entrevoir à Idamore allant au supplice la grandeur d'un Dieu de miséricorde.

On a reproché également au poète de laisser Alvar aveuglé par l'amitié se jeter dans les bras des bourreaux leur demandant la mort. Alvar est l'homme abusé des turpitudes humaines. Il n'espère plus dans la justice des hommes qui condamne sans savoir. Il a soif de justice. Il se sacrifie à son Dieu et lui-même s'offre en holocauste.

Avant Jésus n'en était-il pas ainsi ? Dieu le père ne demandait-il pas des victimes ?

Un jour Alvar rencontre un païen qui pense comme lui, qui, comme lui, est victime des injures et des crimes de ses semblables, qui est envoyé au supplice. Il veut donner du courage à ce vaincu glorieux.

Et pour lui donner ce courage, il tombe avec lui sous le glaive des meurtriers.

Bref, l'utilité de ce personnage secondaire est-elle discutable ?

On a dit encore que le personnage de Zarès était incompréhensible.

On n'a pas admis que ce père puisse reprocher à son fils de s'être élevé et de vouloir s'élever encore en épousant Néala. On n'a pas admis que ce père puisse demander à son fils de retourner avec lui pour vivre comme jadis, là-bas, au loin, dans le désert, subir le mépris, le despotisme des uns et des autres. On n'a pas compris que ce vieillard n'ait pas voulu faire parti de cette tribu au milieu de laquelle son fils s'était glissé par sa bravoure.

On a jeté la pierre sur lui. On n'a pas réfléchi que Zarès qui a souffert toute sa vie, qui avait été opprimé par cet esprit de caste dominante, qui avait vu son fils l'abandonner pour aller courir à la recherche non pas de la fortune mais de la gloire, qui rêvait les honneurs et qui voulait les acquérir par lui-même à force de persévérance, à force d'énergie, qui représentait dans ce temps-là l'homme de nos jours, qui, né dans une des classes inférieures de la société veut arriver à être quelqu'un, conquérir ce qui ne lui est pas échu en partage, mais ce à quoi il pourrait atteindre pourvu que son courage soit à la hauteur du but qu'il poursuit.

La tragédie du *Paria* est l'œuvre d'un moraliste. Elle est d'un grand cœur. Elle est l'œuvre d'un serviteur de l'humanité. Chaque vers est un cri de libéralisme pur. Il est regrettable que de nos jours on ne s'inspire pas assez des préceptes qui y sont donnés car pour l'homme qui pense, il ne lui est pas difficile de reconnaître que toutes les pages sont empreintes d'un amour ardent de relèvement social, d'un amour ardent d'égalité, d'un amour ardent de fraternité, principes qui ont germé de tous temps dans les esprits, principes qui ont été la cause de la Révolution française et qui doivent être inscrits dans tous les cœurs.

Heureux les hommes qui comme Casimir Delavigne possèdent en eux cette source de miséricorde abondante et qui ne tarit pas !

Leur vie est un exemple donné à leurs contemporains. Ils laissent des œuvres immortelles dans lesquelles la postérité peut se rendre compte de l'inspiration quasi-divine de ces âmes d'élite, de ces cœurs d'or.

Le *Paria* est une de ces œuvres que l'on voudra lire et relire. Et de sa lecture attentive se dégagera dans l'esprit des lecteurs une sensation profonde, puissante, extraordinaire et qui ramènera à des sentiments fraternels ceux qui prétendent être des misanthropes.

Au XIXe siècle, il s'est trouvé un homme qui comme Casimir a été une âme d'élite qui possédait un cœur d'or. Cet homme à été un poète, plus même qu'un grand poète, il a été un humanitaire.

Ai-je besoin d'écrire son nom? Ne l'a-t-on pas déjà deviné? Est-il besoin de dire que je veux parler de Victor Hugo.

C'est donc à ce contemporain de Delavigne, qui comme lui aimait l'humanité, que je demanderai une pensée pour terminer ce chapitre, pensée que le poète des *Messéniennes* aurait pu écrire :

« Je suis une pierre de la route où marche l'humanité, mais c'est la bonne route. L'homme n'est le maître ni de sa vie, ni de sa mort. Il ne peut qu'offrir à ses concitoyens, ses efforts pour diminuer la souffrance humaine, et qu'offrir à Dieu sa foi invincible dans l'accroissement de la liberté. »

Ce qui sera un grand honneur pour le XIX° siècle, c'est que
ce siècle aura eu de grands humanitaires. Aux noms de Casimir Delavigne et de Victor Hugo combien d'autres noms pourrait-on ajouter qui
ont porté en ce siècle haut et ferme le drapeau des revendications
sociales ?

A leurs contemporains ils ont dit que tout un chacun apporte sa
pierre *au merveilleux monument de la civilisation, de la liberté, de
la fraternité,* que tout un chacun persévère dans le droit, dans l'honneur, que tout un chacun s'élève contre l'injustice, que tout un chacun
se sacrifie pour sa famille, pour ses semblables, pour sa patrie.

A la postérité leurs œuvres disent la même chose.

Et leur vie est pour tous un exemple d'honneur et de dignité. Sur eux
la calomnie peut déverser toute sa lâcheté. Elle ne peut rien.

Au lendemain de la première du *Paria* un critique écrivait : « Son
succès a été aussi éclatant qu'unanimement décerné ; rien ne peut
peindre l'enthousiasme de cette jeunesse ardente qui naguère comptait
l'auteur parmi ses condisciples, applaudissant à son triomphe et couvrant son nom des plus vives acclamations. L'auteur proclamé, on
a voulu le voir ; on l'a demandé à grands cris. Après une longue attente,
on a enfin son déclaré qu'on avait vainement cherché l'auteur et
« qu'il avait été impossible de le trouver. »

Isoard rendit le rôle d'Idamore avec tout son talent. Lafargue joua
le rôle de Zarès, David un rôle secondaire. Tous deux furent
applaudis. Quant à Mlle Brocart, écrit le même critique, elle a conservé
au rôle le plus accompli de l'ouvrage tout le charme que l'auteur lui
a donné.

Le Paria a eu ses parodies : 1° Le *Paria* travesti ou la *Pagode fau-
tive,* une histoire lamentable en prose et en vers mêlée de contre-
danses et d'ariettes en forme de roman grotesco-burlesco, pathos paro-
dié sur la belle tragédie de M. C. Delavigne par M. P. Cuisin, auteur de
divers romans, Paris 1822. 1 vol. in-12.

2° La parodie du *Paria, Chérissa Paria,* tragédie burlesque en 1 acte et
en vers par MM. Saint-Hilaire et Edmond. Paris, 2° édition, Quoy, libraire,
1822, in-8°.

3° *Cadet vaudeux à la 1re représentation du Paria* ou récit véridique
de cette tragédie, écrit sous la dictée de l'historien du Gros-Caillou par
son secrétaire intime Désaugiers. Paris, J.-B. Barba, 1822.

4° *Le Gueux* ou la parodie du Paria, tragédie burlesque en 5 actes et
en vers avec des vieux chœurs et des ponts-neufs, par Théaulon,
Dartois et Ferdinand, 1822, in-8° (1)

(1) 1 vol. in-8, 1822, prix 1 fr. 50 cent. chez J.-N. Barba, libraire éditeur des Œuvres

Cette pièce a été représentée pour la première fois à Paris sur le théâtre du Vaudeville le 29 décembre 1821

PERSONNAGES	ACTEURS
Ahquellard	MM. HIPPOLYTE
Ilmandor	FONTENAI
Paresse	PHILIPPE
Bavard	GUENÉE
Sans nom	LAPORTE fils
Ohlala, fille d'Ahquellard	Mlle MINETTE

Ouvriers ouvrières, gardes champêtres

de Pigault-Lebrun et de Picard. Palais Royal, derrière le Théâtre-Français, n° 51.
Un exemplaire de cette parodie se trouve à la bibliothèque du Havre.

X

L'École des Vieillards.

Plus heureux que ne le fut jamais Voltaire, Delavigne, n'ayant pas trente ans était applaudi et dans l'art tragique et dans l'art comique; il récoltait les lauriers de Molière et les lauriers de Corneille.

Le 7 juillet 1823, l'Académie française le recevait dans son sein après l'avoir fait attendre ainsi que nous le verrons par la suite.

Si l'Académie française semblait faire amende honorable, les comédiens eux aussi, les comédiens du Théâtre Français peu de temps avant, étaient venus à composition. Ils demandèrent à l'auteur, sa comédie, l'*École des vieillards*.

Talma, le grand Talma réclama pour lui le rôle de Danville, et s'adressant au poète, il lui dit : « Ce rôle de Danville c'est moi-même ; c'est « moi seul qui dois le jouer ; je vous le demande et vous ne pouvez « pas me le refuser. »

A côté de Talma Mlle Mars joua dans la pièce.

Cette comédie a été dédiée :

« A. S. A. S. Monseigneur le duc d'Orléans, premier prince du sang, « comme un hommage de respect et de reconnaissance. »

Cette dédicace porte la date du 15 décembre 1823.

Danville, ancien armateur, arrive à Paris et sa première pensée a été pour son ami d'enfance, son ami Bonnard, qu'il a averti aussitôt de son arrivée. Celui-ci n'a pas tardé à se rendre à l'invitation et éprouve un certain étonnement en apprenant la décision prise par Danville de se fixer définitivement à Paris. Il dit à son ami :

> Toi, grand propriétaire, autrefois armateur,
> Du Havre où tu naquis constant adorateur,
> Tu cesses de l'aimer.

Danville lui répond par ces vers qui sont dans toutes les mémoires des Havrais :

> Qui, moi ? Charmante ville,
> Elle fut mon berceau : doux climat, sol fertile,
> D'aimables habitants, un site ! Ah ! quel tableau.
> Après Constantinople il n'est rien d'aussi beau.

Ces vers ont été récités d'une manière remarquable par Talma, mais récités postérieurement par des acteurs de troisième ordre, ils ont été mal interprétés. De sorte qu'un sourire involontaire saisit le public lors de leur déclamation.

Alors quelle est la raison, demande Bonnard ? Son ami, un veuf s'est remarié. Surprise nouvelle de Bonnard et plus grande surprise encore quand il apprend que Mme Danville n'a pas même trente ans.

Le mari fait l'éloge de sa femme et celui de Mme Sinclair, grand'mère de celle-ci.

Écoutons-le

> Bonnard, elle est charmante,
> C'est une grâce unique, un cœur, un enjouement,
> Je me sens rajeunir d'y penser seulement.
> Son père resté veuf chercha fortune aux Iles.
> Hortense loin de lui coulait des jours tranquilles
> Auprès de son aïeule, une dame Sinclair,
> Bonne femme un peu vive et femme du bel air,
> Qui sait rire et qui garde en sa verte vieillesse,
> Pour les plaisirs du monde un grand fond de tendresse.
> Des succès de sa fille amoureuse à l'excès,
> Si l'on peut trop chérir de si justes succès,
> Hortense est un modèle, oui, Bonnard, je l'adore
> . . . .
> Je vis s'embellir mon arrière-saison,
> Notre hymen fut conclu.

Le climat du Havre était contraire à ces dames et celles-ci étaient désireuses de vivre à Paris. Danville a consenti à se rendre dans la grande ville, et voici comment il se fait qu'il a pour propriétaire le duc de Belmar dont l'oncle est au ministère.

Bonnard demande à Danville des nouvelles de son fils.

Celui-ci répond :

> Mon fils depuis l'hiver a son ménage à part,
> Ma femme est de trois ans plus jeune que la sienne,
> Comment les accorder, pour qu'une maison tienne,
> Il faut de l'unité dans le gouvernement.

Un vers bien frappé que l'on pourrait citer en bien des circonstances politiques ou autres !

> Toutes deux gouvernaient contradictoirement.
> Hortense aime beaucoup, j'aime beaucoup le monde,
> Mon fils ne se complait qu'en une paix profonde,
> Il a quitté la place et vit comme un reclus.
> Je le chéris toujours.

Bonnard ajoute :

> Et tu ne le vois plus.

Selon lui, Danville a eu tort de laisser son fils dans le commerce et de ne pas être près de lui pour le guider.

A l'appui de son dire il cite l'exemple d'un jeune homme abandonné par son père et qui à l'heure actuelle pour faire face à ses affaires aurait besoin d'emprunter vingt mille francs. Ce fils de famille s'est adressé à lui. Bonnard, qui est dans l'impossibilité absolue de rendre ce service. Celui-ci demande alors à Danville s'il serait disposé à les prêter

> C'est ma femme qui va vous les compter,
> Elle est mon trésorier,

répond l'ancien armateur.

Ce sujet de conversation étant épuisé, Bonnard en entame un autre. Il trouve que les goûts de son ami ont fameusement changé depuis qu'il l'a vu, se livrant dès l'aurore aux plaisirs champêtres et jouant le soir une partie de piquet.

Le railleur ajoute :

> Te voilà citadin, le luxe t'environne,
> Un gros suisse est là-bas qui défend ta personne,
> Et tout cela pourquoi : ta femme l'a voulu.

Ah ! c'est que la femme de Danville a en tête des projets. Pour lui, elle veut le voir obtenir un *poste honorable*. Qu'en pense Bonard ? Celui-ci est dans la plus grande indécision. Il se rappelle qu'on avait voulu le marier. Il a refusé. Ceux qui lui avaient prêté leur concours en cette circonstance, dit-il,

> .....Avaient découvert une honnête personne,
> Savante comme un livre, aimable, toute bonne,
> Au cousin d'un ministre elle tenait de près,
> Ces chers amis pour moi l'avaient fait faire exprès.

Mais Bonnard est un célibataire endurci. Et dans des vers que je crois devoir citer, il formule ainsi son opinion sur le mariage :

> ....Dans ma femme il me faut
> Pour que le mariage entre nous soit sortable,
> Une maturité tout à fait respectable ;
> Or une vieille femme a pour moi peu d'appas,
> Une jeune femme peut ne m'en trouver pas,
> Pour agir prudemment dans cette conjoncture,
> J'y tiens, j'y prends racine et je suis convaincu
> Que je mourrai garçon ainsi que j'ai vécu.
>
> ....
> Jamais le bon plaisir de Madame Bonnard,
> Pour danser jusqu'au jour ne me fait coucher tard,
> Ne gonfle mon budget par des frais de toilette ;
>
> ....
> Je m'éveille à la hausse ou m'endors à la baisse,
> A deux heures je dîne, on en digère mieux,
> Je fais quatre repas comme mes bons aïeux,
> Et n'attends pas à jeun quand la faim me talonne
> Que ma fille soit prête ou que ma femme ordonne.
> Dans mon gouvernement, despotisme complet,
> Je rentre quand je veux, je sors quand il me plait,
> Je dispose de moi, je m'appartiens, je m'aime,
> Et sans rivalité je jouis de moi-même.
> Célibat ! célibat ! le lien conjugal
> A ton indépendance offre-t-il rien d'égal ?
> Je me tiens trop heureux et j'estime qu'en somme,
> Il n'est pas de bourgeois récemment gentilhomme,
> De général vainqueur, de poète applaudi,
> De gros capitaliste à la bourse arrondie,
> Plus libre, plus content, plus heureux sur la terre,
> Pas même d'empereur s'il n'est célibataire.

N'est-ce pas là de la satire à la Boileau, du comique à la Molière.

N'ai-je pas bien fait de les transcrire ces vers si spirituels, si mordants ?

Cette apologie du célibat nous remet en mémoire une chanson populaire que l'on chante en ce moment dans nos cafés-concerts fin de siècle.

Danville célèbre à son tour le mariage :

> Et je te soutiens, moi, que le sort le plus doux,
> L'état le plus divin, c'est celui d'un époux.
>
> ....
> Ma femme a de mes jours rallumé le flambeau,
> Non, je ne vivais plus, le cœur froid, l'humeur triste,
> Je végétais, mon cher, et maintenant j'existe,

Que de soins ! quels égards, quels charmants entreticns!
....
J'ai quelqu'un qui me plaint quand je maudis ma goutte.
....
Quand cet astre à mes yeux luit dans la matinée,
Il rend mon front serein pour toute la journée.
....
J'aime, je suis aimé, je renais, j'ai vingt ans.

L'ancien armateur invite à souper pour le soir même Bonnard. Il le présentera à sa femme que, sans nul doute, il va trouver charmante, si charmante même que :

Bonnard, monsieur Bonnard vous lui ferez la cour.

Valentin, le vieux serviteur de Danville, un vieux marin, survient sur ces entrefaites. Il désire entretenir *Monsieur*. Présentation de Valentin à Bonnard.

Celui-ci trouve que Mᵐᵉ Danville abuse trop de lui. Elle lui fait faire des courses constamment, ce qui lui fait dire :

.....A quinze ans j'étais des plus ingambes,
Mais devenir coureur quand on n'a plus de jambes.
Ce Paris, on s'y perd. Le Havre tout entier,
En se pressant un peu tiendrait dans un quartier.
Et je cours ! mais je cours. Dès que la porte s'ouvre,
Vite au palais Royal, au Marais, vite au Louvre,
Du premier dans les toits et pas plus tard qu'hier,
J'ai porté des secours........................
....
Vous donnez à dîner, monsieur, tous les lundis,
La veille grands apprêts. Adieu notre dimanche.
Le jour que je préfère est celui qu'on retranche.

Valentin veut s'en aller.

Mais à la fin tout s'arrange. Dorénavant, le vieux loup de mer sera seulement aux ordres de Monsieur et non plus aux ordres de Madame.

Hortense apparaît, suivie de plusieurs domestiques auxquels elle donne des ordres. Apercevant Valentin elle lui dit de se rendre chez le libraire, chez le vicomte, chez le glacier, chez le brodeur, mais ce sera pour la dernière fois, car elle a été mise au courant du pacte intervenu.

Bonnard est présenté à la jeune femme par son mari :

.................Tu vois, ma chère Hortense,
Un camarade aimé, mon compagnon d'enfance,

Mon Mentor au collège, élève à Mazarin,
Bonnard m'a sur les bancs disputé le terrain.
Je l'aimais à quinze ans et je te le présente,
Comme un des vieux amis que j'estime à soixante.

Hortense en effet se rappelle que son mari lui a souvent parlé de M. Bonnard, un vieil ami de collège. Puis, au grand étonnement de ce dernier, elle fait allusion à certaines aventures dont les héros furent les deux amis. Elle ajoute qu'elle ne manquera pas d'aller rendre visite à Mme Bonnard. Danville lui annonce que celle-ci n'existe pas.

Son ami

Est garçon, par système.

La jeune femme alors invite l'ami de son mari à venir les voir souvent et, qui sait, le mariage tentera peut-être l'endurci.

Bonnard très flatté s'excuse de se trouver dans l'obligation de partir de suite. Il doit, dit-il, écrire une lettre très importante et il ajoute tout bas à Danville :

Il faudra que la somme arrive avec la lettre.

Bonnard n'est plus là, Hortense éclate de rire :

.... Mais c'est un vrai trésor,
Il a ressuscité les mœurs du siècle d'or,
Il dîne le matin, à l'antique il s'habille,
Et j'ai cru voir marcher un portrait de famille.

Danville demande à sa femme vingt-cinq mille francs. Hortense n'a plus d'argent. Tout a été dépensé. Danville n'en revient pas. Comment s'écrie alors sa femme : « Ne voyez-vous pas les achats que j'ai été obligée « de faire, les dîners à donner, le carrosse, les bijoux, un cabinet d'étude, etc.? » Le mari trouve que cela était bien inutile.

Comment inutile, réplique Hortense? Veut-il, oui ou non, devenir receveur général? Sachez-le, continue-t-elle.

L'opulence à Paris sert d'enseigne au mérite,
Étalez des trésors si vous voulez percer
Une place est de droit à qui peut s'en passer,
Ma mère me répète : éblouis le vulgaire,
Qu'on dise qu'il est riche, il est millionnaire,
Demandons tout alors et nous aurons beau jeu.

Le luxe est nécessaire et au surplus le luxe n'est pas si grand.
Ce disant, Hortense fait penser quelque peu au personnage du *Sous-*

préfet du *Monde où l'on s'ennuie* de Pailleron, qui dit à sa femme
« que le seul moyen de parvenir à être nommé préfet est de visiter ce
« monde-là qui juge de l'homme par la femme, au milieu duquel elle
« peut adresser des compliments autant qu'elle voudra, faire des cita-
« tions, au besoin un peu de latin. Quant aux plaisirs, elle a la musique
« de chambre, un tour de jardin, une partie de whist à son choix. Quant
« à la toilette, les robes montantes sont de rigueur. On ne doit pas se
« tutoyer. »

« Ainsi, dans huit jours, on dira, continue Paul Raymond : Eh! eh!
« cette petite Madame Raymond ce serait une femme de ministre et
« dans ce monde-ci, vois-tu, quand on dit d'une femme, c'est une
« femme de ministre, le mari est bien près de l'être.

« En ce qui concerne les places, mon enfant, il n'y a entre les con-
« servateurs et les opposants, qu'une nuance, c'est que les conserva-
« teurs les demandent et que les opposants les acceptent. Non, non, va!
« c'est bien ici que se font, défont et surfont les réputations, les situa-
« tions et les élections où sous couleur de littérature et beaux-arts les
« malins font leurs affaires. C'est ici la petite porte des ministères,
« l'antichambre des académies, le laboratoire du succès.......... un
« véritable hôtel de Rambouillet en 1881, un monde où l'on cause et où
« l'on pose, où le pédantisme tient lieu de science et la préciosité
« de délicatesse, où l'on ne dit jamais ce que l'on pense, où l'assiduité est
« une politique, l'amitié un calcul et la galanterie même un moyen, le
« monde où l'on avale sa canne dans l'antichambre et sa langue dans le
« salon, le monde sérieux enfin. »

Hortense, après avoir fait l'énumération de tous ses achats dit à son
mari :

> Courage, grondez-moi, mais non, vous faiblissez,
> Le repentir vous prend et si je ne m'abuse,
> Vous sentez que vous seul avez besoin d'excuse.
> Demandez-moi pardon d'un injuste courroux,
> Et vous l'aurez, méchant, car je vaux mieux que vous.

Devant ce raisonnement Danville n'a qu'à s'incliner, c'est ce qu'il fait.

A la scène suivante, Mme Sinclair vient chercher sa petite-fille pour
sortir avec elle tandis que le mari de celle-ci va aller chez le banquier.

Danville, resté seul, trouve que les cinquante mille francs ont été vivement dépensés.

> ....
> Au Havre à ce prix-là, j'aurais eu deux maisons,
> Mais elle m'a donné d'excellentes raisons.

dit-il.

Puis il sort pour pouvoir rendre service à Bonnard.

Acte deuxième. — Danville est de retour. Ses démarches ont été infructueuses.

Il a été chez deux banquiers, puis chez un notaire. Tous étaient partis, l'un à Meudon, l'autre à Saint-Germain, le troisième à Nanterre. Las d'avoir fait des courses, il s'en va porter ses pas dans un immense jardin. Qu'y rencontre-t-il, sa femme, il veut approcher d'elle. Ah! bast, impossible, autour d'Hortense un rempart. Et lui le malheureux n'a pu voir sa femme qu'en *perspective*.

Il a demandé à Mme Sinclair à laquelle il fait part de tous ses contretemps, quel était le jeune homme qui était si aux petits soins auprès de sa petite-fille.

C'est le duc d'Elmar, s'empresse de répondre la grand'mère qui fait ainsi l'éloge de ce galant homme :

> ....Hein ! qu'il est galant,
> On le croirait chez lui. Quel ton ! dans son aisance
> Perce un air de grandeur qui vous séduit d'avance.
> Qu'un négligé de cour lui sied bien à mon gré,
> Sous le signe éclatant dont il est décoré.
> Quand ma fille a son bras que je trouve de charmes.
> A voir chaque soldat leur présenter les armes.

Et elle ajoute:

> C'est glorieux pour vous.

Mais je ne vois pas là le grand honneur que j'ai, réplique Danville.

Mme Sinclair continue à faire l'éloge du duc qui a connu Hortense en Normandie, qui a un grand pouvoir, l'oncle de celui-ci étant aux finances, susceptible par conséquent de faire accorder une place importante à Danville, et qui se met toujours à la disposition de ces dames.

Mais tout cela ne touche guère l'ancien armateur, il fermera ses salons:

> ....Ai-je pris une femme
> Pour illustrer Monsieur du bruit que fait Madame ?
> Ou pour en décorer les jardins de Paris ?

Il charge Mme Sinclair d'en avertir Hortense, mais celle-ci se récuse et laisse le soin au mari d'avertir sa femme. Bonnard apparaît à nouveau.

Danville lui avoue que Hortense n'a plus la somme qu'il demande. Alors Bonnard lui dévoile que c'était pour son propre fils à lui Danville. Celui-ci tombe de surprise et supplie son ami de faire l'avance de ces fonds jusqu'au lendemain, ce à quoi celui-ci consent de grand cœur.

Danville lui demande des renseignements sur le duc d'Elmar Bonnard s'empresse de le satisfaire.

> ....Je l'ai vu quelquefois,

dit-il,

> Très galant, beau danseur, tirant fort bien l'épée,
> Redoutable aux maris par plus d'une équipée.
> ....D'autant plus dangereux,
> Qu'il aime comme un fou quand il est amoureux.
> Et le monde prétend qu'une femme jolie
> Ne peut voir sans pitié qu'on l'aime à la folie.
> ....
> La femme qui lui plait le rencontre partout.
> ....
> Quelquefois il fait mieux, il place les maris,
> Il les place très bien. Mais Dieu sait à quel prix.

Puis il engage Danville à ne pas recevoir le duc.

Ce dernier arrive inopinément et fait l'éloge de Bonnard qui se sauve.

Le duc d'Elmar fait ensuite connaissance avec Danville, qu'il prend tout d'abord pour un ami de la maison, ensuite, pour le père d'Hortense, laquelle le détrompe aussitôt son retour. Il veut dès le soir même présenter Danville à son oncle. Ce dernier, fatigué de son voyage, recevant Bonnard à souper, ne peut accepter cette invitation. Le duc se retire alors et espère bien que sur les instances de sa femme Danville changera sa détermination.

Les deux époux sont ensemble. Entre eux s'engage un dialogue dans lequel Hortense presse son mari de venir à cette soirée qui doit être si belle.

Mais celui-ci tient bon. Il refuse obstinément. Hortense ira donc seule avec sa grand'mère :

> ....J'irai malgré vous au bal du ministère,
> Et j'irai de bonne heure et j'en reviendrai tard,
> Et je ne verrai pas votre monsieur Bonnard.
> Et vous ne pourrez pas m'enterrer toute vive,
> Dans l'ennuyeux souper d'un si triste convive.

Les deux époux se séparent et se retirent dans leur appartement respectif.

Ironique, Danville en terminant cette scène ajoute :

> L'agréable entrevue. après deux mois d'absence.

Acte troisième. — Nous assistons maintenant à un revirement. Danville a fait prier sa femme de le recevoir. Celle-ci consent, de même que son mari consent à ce qu'elle aille au bal. Mais quand Danville lui apprend que pour son propre fils, à lui, Bonnard a avancé de l'argent pour le sauver d'une situation périlleuse, Hortense change d'idée, elle n'ira pas au bal, elle restera avec lui, elle recevra Bonnard. La scène continue entre les deux époux et dans cette scène Bonnard, le duc, font l'objet de la conversation.

Ce dernier se fait introduire au moment où Danville vient de s'en aller, Hortense le reçoit.

A nouveau le duc d'Elmar supplie la jeune femme de venir au bal.

Celle-ci commence à résister énergiquement, mais bientôt elle cède sous l'influence de Mme Sinclair, arrivée à propos pour appuyer la prière du duc. Tous deux font un tel tableau des hommages qui vont être rendus à la jeune femme que celle-ci, à leur grand plaisir, succombe à la tentation.

Puis elle charge Valentin de remettre une lettre dans laquelle elle explique la raison de son absence.

Après le départ de sa maîtresse le domestique philosophiquement s'écrie :

> Monsieur, avec moi, va faire quarantaine,
> Mais gare la tempête, il pourra s'en fâcher.
> Les voilà descendus et puis fouette cocher,
> Monsieur, à mon avis, joue un singulier rôle.

L'arrivée de Danville ne permet pas à Valentin de suivre sa pensée. Celui-ci parvient à glisser la lettre dans les mains de l'ancien armateur. Danville prend lecture de la missive. Un combat se livre alors dans son âme. Ira-t-il ou n'ira-t-il pas rejoindre sa femme ?

Enfin il s'écrie :

> Je ne puis résister au démon qui m'obsède,
> Il maîtrise mes sens, il me conduit, je cède,
> Adieu donc pour toujours ma chère liberté,
> Bonheur que j'ai connu, repos et dignité.
> Adieu ! je n'en crois plus ni pitié ni scrupule,
> Soyons, c'est mon destin, soyons donc ridicule,
> J'y consens, mais du moins échappons au tourment,
> Ce supplice est horrible.........................

Danville va prendre sa voiture quand arrive Bonnard. Il s'excuse auprès de lui de ne pouvoir le recevoir, sa femme est partie au bal et il va la rejoindre.

. . . . Un bal de grand seigneur.
C'est si gai cet éclat, ce bruit, cette jeunesse.

Il essaie même d'emmener avec lui Bonnard qui s'y refuse. En le quittant celui-ci l'invite à dîner pour le lundi suivant et lui souhaite beaucoup de plaisir.

Valentin, qui pendant cette scène n'avait cessé d'observer les deux amis, termine l'acte en disant :

> Vieux mari, vieux garçon, si j'avais à choisir,
> Je... ma foi, j'ai bien fait d'entrer jeune en ménage,
> Avec les mêmes goûts on arrive au même âge.
> Ma femme a son humeur, j'ai su m'y faire enfin,
> Quand j'ai sommeil je dors, et soupe quand j'ai faim.

Acte quatrième. — Hortense et Mme Sainclair sont de retour du bal. La grand'mère ne comprend rien au départ précipité de sa petite fille. Celle-ci réplique :

> C'est qu'avant d'être au bal j'ai senti tous mes torts.
> . . . .
> Dieu, que je me repens de vous avoir suivie.

Elle reproche à son aïeule de ne pas l'avoir secondée à refuser au duc.
Mme Sainclair fait l'éloge de personnes qu'elles ont rencontrées.
Hortense va attendre son mari qui sans doute la cherche dans ce bal où elle espérait trouver du plaisir, d'où elle revient le chagrin dans l'âme.
Elle entend le roulement d'une voiture.
C'est Danville, dit-elle. Et non, c'est le duc, le duc d'Elmar qui vient prendre des nouvelles de la jeune femme, supposant que celle-ci prise d'un mal subit avait été contrainte de se retirer sans pouvoir même l'en avertir.
Il est heureux de voir que sa crainte n'a pas raison d'être ; il apporte la nouvelle de la nomination de Danville qu'il voulait différer jusqu'au lendemain et l'annonce, il remet le brevet à Hortense.
Le duc d'Elmar peu à peu arrive à déclarer son amour à la jeune femme :

> Mais celle que j'aimais, je l'aime, je l'adore,
> Le feu qui me brûlait, aujourd'hui me dévore,
> Elle me voit, m'entend, j'ai bravé son courroux,
> Oui j'ai touché ses pieds, je vous aime, c'est vous.

Hortense se morfond en entendant cette déclaration.

Elle exige que le duc sorte, séance tenante, mais son mari arrive.....
elle tremble..... Cachez-vous, dit-elle, et non, reprend-elle. Mais maintenant il est trop tard, d'Elmar s'est caché.

Danville ouvre la porte et la jeune femme pour se donner une contenance ouvre le premier livre qui lui tombe sous la main. Son mari lui
demande, à des reprises différentes, si le duc est venu. Mais elle ne répond pas à la question. Elle lui présente le brevet qui pour lui maintenant est une preuve de la présence du Don Juan.

Où vous l'a-t-il remis ? reprend Danville, au bal ! Hortense continue le
même jeu. Elle ne veut pas avouer.

Danville, en colère, en parlant du duc s'écrie :

> ... .Je le tiens pour le dernier des hommes,
> . ...Pour un faux brave...que ce bras
> Peut châtier encore..............................

Sa femme essaie de l'apaiser, mais c'est en vain. Il ordonne à
Hortense de rentrer chez elle tandis qu'il va en faire autant de son côté.
Celle-ci, inquiète, voudrait rester. Enfin, elle se décide à obéir à son
mari.

Danville va droit au cabinet où est enfermé le duc d'Elmar, qu'il provoque immédiatement en duel. Il déchire le brevet. Le duel est fixé
pour le matin.

Danville ira chercher lui-même son adversaire et lui dit :

> Vous n'aurez pas l'ennui de m'attendre longtemps.

Acte cinquième. — Danville revient de son duel. Le duc l'a emporté.
Valentin trouve que ce dernier s'est bien conduit. Mme Sainclair couvre
d'hommages son gendre dont elle vient d'apprendre la nomination.
L'ami Bonnard accourt, lui aussi, féliciter le nouveau receveur général.
Il vient de le lire en parcourant le *Journal officiel.*

Maintenant tout le monde le sait.

Bonnard ira trouver le duc d'Elmar.

Mme Sinclair veut bien l'accompagner. Elle se retire quelques instants
sur la demande de Bonnard, et celui-ci fait à Danville l'apologie du
mariage, lui, ce célibataire enragé, se mariera ; il s'explique :

> ....Vois dans un ministère,
> Supprime-t-on quelqu'un, c'est un célibataire.
> Les pères de famille ont un titre éloquent,
> Qui plaide en leur faveur dès qu'un poste est vacant,
> Les défend dans leur place ; eh bien, je me marie
> Pour me trouver enfin dans leur catégorie.

Danville ne s'est-il pas marié ?

Celui-ci fait alors la contre-partie :

> Oh ! moi, c'est autre chose, entends-tu bien, mais toi,
> Je te vois en victime aller au sacrifice,
> Tu cours tête baissée au fond du précipice,
> Quand tu vas t'y jeter, je dois te retenir.
> Hé ! sais-tu malheureux, sais-tu quel avenir
> Te paierait un jour d'une telle incartade ?
> Cette idée, à ton âge, est d'un cerveau malade :
> Mon Dieu, qu'un vieux garçon connaît mal son bonheur,
> Puis d'un nœud inégal le charme suborneur,
> C'est unir par contrat la raison au délire,
> Et l'amour qu'on éprouve au dégoût qu'on inspire.
> Prendre une jeune femme à soixante ans passés,
> Pour mourir de chagrin, vois-tu, c'en est assez.
> Il faut rester garçon, il faut que tu me croies,
> Ou l'abîme t'attend, tu te perds, tu te noies,
> Tu n'en reviendras pas.....................

Et à toutes les objections formulées par Bonnard, Danville répond sur le même ton quoi qu'il puisse lui dire :

> Pourquoi voudrais-tu donc, quand la tienne est un ange,
> Que la mienne, mon cher, fût un démon ? Pourquoi ?

Les deux amis se quittent. Hortense apparaît et son mari lui rappelle cette confidence qu'elle devait lui faire et qui d'après elle n'a plus d'importance. En voyant une lettre dans la main de sa femme, il exige qu'elle lui remette. Hortense obéit avec la grâce la plus aimable. Après en avoir pris lecture, Danville s'aperçoit qu'il s'est trompé sur le compte du duc.

Il y croit d'autant plus, que sa femme qu'il aime et dont il ne veut pas se séparer de son propre chef, demande à retourner au Havre, ce à quoi Danville consent d'autant plus qu'il y retrouvera son fils qu'il n'aurait jamais dû quitter. Il annonce ce retour à Valentin qui paraît ne pas y croire. Hortense le répète à ce domestique, qui répond :

> .... Je n'en ai pas douté.
> Mais je suis marié, que voulez-vous, madame,
> Je ne me crois jamais sans consulter ma femme.

Bonnard et Mᵐᵉ Sinclair sont de retour. Le premier a reçu un bon accueil chez le duc d'Elmar et assure son ami que le secret sera gardé par le duc sur une certaine affaire que Danville connaît. La seconde est surprise de savoir que son gendre a refusé la place si belle qui

lui a été offerte. Hortense approuve la conduite de son mari et alors
l'aïeule ne dit plus mot en apprenant que toute la famille va retourner
au Havre. Danville y retrouvera son fils, donnera deux bals dans la sai-
son, des petits concerts, recevra Bonnard avec sa femme et, en dernier
lieu, il pose cette interrogation à son fidèle Valentin :

> ....Qu'en dis-tu, mon garçon ?
> Et comment trouves-tu nos châteaux en Espagne ?

Le domestique répond :

Superbes.

(Et à part)

Nous aurons Paris à la campagne.

L'acte se termine par un mot de l'ami Bonnard qui maintenant a
changé d'idée, en ce qui concerne son mariage.

> Épouser aussi tard femme jeune et jolie,
> Cela peut réussir mais ce n'est pas commun,
> Tu fus heureux, d'accord, sur mille on en trouve un.
> Quand je touche, Danville, au terme du voyage,
> Dans un chemin douteux tu veux que je m'engage ?
> Où d'autres ont glissé, je puis faire un faux pas ;
> Et ton ami Bonnard ne se mariera pas.

Ainsi finit cette comédie dans laquelle nous avons vu des caractères
tracés de main de maître et à laquelle on a fait quelques critiques relatives aux moyens scéniques employés.

Mme Sinclair nous représente bien la grand'mère excentrique qui
a vu au temps jadis de nombreux adorateurs se jeter à ses genoux, se
tuer même pour elle, heureuse maintenant de voir sa petite-fille admirée
à son tour, heureuse de voir que ceux qui s'approchent d'Hortense n'ou-
blient pas d'être agréables à l'aïeule en faisant avec elle une partie de
cartes, en lui offrant une loge au théâtre pour aller applaudir une pièce
nouvelle, une place à la Chambre des Pairs lors d'une discussion importante, une place à l'Académie quand un immortel y fait son entrée, une
carte pour la cour d'assises quand une cause célèbre doit y être plaidée,
satisfaite surtout de ne pas être oubliée dans les éloges.

Hortense, la jeune femme innocente, ne connaissant pas encore la vie,
se laisse prendre dans les filets qui lui sont tendus.

Bonnard, l'inénarrable Bonnard, est bien nature, avec son scepticisme
de vieux garçon. Lui aussi serait prêt à succomber à la tentation. Lui
aussi, suivant l'exemple de son ami, serait prêt à prendre une femme.

Mais il s'arrête dans cette voie qui commençait à lui paraître si belle.

Il réfléchit ou plutôt Danville le fait réfléchir. Suivant le conseil de ce dernier, il continue à vivre comme il a vécu, c'est-à-dire en célibataire.

Le duc d'Elmar est une espèce de Don Juan amoureux, toujours au guet qui, en apercevant une femme, croit qu'il l'aime, et à toutes celles qu'il rencontre, il serait prêt à faire la même déclaration qu'il a faite à Hortense.

Valentin est le dévoué serviteur de son maître. Ce qu'il demande, lui, c'est la tranquillité, se laisser vivre en repos, se reposer sur ses lauriers.

Danville, le vieux Danville, le sexagénaire Danville qui, pendant toute sa vie, a vu tout lui réussir, désireux de vivre en paix, croit trouver le bonheur dans un mariage disproportionné. Il s'y engouffre. Bien souvent, il maudit le jour où pour la seconde fois il a dit oui devant M. le maire.

Mais heureusement pour lui, il est tombé sur une femme qui l'aime autant que lui peut l'aimer et il retrouve la paix qu'il aurait perdue avec les extravagances séniles de l'aïeule d'Hortense.

L'action de la pièce en est simple. En vain on y chercherait des situations extraordinaires. On n'y rencontre aucune entrave, aucun arrêt. Toutes les scènes se suivent si naturellement que le lecteur ou le spectateur peut entrevoir la scène qui va suivre.

Le poète, dans son œuvre, a peint la vie dans sa réalité. En l'écrivant, il semble qu'il a vécu son œuvre. C'est pourquoi elle est supérieure. Il a dépeint le vieillard amoureux, si amoureux qu'il ne saurait prévoir nullement un soupçon contre sa jeune femme. Malgré l'expérience qu'il a dû acquérir des choses de la vie, il n'a aucune défiance.

Il s'aperçoit à temps qu'une trop grande confiance peut amener la désunion dans le meilleur des ménages, alors toutes les craintes l'obsèdent.

Les scènes qui se passent entre lui et son ami Bonnard sont d'un naturel si parfait que l'on ne saurait trouver le moyen de les critiquer. Les scènes avec Mme Sinclair sont d'un réalisme frappant, celles avec Hortense ne manquent pas de vérité. Les scènes du quatrième acte avec le duc sont vraiment pathétiques.

La scène de Danville avec le duc, dit Larousse, est une des plus belles qu'on ait vues au théâtre : elle rappelle celle du second acte du *Mariage de Figaro* et celle du paravent dans le *Tartufe des mœurs*; mais elle est au-dessus de toute comparaison par le mérite d'une belle poésie et d'une morale plus pure et plus énergique.

Cette pièce est non seulement l'œuvre d'un poète, mais celle d'un moraliste. Elle ne provoquera pas le gros rire que la farce entraîne, mais elle a l'avantage d'aller droit au cœur. Car, dans toute la pièce, le cœur, le cœur humain lutte. Dans ce combat, il se demande s'il triomphera. Le poète, par le dénouement, lui fait remporter la victoire.

Mais cette victoire durera-t-elle ?

Son mari vieillissant, Hortense sera-t-elle toujours fidèle ?

Espérons-le pour l'imprudent vieillard, mais on ne peut pas en avoir la certitude. Un autre duc d'Elmar essaiera peut-être et la jeune femme lui accordera ce qu'elle a refusé à celui qui s'était empressé près d'elle pour faire obtenir une place à son mari, et pour cause.

On a reproché à Casimir Delavigne le peu d'entente dramatique dans son *École des Vieillards*.

Partant de ce principe que la comédie était la peinture des mœurs, ayant pour but de corriger les défauts des hommes en étalant leurs travers, on a dit que l'intrigue de cette pièce manquait alors de but.

On a dit encore que pour prouver qu'il fallait des époux assortis dans un ménage, cela ne suffisait pas d'indiquer dans la pièce que le personsonnage était sexagénaire, qu'un mari de province ne devait pas laisser partir seule sa femme à Paris avec une grand'mère extravagante ; que bourgeois, il ne devait pas se faufiler avec la noblesse du pouvoir pour parvenir à entrer dans les finances.

Pour être logique il faudrait alors faire le même reproche aux personnages des autres comédies.

En effet, si *Tartufe* n'était pas un faux dévot, si *Orgon* n'avait pas sa maladie imaginaire, si *Damis* n'avait pas son enthousiasme, si le *Méchant* de Gresset était obligeant, si enfin Danville n'était pas un vieillard amoureux et ambitieux poursuivant une chimère, parvenir malgré son âge à une situation qu'il obtient en réalité, mais par des moyens qui peuvent nuire à son bonheur conjugal, auxquels ne font attention ni lui ni Hortense, toutes ces pièces n'existeraient pas.

Partant de ce principe, c'est vouloir empêcher tout auteur dramatique d'écrire une œuvre.

Or, l'*École des Vieillards*, quoi qu'on dise, pour employer une expression de Molière, avait un but, peindre le danger des unions mal assorties, montrer un vieillard trop confiant, une jeune femme inexpérimentée, une aïeule toujours jeune d'esprit et inconséquente.

Casimir Delavigne a-t-il réussi à prouver ce qu'il voulait prouver ?

On peut répondre affirmativement.

De plus, il a pris bien soin de faire vivre ces personnages à l'époque où ils s'agitaient.

C'est là pour lui une supériorité incontestable à laquelle ne sont pas toujours parvenus ses devanciers et ses successeurs.

A la 1re représentation de *l'École des Vieillards*, le poète s'écriait devant Scribe et Germain : « Mes amis, remercions la Providence, elle « a été plus loin que nos vœux et nos rêves de jeunesse. »

A côté de Talma et de Mlle Mars, Devigny, Armand Monrose, et Mme Tousey complétèrent un excellent ensemble.

Cette comédie est restée au répertoire jusqu'en 1858. Elle a été reprise à l'Odéon en septembre 1885 en même temps que *Venceslas de Rotrou*.

M. Albert Lambert père remplit le rôle de Danville et Mlle Nancy Martel celui d'Hortense. MM. Cornaglia et Paul Rameau jouèrent également.

Au XVIIIe siècle, une pièce a porté le même titre, une comédie en trois actes, en vers, par le comte de Boisboissel, Paris, 1785.

Messieurs B. Dartois, Francis et Gabriel ont écrit une parodie-vaude-ville de *l'École des Vieillards* ayant pour titre. *l'École des Ganaches*, qui fut représentée le 6 janvier 1824, au théâtre du Vaudeville.

Voici l'analyse succincte de cette pièce, que j'emprunte à un critique de l'époque dont j'ignore le nom.

« L'armateur Danville est tout simplement ici pilote d'un bateau à « vapeur. Cet époux sexagénaire s'appelle Dandinville. Constance sa « jeune femme et madame Bonconseil, mère de celle-ci, sont deux « joyeuses commères qui mangent en partie de plaisir les 500 francs « qu'il leur a confiés. De sorte que le produit de la vapeur se dissipe « chaque jour en fumée.

« On se doute bien que le jeune seigneur a subi une métamorphose « du même genre. Il est devenu M. Leduc, coiffeur à la mode qui conduit « ces dames dans les spectacles, au bal d'Italie, etc. et la place qu'il a « promise n'est autre chose qu'un billet *gratis* pour le Théâtre Fran-« çais. »

« D'après ce travestissement des personnages, on devine facilement « celui des scènes, de la déclamation, de l'explication et de la récon-« ciliation ; cependant pour ne pas suivre pas à pas dans cette imita-« tion burlesque l'auteur de *l'École des Vieillards*, les parodistes ont « conclu, au dénouement, un mariage qui leur appartient en toute pro-« priété ; c'est celui de l'honnête Bonnard (car ils lui ont conservé ce « nom) avec mademoiselle Windsor, revendeuse à la toilette et ancienne « artiste funambule. »

Ce critique ajoute que le sujet de cette farce a réussi et qu'évidemment il aurait eu plus de succès encore aux Variétés.

On a fait répéter le couplet suivant :

Air du vaudeville : *Les maris ont tort.*

Maint compositeur qui veut plaire.
Met pour ne point être éclipsé,
En avant deux le *Solitaire*,
Régulus en chassé-croisé,
Ou bien *Aline* en balancé.
Grâce à cette mode nouvelle,
Clytemnestre est en cotillon,
Le *guernadier* en pastourelle .
Et *femm'sensible* en pantalon.

Le 19 février suivant le théâtre des Variétés a joué un vaudeville de MM. Ad. Dartois, H. Dupin et Sauvage, ayant pour titre le *Perruquier et le Coiffeur* qui avait beaucoup de ressemblance entre le *Coiffeur et le Perruquier*, un vaudeville de Scribe, Mazera et Saint-Laurent, représenté le 15 janvier précédent, sifflé le premier soir et applaudi le lendemain.

On a vu aussi, dans le *Perruquier et le Coiffeur*, une imitation de *l'École des Vieillards*.

Au même critique j'emprunte l'analyse suivante :

« M. Dumont à l'âge de 60 ans, a fait la sottise d'épouser une jeune « femme qu'il doit conduire au bal ; et veut qu'elle se fasse coiffer par « son perruquier. La dame refuse et fait venir en secret un coiffeur à la « mode. Dumont, d'après les rapports de la Houppe, croit voir un rival « dans ce jeune élégant ; il est désabusé et se trouve heureux d'en être « quitte pour la peur. »

Ce vaudeville obtint du succès. La dernière scène en est très burlesque.

Voici un des couplets :

Air du vaudeville : *de Turenne.*

Naguère encor notre éloquence
Faisait pâlir les caquets du portier,
C'était un emploi d'importance,
Et la gazette du quartier,
Jadis était le perruquier.
Aux pratiques avec audace
Nous mentions intrépidement,
Il faut nous taire maintenant,
Les journaux ont pris notre place.

Je rappelais plus haut cet autre vaudeville le *Coiffeur et le Perruquier.* En voici deux couplets qui font une allusion à *l'École des Vieillards :*

POUDRET

Air nouveau de M. Heudier.

Jadis, dans Rome fortunée,
Un roi, du malheur le soutien,
Disait : « J'ai perdu ma journée,
Quand il n'avait pas fait de bien :
C'était Titus, je m'en souviens,
De nos jours, ma gloire caduque
Cherche à rappeler ses vertus ;
Je dis, pleurant mes jours perdus,
Quand je n'ai pas fait de perruque
Ma journée est à la *Titus*.

ALCIBIADE

Des *Vieillards*, moi je vis l'*École*,
Car je coiffe monsieur *Talma* ;
Cette pièce dont on raffole
Par sa morale me frappa.
Cette morale...... la voilà :
Vieux, rajeunissez votre nuque :
Car l'auteur prouve aux plus têtus,
Qu'un mari rempli de vertus,
Porte une vilaine perruque,
Quand il n'est plus à la *Titus*.

Le théâtre des Variétés, avant *le Perruquier et le Coiffeur*, avait représenté le 6 janvier précédent une imitation de *l'École des Vieillards*,
l'École des Béquillards — le vieux mari ou il faut des époux assortis, comédie bourgeoise en vers, en un acte, par MM. Dumersan et Henri Dupin.

Voici ce que nous dit un critique sur cette pièce :

« Cette farce qui a réussi, a été précédée d'un prologue en une seule
« scène dont l'objet était d'annoncer qu'en faisant une imitation les
« auteurs n'avaient pas eu le dessein de faire une satire.

« Jeaugille, Bonace et Desecart agissent à peu près comme Danville,
« Bonard et le colonel. La *grosse Dondon* se moque de son vieux mari,
« aux yeux duquel elle se justifie cependant.

Il y a lieu de noter les vers parodiés suivants à l'éloge de l'état d'un
garçon :

> Il n'est pas tourmenté par des mois de nourrice ;
> Il sort quand il lui plait, et rentre quand il veut.
> Il a son parapluie à lui seul quand il pleut.

Il y a lieu aussi de mentionner : *Cadet Buteux* à l'école des vieillards,
pot pourri en cinq actes précédés d'un prologue par D.-J. Leclerc,
1824, in-8°.

XI

La Princesse Aurélie.

Le 6 mars 1828, Casimir Delavigne fit jouer sur le Théâtre Français la *Princesse Aurélie*.

Dans une espèce de préface publiée en tête de son œuvre, le poète déclarait ceci :

« Cette comédie a été pour moi un délassement de travaux plus
« graves; je ne l'ai jamais considérée que comme un badinage et j'ai
« cru que des conversations semées de traits satiriques où je me joue-
« rais sans aigreur des hommes et des choses, où je donnerais en riant
« quelques leçons utiles pourraient à l'aide d'une intrigue légère occuper
« doucement et divertir des esprits délicats. La plaisanterie trouve peu
« de place dans un ouvrage fortement noué et une pièce satirique est
« nécessairement moins intriguée qu'une autre. »

Entre le succès de l'*École des Vieillards* et la *Princesse Aurélie*, comédie en cinq actes, Casimir Delavigne s'en vint voyager en Italie pour rétablir sa santé.

Ce voyage en Italie fut pour le poète un véritable triomphe, « car en
« dépit de toutes les précautions il ne put se dérober aux nombreux
« témoignages de symphathie et d'admiration qui l'accueillaient sur sa
« route et l'épiaient pour ainsi dire à son passage ».

C'est ici que se place l'anecdocte suivante :

Le 12 février 1825, les élèves français des Académies de peinture et de sculpture, réunis à la majeure partie de leurs compatriotes alors à Rome, invitèrent le poète à un banquet. Les convives furent au nombre de quatre-vingts. On chanta des couplets en l'honneur de l'auteur des *Messéniennes*.

A Naples, à Rome, à Venise, partout enfin où il s'arrêta, il rencontra cet engouement public, cher à ceux qui ne le cherchant pas en sont l'objet.

C'est là une consolation qui fait renaître l'espérance et qui donne de nouvelles forces, forces toujours nécessaires aux favoris des foules. On saluait non pas seulement le cœur généreux mais encore le poète qui avait fait entendre sa lyre pour chanter la liberté.

D'Italie, il rapporta de *Nouvelles Messéniennes*, qui devaient comme les premières faire sensation et ajouter un titre de gloire à son passé déjà célèbre.

D'Italie, il rapporta le plan d'une nouvelle tragédie, *Marino Faliero*.

D'Italie, il rapporta aussi ce qu'il avait demandé à son climat, à son ciel, de la force, de la vie.

Après une année d'absence, ayant dans la tête des projets d'avenir, il revint dans son pays natal, sur le sol de France pour continuer son œuvre interrompue, revoir sa famille qui lui était si chère, ses amis qui ne l'avaient pas oublié.

Je passe maintenant à l'analyse de la pièce.

Acte premier. — Béatrix, dame d'honneur de la princesse Aurélie, appelle Policastro, premier médecin de la Cour. Elle lui avoue qu'elle souffre.

De quoi?

> ....Guérissez-moi car j'ai l'esprit malade,
> Oui, cher Policastro, je suis triste, maussade.
> ....
> Et j'ai, je le sens bien, le moral affecté.

Suivant le docte savant :

> L'amour dans tout ceci serait pour quelque chose.

Et la dame d'honneur lui confesse qu'elle aimait Alphonse d'Avilla. Le médecin et Béatrix font tour à tour le portrait du séducteur. Mais un des amis de ce dernier, Sassane, un des régents profitant de l'absence de l'amant, à force de bien faire et de bien dire, est parvenu à captiver la dame d'honneur avec laquelle, dans quelques jours, il va s'unir par de légitimes liens. Mais voici que l'on annonce pour ce jour même le retour d'Alphonse d'Avilla auquel Béatrix avait juré fidélité et amour. Celle-ci supplie le bon docteur de conjurer le danger. Policastro ne l'entend pas ainsi et il déclare son amour à la jeune fille qui répond à ces avances en ces termes :

> Pouvez-vous m'en vouloir, docteur, si le hasard
> Nous fit naître tous deux, vous trop tôt, moi trop tard.
> Et puis, c'est un malheur, mais il faut vous le dire,
> Je n'ai jamais pu voir un médecin sans rire.

Le cher docteur ne se tenant pas pour battu dans sa tentative amoureuse, trouve que le meilleur moyen pour réussir à décider Béatrix est de dauber sur le compte de Sassane :

> Votre comte, entre nous, je le crois ruiné,
> Car bien qu'il soit régent, on dit qu'il est gêné.
> . . . .
> Tenez, s'il est permis que tout bas je m'explique,
> Je crains après l'hymen un retour politique.
> Il peut, s'indemnisant de ses frais amoureux,
> Et quand par un contrat vous lui serez soumise,
> Administrer sa femme en province conquise.

Le cher docteur prétend ensuite qu'il a tout pouvoir sur la princesse et qui sait, un jour ou l'autre il peut être appelé à devenir ministre, rêve que beaucoup ont eu, surtout dans ces derniers temps. Et qui sait avec Policastro, ils ont pu dire :

> Le ciel du ministère est changeant, orageux,
> Et dans ces régions au mouvement sujettes,
> Pour une étoile fixe on a vu cent planètes.
> Ah ! que le ciel tourne et je puis quelque jour,
> Ingrate ! et vous offrant une illustre alliance,
> Vous couvrir des rayons de ma toute-puissance.

Mais ce beau discours, ce beau rêve, ne saurait persuader la belle Béatrix qui laisse Policastro dans son illusion pour rejoindre la princesse.

Suivant la dame d'honneur, voir un jour le cher docteur,

> Signer une ordonnance en signant un décret,

il faudrait que l'*État soit bien malade*.

Policastro a l'intime conviction que Béatrix l'a raillé. Dès lors, il n'a pas le courage de faire son cours ni de visiter tous ses malades.

Alphonse survient sur ces entrefaites et en voyant le docteur, il lui fait part de son bonheur, de sa joie de revoir Salerne. Il lui demande des nouvelles de la princesse Aurélie, des trois régents.

Puis, Alphonse avoue qu'il est amoureux fou de la princesse. Il ne saurait penser à Béatrix ni même à la baronne d'Elma, une veuve à laquelle il a adressé même des vers. Et à la fin de cet entretien voici son cœur qui revient à Béatrix. Celle-ci justement se présente. Tous deux éprouvent une gène énorme. Policastro les tire d'embarras. A l'un, il annonce le mariage de la comtesse avec Sassane à l'autre il annonce l'union d'Alphonse avec la baronne d'Elma. Le rire étant le propre de l'homme, tous trois, Policastro le premier, en rient aux éclats.

— 138 —

La princesse Aurélie arrive ensuite avec toute la Cour. Elle adresse quelques mots à chacun et demande à Béatrix « *les nouvelles du jour* », à Policastro le temps qu'il fait et enfin à Alphonse d'Avilla avec sévérité elle adresse ces quelques mots :

Comte, j'aurai plus tard, quelques mots à vous dire.

Et la princesse qui a commandé les nacelles se retire avec toute sa suite, laissant le malheureux à ses amères réflexions.

Oh ! oui, il quittera la Cour, et il se dit :

A de plus grands que soi vouloir plaire est folie.
N'aimons que nos égaux ! pour qui pense autrement,
L'amitié n'est qu'un piège et l'amour qu'un tourment.

Acte deuxième. — Aurélie fait lire à Béatrix un sonnet et lui laisse deviner le nom de l'auteur. Elle parle ensuite de Sassane qui doit devenir l'époux de la comtesse qui est toute surprise que cette future union soit déjà connue.

Un huissier introduit Avilla qui a fait demander audience.

Dans cet entretien, la comtesse réprimande le comte de ne pas avoir continué à s'occuper des intérêts sacrés de l'État, d'avoir pensé à la baronne, d'être poète à ses heures, il est vrai que

..........Poète et guerrier c'est être universel

Cette citation fait penser à Georges de Scudéry (1).

En tête de l'*Amour puni*, tragi-comédie, se trouve le portrait de l'auteur d'Alaric : « moustaches retroussées et cirées, barbe en fer de lance, « cheveux crépus, nez bossué, sourcils bien marqués, décorant une tête « fine et brune plutôt castillane que normande » (2). Au-dessous se trouvent les armes du rival malheureux de Corneille, et aussi ce distique :

Et poète et guerrier,
Il aura du laurier.

Aurélie demande ensuite au comte quelle est donc celle qui a inspiré l'amant des Muses ?

D'une beauté si rare où trouver le modèle ?

(1) Georges de Scudéry, né au Havre en 1601, mort à Paris le 14 mai 1667. — Scudéry, d'après le registre des baptêmes de Notre-Dame du Havre, aurait été baptisé le 22 août 1601.
(2) Touroude.

Et Alphonse fait cette simple réponse :

> Sur le trône sans doute,

réponse qui en dit assez.

Aurélie termine cet entretien en approuvant les mesures prises par l'homme de guerre, en lui ordonnant de rester maintenant à la Cour, enfin en l'invitant à *cultiver l'amitié* des régents, à voir son oncle le duc d'Albano et à prendre part à la promenade maritime qu'elle va faire. Alphonse après le départ de la princesse ne peut s'empêcher de la trouver admirable. La tête lui tourne quand soudain il rencontre son oncle auquel il adresse une supplique comme tout neveu doit le faire, une demande d'argent.

> Dieu ! qu'on est orphelin quand on n'a pas d'argent

Le neveu demande à son oncle de lui monter une maison, un palais et tout le nécessaire. L'oncle ne l'entend pas ainsi. Tout ce qu'il peut pour le fils de son frère, c'est de lui donner une sinécure, la direction par exemple d'un muséum, fonctions dans lesquelles il sera suppléé par un autre que l'on ne paiera pas cher. Mais Alphonse est très peu partisan de ce système... économique et avant l'arrivée des autres régents il ne peut s'empêcher de répondre :

> Pour moi, quand de mes fonds l'état n'est pas prospère,
> J'ai recours sans scrupule, à mon oncle, à mon père,
> Mais être à charge à tous et fort de votre appui,
> Prélever un impôt sur le travail d'autrui,
> Non ; je renonce au faste et sens que la noblesse
> Tient à la dignité bien plus qu'à la richesse.

Les régents rassemblés *provisoirement*, s'encensent mutuellement. Sassane tout en lançant une pointe contre son collègue Polla trouve que leur gouvernement est le meilleur parmi les meilleurs. Et ce qu'il pense il le dit en vers raciniens.

Jugez un peu :

> Mais ce pouvoir, Messieurs, que chacun vous envie,
> Et dont le poids peut-être, abrège notre vie,
> Si d'un commun accord, nous l'avons demandé,
> Si nous l'avons reçu, si nous l'avons gardé,
> Si pour un dévouement qui tous trois nous honore,
> Nous sentons le besoin de le garder encore,
> Pourquoi ? dans quel motif, et pour quel résultat ?
> Le plus noble de tous, l'intérêt de l'État.

Et puis au surplus, quels seraient donc ceux qui pourraient les remplacer ?

> Eh ! pour nous remplacer nous ne voyons personne.
> En esprit du même ordre, il faut en convenir,
> Le présent est stérile ainsi que l'avenir.
> . . . .
> Pour peu qu'un seul de nous rentre dans le repos,
> Veuve de tous les trois, que devient la Patrie ?

Quelle est donc la raison de ce pessimisme qui s'empare de Sassane, se demande Polla? Et Sassane rappelle alors que la princesse atteignant dans peu de temps sa majorité, leur autorité de régent s'écroule. Il faut donc aviser et au plus vite.

L'orateur continue :

> La princesse, messieurs, nous estime tous trois,
> Nous aime, unissons-nous pour diriger son choix.
> Non sur un étranger qui, fier du diadème,
> Se mettrait dans l'esprit de gouverner lui-même;
> Il faudrait, dans sa cour, choisir un souverain,
> Un roi digne de l'être, un roi de notre main,
> Noble comme... nous trois.

Et les autres d'applaudir :

> . . . . .Et qui nous conservât,
> Car avant tout, messieurs, l'intérêt de l'État.

Polla émet alors son avis :

> . . . . .Qu'un de nous règne et son royal appui
> Préserve ses rivaux d'une double disgrâce,
> Vous restez, nous restons, et tout reste à sa place.

Cela ne suffit pas de prendre une décision, il faut jurer de l'accomplir, pense encore Polla et il s'écrie :

> Jurons donc d'accomplir ce saint engagement.
> En conservant chacun dans ses prérogatives,
> Titres, pouvoirs, emplois, dignités respectives,

Et l'homme des Finances, Albano, ajoute :

> Et traitements, messieurs. . . . .

Et cette scène s'achève par ces vers :

SASSANE

> . . . . .En un mot, jurons tous,
> De forcer nos neveux à réduire après nous,
> Que trois rivaux d'amour,

POLLA

De gloire,

ALBANO

De fortune,

SASSANE

En disputant le trône ont fait cause commune,
Pour se le partager, sans regret, sans débat,
Et dans un but sacré :

(Tous les trois tendant la main pour jurer.)

L'intérêt de l'État.

On ne peut pas dire que cette scène n'est pas du plus parfait comique. En vérité ces trois régents ont quelque ressemblance avec les personnages d'un vaudeville en trois actes qui a été joué plusieurs années plus tard sur la scène des Variétés, le 20 janvier 1840 et qui a pour titre les *Trois Épiciers*, dû à la collaboration de Lockroy et Anicet Bourgeois.

L'un paraît être un *Bardou*, l'autre un *Lapie* et le troisième un *Leture*. Ils parlent de leur régence comme les autres parlent de leurs affaires. Il n'y a que le milieu qui diffère. Ce sont bien les mêmes types, les mêmes caricatures. Tous indistinctement sont esclaves de leur ambition et tous tombent dans le même travers. Ils se contemplent, ces ancêtres de M. Poirier.

Après avoir lu ou entendu cette scène on va prétendre encore que Delavigne n'était pas un véritable fils de Molière. Allons donc !

La parole de Picard est exacte, et elle restera exacte : *Il y a du Molière dans cette tête-là.*

Acte troisième. — Par tous les moyens imaginables, Sassane essaye de rompre avec Béatrix, mais il n'y peut parvenir. Celle-ci prend tout en riant et trouve qu'il est un jaloux. Sassane se décide alors à écrire. Policastro avertit Aurélie du complot des trois régents. Puis Aurélie, Béatrix s'entretiennent de l'accident qui a failli coûter la vie à la princesse, et au marquis de Polla. lors de leur promenade sur l'eau.

Heureusement, Alphonse d'Avilla était là et le péril a été conjuré. Aurélie, après avoir congédié sa dame d'honneur, demande au cher docteur son avis sur l'union possible avec l'un des régents. Policastro, après avoir considéré les droits, les capacités des prétendants, est porté pour le marquis de Polla.

Aurélie veut envoyer à Malte le comte, ce à quoi celui-ci ne tient pas

du tout. La princesse l'avertit que par suite de maladie du titulaire, il
devra servir de secrétaire au conseil.

Aurélie seule, en regardant les portraits de famille accrochés au mur
s'écrie :

> ... .N'est-ce pas mes ancêtres,
> Un favori sur vous a souvent du pouvoir,
> En ai-je un par hasard ? je n'en veux rien savoir,
> J'aspire à vous venger. Surpris de mon audace,
> Je crois voir vos portraits....................

Ce moyen scénique a été employé par nombre d'auteurs dramatiques.

Victor Hugo s'en est servi dans un de ses chefs-d'œuvres. Une des
dernières tentatives en ce genre existe, si mes souvenirs ne me font
pas défaut, dans une comédie de Bisson.

Acte quatrième. — Le conseil de régence est réuni. Albano présente
un projet que la princesse refuse de faire mettre à exécution. Elle
nomme le marquis de Polla au commandement en chef des forces na-
vales qui doivent attaquer les Turcs. Elle parle ensuite de son mariage.
Elle n'épousera pas un étranger. Ce sera un de ses sujets.

> Un d'eux seul doit régner....................

Et elle ajoute :

> Il régnera bientôt et dans cette journée,
> Au plus digne, messieurs, ma main sera donnée.
> Cet hymen que vos soins différaient prudemment,
> Veut être consacré par votre assentiment.
> Sans doute, il le sera. Ma justice royale
> Pèsera tous les droits dans sa balance égale,
> Et l'on dira : ce trône où son sujet parvint,
> L'équité le donna, le mérite l'obtint.
> Ma volonté ce soir une fois approuvée,
> Ma Cour la connaîtra. La séance est levée.

A chacun des régents elle dit un mot d'espérance.

Alphonse est sur le point de quitter, lui aussi, la salle des délibéra-
tions, mais la princesse le retient. Il présente à Aurélie un papier qui
contient sa démission. Mais celle-ci le déchire. Elle le nomme ambassadeur et le charge d'apprendre à son oncle qu'elle a

> .....Pour ses talents une estime profonde.

Et elle laisse le soin à Avilla de tout expliquer. Ce qu'il consent à
faire *par ordre.*

Au duc d'Albano qui se présente, il lui dit :

      . . . . .Vous êtes roi.

Celui-ci ne se sent plus de joie, comme aurait dit notre fabuliste La Fontaine.

> Demain, je serai roi ; tout va changer de face,
> J'élève, je détruis, je place, je déplace,
> J'organise en un mot. Hors ma famille et moi,
> Nul ne peut obtenir ou donner un emploi.
> Du sort de mes rivaux à la fin je dispose,
> Qu'ils tombent. Au conseil qu'à moi seul je compose,
> Sans eux tout est porté, discuté, décrété :
> Qui vote seul est sûr de la majorité.

Le neveu de son altesse tombe dans un fauteuil, jaloux de ce rival qui lui ravit son amante et de laquelle il dit :

> L'aimer et la maudire est tout ce que je puis.

Béatrix, furieuse contre Sassane qui lui a adressé une lettre de rupture, entre en scène. En apercevant le comte, elle s'écrie :

> Ah ! cher comte, c'est vous. Dieu, qu'un ami sincère,
> Quand on n'est pas heureux nous devient nécessaire.

Et nos amoureux délaissés s'emportent contre l'infidélité humaine. Ils s'emporteraient encore si Aurélie ne venait pas les interrompre. Alphonse prend à sa charge d'expliquer tout à la princesse.

Au grand étonnement de Béatrix et au plus grand étonnement encore d'Aurélie, il prie cette dernière de vouloir bien consentir à son union avec la dame d'honneur.

> Que deux cœurs éprouvés par tant de sacrifices,
> Soient au pied de l'autel unis sous vos auspices.
> Vous ne sauriez former un nœud mieux assorti,
> Plus doux, plus heureux. . . . .

Vient ensuite la scène entre Aurélie et Alphonse dans laquelle celui-ci subit un interrogatoire de la part de la princesse relative à son amour pour Béatrix. Puis d'Avilla poussé à bout pour ainsi dire, se jetant aux genoux d'Aurélie, déclare qu'il l'aime.

> Je sens. . .Ah ! quel empire avez-vous pris sur moi ?
> Non ! je ne l'aime pas. Je n'aime rien, madame,
> Ou plutôt, puisqu'enfin il faut ouvrir mon âme,
> Ma folie est au comble et j'aime une beauté,
> Que j'inventais sans croire à sa réalité,

> Qui mobile à l'excès, indulgente ou sévère,
> Charme, irrite à la fois, enchante et désespère.
> J'aime un objet qu'en vain je voudrais définir,
> J'aime ce que jamais je ne dois obtenir ;
> J'aime qui me dédaigne et se fait une joie
> Des fureurs, des tourments où mon âme est en proie ;
> J'aime ce que je hais, ce que je dois haïr ;
> Vous ! vous-même et je doute en osant me trahir,
> Quand je cède à vos pieds au transport qui m'entraîne,
> Si je ressens pour vous plus d'amour que de haine.

Après cette déclaration d'amour, une révolte s'opère dans l'esprit du comte.

> Je fuis, soyez heureuse, une prompte vengeance
> Punira l'insensé qui vient de vous braver,
> Et la mort est partout, pour qui veut la trouver.

La princesse lui ordonne de rester et comme Avilla persiste à vouloir partir, elle le fait arrêter par le duc. Voici donc le bel amoureux prisonnier d'État. Aurélie sourit d'avoir pris cette mesure. Et restant seule, elle ajoute :

> Voyez à quels excès on porte un souverain,
> Mais s'il tient à partir, il le pourra demain.

Acte cinquième. — « Les courtisans forment des groupes ou se pro« mènent avec agitation. »

L'arrestation du comte est le sujet de toutes les conversations. On vient ensuite à parler de la chute du ministère, du renouvellement du Sénat, de celui de la magistrature. Une scène entre Policastro et Polla nous les représente tous deux, le premier préconisant la royauté de l'autre, le second tout heureux d'être si bien instruit, se gonflant déjà dans sa future omnipotence, prêt déjà à renvoyer ses collaborateurs et à leur dire :

> Votre pouvoir passait votre capacité
> Allez-vous-en........................

et promettant au cher docteur de le nommer baron, ce qui flatte Policastro qui ne peut s'empêcher de dire à part :

> Ce titre fera bien au bas d'une ordonnance.

Et Polla termine :

> Soyez toujours sincère et franc comme aujourd'hui
> Et votre souverain vous promet son appui.

Des vers qui sentent leur Molière et rappellent ces vers du grand comique :

> Je veux qu'on soit sincère et qu'en homme d'honneur
> On ne lâche aucun mot qui ne parte du cœur.

Policastro a une lettre à remettre à la princesse de la part d'Alphonse. Celle-ci apparaît, et alors le bon docteur lui remet la missive en question. Aurélie blâme vertement celui qui, le matin encore,

> Jugeant tout, blâmant tout, frondeur inexorable
> De tout ce que l'Empire a de plus vénérable,

et qui le soir se permettait de discuter un arrêt de sa reine. Aussi celle-ci lui ordonne-t-elle de sortir. Policastro se voit déjà disgracié.

Sassane se présente à la princesse, qui lui demande si l'acte de dissolution de la Régence est préparé. Non, pas encore. Les régents attendent qu'Aurélie ait choisi le futur roi.

Alphonse, entouré de gardes, et Policastro se présentent. Et s'adressant au comte, la princesse lui dit :

> Du nouveau souverain votre sort va dépendre.

Aurélie se retire, suivie de Sassane, laissant en présence le comte et Policastro.

Tous deux sont comme terrifiés du coup qui les accable. Ils fuiront ce pays. Ils iront se réfugier sur une terre étrangère pour y mourir, dit le médecin, pour y vivre, dit le comte.

> .... où l'on trouve une ombre d'équité
> .... où le pouvoir aime la vérité.

A l'approche de la Cour, les deux amis gardent le silence et se placent dans le fond de la salle.

Au nom de ses collègues et au sien, Sassane remet le pouvoir aux mains de la princesse et en donnant l'acte, il jure fidélité au monarque futur. Les autres personnages l'imitent, excepté Alphonse qui entend soudain Aurélie lui dire :

> .... Comte, vous êtes roi.

Étonnement général.

Polla veut faire des observations. Mais Aurélie ne lui en donne pas le temps. Elle réplique aussitôt :

> .... Que me demandez-vous ?

— 146 —

(A Sassane)

 Pouvez-vous contester l’éclat de sa naissance ?

(A Polla)

 N’a-t’il pas dans les camps signalé sa vaillance ?
 Marquis, votre suffrage est ici d’un grand poids,
 Qui plus que vous tantôt m’a vanté ses exploits ?
 Le docteur a soigné sa dernière blessure.

Ce qui donne à Policastro l’occasion de dire spirituellement,

 Presque mortelle. O Dieu, c’est ma plus belle cure !

et d’ajouter avec effusion :

 J’ai donc sauvé mon roi.

Après avoir remercié les ex-régents, Aurélie remet le sceptre à son mari.

Voici les paroles qu’elle prononce, paroles digne d’une reine qui désire, qui veut le bonheur de ses sujets, paroles qui sont d’un sage et qui trahissent les sentiments personnels du poète :

 Alphonse, levez-vous, prince, je vous remets
 Un sceptre que vous seul porterez désormais.
 Prenez, c’est sans regret que je vous l’abandonne,
 Mais laissez-moi vous dire à quel prix je le donne.
 Vous allez commander à des sujets nombreux,
 Ne régnez pas pour vous, prince, régnez pour eux ;
 Cherchez la vérité, fût-elle impitoyable !
 Ou faites-vous aimer pour vous la rendre aimable.
 Aux lois, reines de tous, soumettez le pouvoir ;
 Soyez grand s’il se peut : juste c’est un devoir ;
 Soyez bon ; la grandeur y gagne quelque chose ;
 Régnez donc et des soins que l’État vous impose,
 Quand le bonheur public n’exigera plus rien,
 S’il vous reste un moment vous penserez au mien.

Le poète, par ce caractère de la princesse Aurélie, semble avoir voulu donner à saint Louis, une sœur digne du grand roi qui rendait justice sous un chêne. Et en mettant dans la bouche de ce personnage ces vers pleins de libéralisme que je viens de citer, il donnait une leçon aux rois, aux puissants de la terre, comme aurait dit Bossuet.

Si, dans les *Oraisons funèbres* de celui qu’on a appelé l’Aigle de Meaux les grands ont reçu des conseils, ils ont pu en trouver également dans l’œuvre de notre Poète.

Comme Bossuet, comme Delavigne, Victor Hugo, lui aussi a donné des leçons aux rois et aux empereurs.

C'est assurément à l'influence de ces grands cœurs que l'on a pu voir au dix-neuxième siècle, certains rois, certains empereurs, pardonner.

Est-il besoin d'en rappeler les circonstances ? Ces faits ne sont-ils pas gravés dans toutes les mémoires ?

A côté de la princesse, il y a le malheureux d'Avilla dont l'esprit est tourmenté. Il aime et il voudrait savoir s'il est aimé. Dans l'incertitude qui le dévore, il essaye d'aimer Béatrix, la dame d'honneur, laissant de côté son amour avec la baronne d'Elma. Après avoir passé par toute espèce de sensations plus ou moins agréables, imaginées par l'amante, il se voit soudain proclamé roi, sans le vouloir, sans le demander, à l'encontre des autres concurrents à la royauté.

Béatrix est une dame d'honneur, changeante dans ses amours et qui, comme une jeune fille fait des rêves et qui a le plus ardent désir de ne pas coiffer sainte Catherine.

Policastro, le médecin de cour, forme le quatuor comique dont font partie les trois ministres. Ce quatuor d'amoureux vaut son pesant d'or. Ces personnages qui se démènent dans toute l'action, chacun poursuivant son but à sa façon, sont des utopistes de première catégorie. Tous font rire. Ces politiciens, ces diplomates s'aperçoivent à la fin que tout habiles qu'ils puissent être, la princesse les a déjoués sans beaucoup d'effort :

> Honteux comme un renard qu'une poule aurait pris.

Soyez donc régents !

La Princesse Aurélie est la pièce de Casimir Delavigne qui a été le moins souvent représentée.

Pourquoi ? Ah ! c'est qu'on a reproché à cette œuvre de ne pas être assez pourvue d'intrigue.

Et imbue de cette pensée la critique n'a pas admiré suffisamment les portraits tracés avec une habileté rare par le Poète.

On a été dans cette circonstance injuste.

Il y a lieu d'ajouter que l'on a cru trouver aussi dans cette œuvre une attaque contre les hommes politiques qui venaient de disparaître par la chute d'un ministère.

Casimir Delavigne, dans la note publiée à la tête de son œuvre, a fait bonne justice de cette accusation.

Il fallait bien peu connaître l'esprit et le caractère de Casimir Delavigne pour supposer un seul instant que cet homme de cœur ait eu jamais la pensée d'aviver le feu contre les disparus.

Un critique d'alors exprimait le désir de voir le Théâtre Français reprendre cette pièce si spirituelle. Il écrivait : « Le public préparé par « la lecture se portera en foule à la représentation d'autant plus agréable « pour lui qu'il en aura été plus longtemps et plus injustement privé. »

La Comédie Française n'a guère, je crois, écouté ce conseil donné par un homme qui, dans sa critique, n'a envisagé cette œuvre qu'au point de vue littéraire seulement, sans se préoccuper d'autres choses, sans faire attention à des considérations politiques.

Cet avis sera donc partagé par tous ceux qui admirent le beau et qui ont pour devise : *tout pour l'art et par l'art* et ils sauront gré au poète d'avoir écrit une œuvre qui a été faite dans le but d'appliquer ce principe.

Lors de la première, les premiers actes de l'ouvrage furent entendus au milieu des applaudissements.

La scène du trône qui termine le cinquième acte a paru hors de proportion avec l'ouvrage et quelques signes d'opposition se firent entendre au milieu des applaudissements par lesquels ils étaient couverts, dit un critique. Les applaudisseurs firent entendre ce cri : *A bas les ministériels.*

Ce qui fit rire : les opposants se calmèrent. Armand vint prononcer le nom de l'auteur aux applaudissements de la plus grande partie de l'assistance.

La pièce fut jouée avec ensemble et talent.

Mlle Mars remplit le rôle de la princesse. Armand, celui du comte. Perrier, Cazaneuve et Samson, ceux des trois ministres. Monrose représenta Policastro. Mlle Mante, la dame d'honneur. St-Aulaire, Dumulatre, Delafosse, Marius, les autres rôles.

XII

Marino Faliero.

Marino Faliero. — Cette tragédie en cinq actes était destinée au Théâtre Français.

Tout faisait donc supposer qu'il en serait ainsi.

Mais le poète ayant eu maille à partir avec les acteurs qui ne voulaient pas s'entendre, pour la distribution des rôles, et regrettant de ne pas voir Mlle Mars jouer le rôle d'Éléna, se vit contraint de porter sa pièce à la Porte-Saint-Martin.

Ligier brillait alors sur cette scène.

Dans le rôle de Marino qui lui fut confié il se surpassa.

Acte premier. — Éléna, la femme du doge Marino Faliero, pense à l'absent, à son amant, Fernando qui s'est exilé volontairement après la faute commise, l'adultère consommé. Elle veut chasser de son esprit ses pensées. Et pour cela, elle ouvre l'*Enfer* du Dante. Elle tombe sur ce passage célèbre que le poète français a traduit par ces vers :

> C'est pour moi qu'on descend au séjour des douleurs.
> C'est par moi qu'on descend dans la cité des pleurs,
> C'est par moi qu'on descend chez la race proscrite.
> . . . .
> Le bras du Dieu vengeur posa mes fondements,
> La seule éternité précéda ma naissance.
> Et comme elle à jamais je dois survivre au temps.
>   Entrez, maudits, plus d'espérance,

Ces vers la plongent dans ces amères réflexions :

> . . . . Est-ce pour moi que ces vers font parler
> La porte de l'abîme, où Dieu dans sa colère
> Plonge l'amant coupable et l'épouse adultère?

Fernando, après une année d'absence revient soudain. Ce n'est pas l'amour qui lui a fait trahir son serment. C'est le désir ardent de revoir la patrie.

> C'est ce dégoût d'un sol que voudraient fuir nos pas ;
> C'est ce vague besoin des lieux où l'on n'est pas,
> Ce souvenir qui tue ; oui cette fièvre lente,
> Qui fait rêver le ciel de la patrie absente.
> C'est ce mal du pays dont rien ne peut guérir,
> Dont tous les jours on meurt sans jamais en mourir,
> Venise !

Et comme l'avait dit auparavant Éléna : « Il n'est qu'une Venise ! on n'a pas deux patries. »

Et les deux amants se racontent les tourments qui ont assiégé leurs âmes pendant cette absence si longue et qui devait être éternelle. Éléna pensait donc à Fernando. Cette écharpe à laquelle elle travaille en est la preuve. Le neveu du doge s'empresse de la cacher dans sa poitrine à l'approche de Marino Faliero qui, plongé dans ses rêveries, ne les aperçoit pas de suite.

Le vieillard supplie Fernando de rester avec lui. Il fait l'éloge d'Éléna qu'il aime et qui ainsi, l'aide à supporter la chaîne de la vie. Le doge, la bonté même, s'adressant à tous d'eux s'écrie :

> Je pense
> Qu'avant peu, mes enfants auront leur récompense,
> Qu'il vous soit cher ce don, bien qu'il vienne un peu tard,
> Vivez, soyez heureux et pensez au vieillard.

Puis il congédie sa femme.

Marino Faliero et Éléna ont subi la plus grande injure qui puisse leur être faite. Un des quarante a osé écrire qu'Éléna a trompé son mari. Le doge en prévient Fernando. L'auteur est Steno dont le sort maintenant est entre les mains des quarante.

Malgré son grand âge, Marino se serait battu avec lui, mais la dignité dont il est revêtu l'en a empêché. Mais il sera vengé quand même.

Le secrétaire des quarante apporte l'arrêt rendu. Marino charge Fernando de le lire.

La condamnation ? un mois dans les prisons de l'État, une peine qui n'en n'est pas une et que le doge approuve en signant !

Fernando veut venger son oncle.

C'est inutile répond le doge. La mort d'un homme ne saurait être suffisante pour laver l'affront de tous.

Israël Bertuccio est introduit auprès du doge pour lui demander justice d'un soufflet reçu. Israël se fait connaître au vieillard. Il a servi Venise sous le commandement de Faliero. Puis, il expose sa plainte :

> ....Je ne l'ai pas rendu
> Je respecte mes chefs. A prix d'or j'aurais dû

> Me défaire de lui sous le stylet d'un brave.
> Mais j'ai dit : Je suis libre, on me traite en esclave ;
> Pour mon vieux général tous les droits sont sacrés,
> Il me rendra justice, et vous me la rendrez.

Et Faliero de répondre :

> On ne me l'a pas fait, comment puis-je la rendre ?

Bertuccio surpris ajoute :

> On ne vous la fait pas ? à vous ? pourquoi l'attendre ?
> Si j'étais doge.

> Tu te vengerais.

demande Marino.

Et l'ancien soldat répond ce simple mot :

> Demain.

Puis il dévoile au doge l'existence d'un complot.

L'*acte deuxième* se passe au palais de Lioni, un des Dix. Celui-ci prévient Veruzza d'avoir tous les égards vis-à-vis de Steno qui vient d'être condamné. C'est la volonté même du conseil.

Il reproche ensuite à Bertram, son frère de lait, un artiste qui est devenu célèbre, d'être violent dans ses paroles et ne pas en mesurer assez la portée. Tu pourrais, lui dit-il, servir les Dix, leur servir d'agent secret.

Steno se présente. Bertram se retire. Lioni reproche au condamné du matin de venir chez lui. C'est là une grande imprudence car le doge va venir avec sa femme.

Qu'importe au jeune homme ?

> Je veux suivre ses pas, dans ses yeux je veux lire,
> Tout voir sans être vu, tout juger sans rien dire.

On annonce le doge. Steno se sauve. Israël suit Faliero. Et quand tous deux sont seuls, tous deux trament le complot. Israël donne des renseignements sur les conjurés.

A l'approche de Lioni, ils font semblant de jouer. Quand le maître de la maison est parti, les deux conspirateurs continuent leur conversation qui est à nouveau interrompue par Éléna qui désire quitter ce palais où Faliero s'ennuie, pense-t-elle.

Alors entre les deux époux se passe une scène dans laquelle la jeune femme assure de son amour le vieillard.

Israël a reconnu Steno. Il en avertit le doge. Les conjurés doivent se réunir à minuit. Marino se retire.

Fernando, depuis longtemps déjà cherchait Steno pour le provoquer en duel, un duel qui sera mortel à l'un ou à l'autre.

Acte troisième. — La scène se passe sur la place Saint-Jean-et-Paul. Il est minuit. Les conjurés se présentent. Bertram est là. Faliero arrive ensuite. Il ne voit encore personne mais les conspirateurs ne tardent pas à se montrer, Israël est à leur tête. Celui-ci présente à ses compagnons celui qui doit être leur chef à tous, Faliero. Trahison, trahison, s'écrient les conjurés qui veulent tuer le doge.

Marino Faliero, après avoir raconté succinctement l'histoire de sa vie, leur annonce ses projets :

> Vous savez qui je fus, voici qui je veux être
> Votre vengeur d'abord : . . . .
> . . . .
> Formons un état libre où régneront les lois.
> Où les rangs mérités s'appuiront sur les droits ;
> Où les travaux, eux seuls, donneront la richesse ;
> Les talents, le pouvoir, les vertus, la noblesse.
> Ne soupçonnez donc pas que dans la royauté,
> L'attrait du despotisme aujourd'hui m'ait tenté.
> Se charge qui voudra de ce poids incommode !
> Mes vœux tendent plus haut : oui, je fus prince à Rhode
> Général à Zara, doge à Venise ; eh bien
> Je ne veux pas descendre et me fais citoyen
> . . . .
> Qui me craignait pour chef me veut-il pour soldat ?
> Je courbe devant lui ma tête octogénaire.
> Et je viens dans vos rangs servir en volontaire.
> Faites un meilleur choix il me sera sacré ;
> Quel est celui de vous à qui j'obéirai ?

Mais à ces mots tous les conjurés veulent l'avoir comme chef,

> Quand faudra-t-il agir ?

demande Israël

Faliero reprend :

> Au lever du soleil,

Bertram s'écrie :
> Sitôt ?

Le doge continue :

....Toujours trop tard dans un projet pareil,
Bien choisir l'heure est tout pour le succès des hommes.
Le hasard devient maître au point où nous en sommes ;
Qui sait s'il veut nous perdre ou s'il doit nous servir ?
Otez donc au hasard ce qu'on peut lui ravir.

Soudain, un gondolier se met à chanter :

> Gondolier la mer t'appelle
> Pars et n'attends pas le jour

Alors Faliero dit aux conjurés de se disperser :

> Que chacun à ma voix revienne au rendez-vous
> Et sans nous éloigner, amis, séparons-nous

Le gondolier a amené les deux adversaires, Fernando et Steno. Ils sont là tous les deux prêts à se battre. Les fers se croisent. L'un des combattants tombe. C'est Fernando qui baigne dans son sang. Steno veut lui porter secours, mais le blessé s'y oppose.

> ....Laissez-moi, j'aurai des secours,
> On vient. Non, rien de vous. Fuyez, sauvez vos jours.

Les conjurés se précipitent. Faliero reconnait la victime, Fernando :

> ....O très chère victime,
> Que de ce cœur brisé la chaleur te ranime
> N'écarte pas la main qui veut te secourir,
> Mon fils ! si près de toi, je t'ai laissé périr.
> Mon espoir, mon orgueil ! je n'ai pu le défendre
> Au cercueil avant moi, c'est lui qui va descendre
> Et ma race avec lui !

Fernando demande pardon au doge :

> Désarmez le courroux de ce Dieu qui m'attend.

Et Faliero lui répond :

> Comment punirait-il ta désobéissance ?
> L'arrêt qui doit t'absoudre est prononcé d'avance,
> Je te bénis. En paix, de mon sein paternel
> Va déposer ton âme au sein de l'Éternel.
> Ne crains pas son courroux ; fût-il inexorable.
> Il ne trouverait plus à frapper le coupable,
> Je l'ai couvert, mon fils, de pardon et de pleurs.

Fernando expire.

Son sang répandu crie vengeance. Faliero convoque les conjurés pour
la quatrième heure devant le portail de Saint-Marc. A chacun il donne
des ordres. Tous jurent, excepté Bertram qui avait pour mission principale de surprendre l'arsenal.

Quatrième acte. — Nous voici à nouveau dans le palais du doge. Faliero,
accablé, entre et trouve Éléna endormie. Mais bientôt, elle se réveille.
Elle a fait un rêve affreux. Quelques instants après, son mari lui apprend la mort de Fernando et la conspiration ourdie contre le Sénat et
les Dix. Éléna en est toute troublée. Elle supplie son mari d'arrêter ce
complot.

Lioni suivi de Bertram est introduit. Il est venu pour avertir le doge
de ce qui se tramait contre la sûreté de l'État. C'est Bertram qui vient
de le lui apprendre. Faliero procède à l'interrogatoire de ce dernier qui
n'ose parler mais qui se décide enfin à le faire, mais à Faliero seul.
Tous deux sortent. Lioni attend. Mais pour lui cette réserve de Bertram
à ne pas vouloir dire quelque chose en sa présence lui fait supposer que
le doge doit être du complot. Le doute s'empare de son âme, mais il va
interroger Éléna et par elle sans doute il découvrira la vérité.

Faliero revient et annonce à Lioni que

> Sous le pont des Soupirs Bertram vient de descendre.

Puis une nouvelle scène se passe entre le doge et sa femme. Celle-ci
persiste à demander à son mari d'abandonner ses projets de vengeance
qui tourneront contre lui. Elle le supplie, mais c'est en vain :

> Vous mourrez ! — C'est sur vous que vos projets retombent.
> Ma terreur me l'a dit. C'est Dieu, mon cœur le sent,
> C'est Dieu qui m'a parlé, c'est lui qui vous menace,
> Qui du doigt au cercueil m'a montré votre place.
> Voulez-vous me laisser seule entre deux tombeaux ?
> Grâce, j'ai tant pleuré ! Ne comblez pas mes maux :
> Cédez, vous n'irez pas ; non grâce ! il faut me croire.
> Grâce pour moi, pour vous, pour soixante ans de gloire.

Faliero ne veut rien entendre. Il veut venger l'honneur de sa femme.
Et celle-ci avoue son crime. Le vieillard lui demande alors le nom de
son complice. Il n'est plus, répond-elle. Faliero a déjà son poignard levé
pour frapper Éléna, mais bientôt, il l'abaisse, car il ne peut croire que
sa femme ait pu le trahir.

Des hommes s'avancent. Les conjurés, pense Marino. Eh non, c'est
Verezza envoyé par les Dix pour arrêter le doge qui proteste. C'est

peine inutile. L'ordre est formel. Il faut y obéir. Éléna veut le suivre.
Mais dédaigneusement, le vieillard lui répond :

> Vous ? Et quels sont les droits de celle qui m'implore ?
> Son titre ? que veut-elle ? ai-je une épouse encore ?
> Je ne vous connais pas ; je ne veux plus vous voir.
> Contre un arrêt mortel, qu'il m'est doux de prévoir,
> Ma vie à son déclin sera peu défendue ;
> Pour que la liberté vous soit enfin rendue,
> Éléna, je mourrai : c'est tout ce que je puis.
> Vous pardonner, jamais.

Le doge suit Verezza.

Au *cinquième acte*, la scène se passe dans une salle voisine de celle
où les Dix sont entrés pour délibérer sur le sort de Marino Faliero.

Celui-ci et Israël attendent la sentence. Les Dix, ayant à leur tête Bene-
tinde et Lioni, viennent la faire connaître aux deux conjurés. Ils s'en-
tendent condamner à mort. Faliero adresse quelques mots à ceux qui
furent ses amis. Lui mort, il voit Venise perdue :

> Lorsque Venise enfin de débauche affaiblie,
> Ivre de sang royal, opprimée, avilie,
> Morte, n'offrira plus que deuil, que désespoir,
> Qu'opprobre aux étrangers, étonnés de la voir,
> En sondant ses cachots, en comptant ses victimes,
> Ils diront : Elle aussi, mise à mort pour ses crimes.

Au grand étonnement d'Israël, Faliero l'embrasse disant :

> .....Entre nous, il n'est plus de distance,
> Quand la mort est si près l'égalité commence.

Bertuccio est conduit au supplice.

Faliero a un dernier entretien avec sa femme. Cette scène qui est pleine
d'attendrissements et de regrets donne du courage à celui qui va mourir.
Éléna ne veut pas survivre à son époux. Elle reste évanouie au moment
où le doge, revêtu du manteau ducal, la couronne sur la tête, va aller
au supplice, après avoir donné un dernier baiser à celle qu'il a aimée,
qu'il aime quand même, malgré le crime qu'elle a avoué.

Le tumulte, les cris du peuple redoublent, réveillent l'infortunée
épouse. Elle entend ces mots : Faliero ! grâce ! grâce ! Elle croit son
mari sauvé. Erreur profonde !

> ....Justice est faite.

« Ce sujet de Marino Faliero est connu. Déjà mis en scène, mais sans
« aucun succès, déjà mélodramatisé dans la rigoureuse acception du
« mot, à ce même théâtre de la Porte-Saint-Martin, il nous est devenu
« plus familier encore pas l'histoire de Venise de M. Daru et par la tra-
« gédie de Lord Byron. Le sujet est simple ; je veux dire, que tout extra-
« ordinaire, que tout effrayante, qu'en soit la catastrophe, il est chargé
« de très peu d'incidents. »

Je ne vois pas l'utilité d'ajouter quelque chose à cette appréciation
d'un critique contemporain de Delavigne. C'est de l'histoire transportée
sur la scène. Le poète a obvié autant que possible au récit concis de
l'événement. A l'histoire vraie il a joint le vraisemblable. Il a dans son
œuvre dramatique mêlé l'histoire d'un adultère, cause primordiale de
la conjuration politique. Il a voulu attacher le public au spectacle. Il y
est parvenu. Son personnage d'Éléna forme un contraste avec celui de
ce vieillard amoureux qui croit à la fidélité de sa jeune femme.

C'est là où se trouve l'intérêt de l'action même. Le milieu historique
où elle se dénoue est un moyen qui rendait plus attachant encore le
développement de la tragédie.

Delavigne a réussi là où Lord Byron n'a pu le faire.

Il a fait pardonner à la femme adultère, voulant ainsi imiter la miséricorde divine.

Le duc d'Orléans et sa famille assistèrent à la première représentation de cette pièce.

Il y a eu des parodies de *Marino Faliero*.

1° *Merinos Beliero* ou l'autre *École des Vieillards*, parodie en cinq
actes et en vers par MM. de Rougemont et Romieu en 1829, in-8°.

2° *Marino Faliero à Paris*, folie à-propos, vaudeville en un acte, par
Bayard et Varner, 1829, in-8°.

3° *Le Doge et le dernier jour d'un condamné, ou le Canon d'alarme*,
vaudeville en trois tableaux, par Simonnin, 1829, in-8°.

La pièce de *Marino Faliero*, tour à tour tragédie, mélodrame,
drame à spectacle et encore tragédie, après avoir passé par le comité
de lecture du Théâtre Français, après avoir passé par la Porte-Saint-
Martin, fut joué le 27 novembre 1829 au théâtre de l'Odéon (direction
Harel). Ligier qui avait créé le rôle du Doge, vint le jouer au second
Théâtre Français.

Mme Damoreau Cinti joua le rôle d'Éléna, Stocklet celui de Bertuccio, un rôle qui avait été créé avec beaucoup de talent par Gobert, et
Lockroi celui de Steno. Lafosse jouait également, dans la pièce, le rôle
joué par Auguste à la Porte-Saint-Martin.

XIII

Louis XI.

Le talent de Ligier fut pour Casimir Delavigne une révélation. En lui,
il retrouvait un interprète pour son *Louis XI* qu'il avait conçu pour
Talma, ainsi que nous le verrons dans un chapitre suivant.

Le poète pensa et refit de mémoire le premier acte de cette pièce et la
termina.

Elle fut jouée pour la première fois à Paris, sur le Théâtre Français,
le 11 février 1832.

Dans un autre chapitre, je reviendrai sur le caractère de Louis XI, de
ce roi dont le règne au début promettait tant de bonheur au peuple et
qui devait devenir si terrible envers ses sujets.

A l'heure où Casimir Delavigne peint son personnage, Louis XI est à
la fin de son règne.

> ....Il craint un assassin,
> Et la mort qu'il veut fuir, il la porte en son sein,
> La terreur qu'il répand sur son cœur se rejette,
> Il tourne contre lui sa justice inquiète.
> Lui-même est le bourreau de ses nuits, de ses jours.

A cette heure-là, « ce roy, comme l'écrit Estienne Pasquier, qui avait
« fait mourir tant de gens, ainsi que sa passion lui en dictait les
« mémoires par l'entremise de Tristan l'Ermite, lui-même estait son
« triste prévost, mourant d'une infinité de morts avant que de pou-
« voir mourir, estant entré dans une générale desfiance de tout le
« monde. »

Coythier, médecin du roi, reproche à Commines d'avoir poussé au
crime de Nemours, le souverain.

Commines, l'historien de ce règne terrible, se demande ce que le roi
pourrait bien penser de la lecture des mémoires qu'il écrit :

> ....Ah ! si les mains du roi
> Déroulaient cet écrit qui doit vivre après moi,

Où chacun de ses jours recueilli par l'histoire
Laisse un tribut durable et de honte et de gloire,
Tremblant on le verrait par le titre arrêté,
Pâlir devant son règne à ses yeux présenté.
De vices, de vertus, quel étrange assemblage !
. . . .
Que de clémence alors, plus tard que de bourreaux !
Humble et fier, doux au peuple et dur aux grands vassaux,
Crédule et défiant, généreux et barbare,
Autant il fut prodigue, autant il fut avare.

Et maintenant,

Captif sous les barreaux dont il charge ces tours,
Il dispute à la mort un reste de vieux jours ;
Usé par ses terreurs, il se détruit lui-même,
S'obstine à porter seul un pesant diadème,
S'en accable et jaloux de son jeune héritier,
Ne vivant qu'à demi, règne encor tout entier.

Il y a lieu de faire observer que lorsque cette tragédie commence, de longues années se sont écoulées depuis le supplice du duc de Nemours dont Louis XI fit placer les enfants vêtus de blanc, aux pieds de l'échafaud de leur malheureux père, pour qu'ils fussent inondés de son sang. Le jeune Nemours s'est réfugié à la cour du duc de Bourgogne. C'est là qu'il a connu Marie, la fille de Commines. Marie qui dut suivre son père quand celui-ci fut mandé par Louis XI.

Le roi a appelé François de Paule, celui-ci arrive accompagné d'une nombreuse multitude au milieu de laquelle se trouve Nemours, qui sous le nom du comte Rethel se présente comme envoyé du duc de Bourgogne pour se plaindre de l'appui que Louis prête aux Suisses.

Ce *premier acte* qui se passe dans la campagne, se termine par une scène entre François de Paule et Nemours, dans laquelle le saint serviteur de celui qui meurt et qui pardonne, refuse de maudire le jeune prince, qui réplique :

Alors bénissez-moi.

Ce que fait le vieil ermite en disant :

J'y consens, sois béni : mais que puis-je pour toi ?
Si ton cœur veut le mal, à ton heure dernière
De quoi te serviront mes vœux et mes prières ?
Et si tu fais le bien, tes œuvres parleront
Mieux que moi dans les cieux, elles te béniront.

A l'*acte deuxième*, le Dauphin se plaint à Marie de voir Louis XI si peu empressé à le recevoir. Le jeune prince en éprouve un grand chagrin :

> Mon amour pour mon père est sur lui sans pouvoir.
> Lorsqu'à son grand lever, j'attends avec tristesse
> Une douce parole, un regard de tendresse,
> Vers moi, pour me parler, fait-il jamais un pas ?
> Me voit-il seulement ? il ne m'aime donc pas.

Le roi a toujours à ses côtés, le féroce Tristan et Olivier Le Daim, ce barbier devenu ministre.

La scène sixième se passe entre Commines et Nemours. Cette scène est d'une beauté réelle. Il y a lieu de noter ces vers en réponse à cette interrogation de Commines :

> .... De braver votre roi
> Charle, en vous choisissant vous a-t-il fait la loi ?
>
> Charle, en me choisissant a cru venir lui-même,
> C'est lui qui vient dicter sa volonté suprême;
> C'est lui, mais survivant à toute sa maison;
> C'est lui, mais sans parents, sans patrie et sans nom;
> C'est lui, mais orphelin par le meurtre !.....

A la scène suivante, Louis XI menace de mort le comte de Dreux. Dans des vers admirables le poète peint ce caractère cruel :

> Qu'il me revienne encore une plainte, un murmure,
> Je mets la main sur vous, et mon doute éclairci
> Je vous envoie à Dieu pour obtenir merci.
> Le salut de votre âme est le point nécessaire;
> Dieu la prenne en pitié; le corps c'est mon affaire,
> J'y pourvoirai...............................

L'*acte troisième* se passe dans une forêt près de la chapelle de Notre-Dame-des-Bois, où doit se rendre le roi. Cet acte est un tableau de mœurs irréprochable.

Olivier Le Daim dans l'acte précédent a reçu ordre de faire savoir aux paysans de danser pour faire plaisir au roi. Mais bientôt les braves gens se lassent de tant de plaisir.

L'arrivée d'Olivier Le Daim les ranime et quand le roi apparaît leur gaieté est à son comble.

A un moment Louis XI demande à Marthe :

> Comment faites-vous donc pour vous porter si bien ?

A cette question celle-ci répond d'une façon si drolatique que je regrette de ne pouvoir transcrire ici cette tirade, un peu trop longue.

Le roi fait avouer avec adresse à Marie que le comte de Rethel n'est autre que Nemours.

Après cette scène Marie implore la mère de Dieu. Voici sa prière, son *souvenez-vous* :

> Sainte mère de Dieu dont le nom me protège,
> O vous, dans mes chagrins, mon céleste recours,
> Dans ma joie, aujourd'hui, venez à mon secours ;
> Rendez mes yeux muets, et faites violence,
> A l'aveu qui déjà sur mes lèvres s'élance.
> Prêt à s'en échapper, qu'il meure avec ma voix.
> Je tremble, je souris et je pleure à la fois.

Un mot seul du roi suffit pour faire mourir le jeune Nemours. Louis XI le prononcera-t-il ? Il le prononce.

Arrêté, l'ambassadeur du duc de Bourgogne trouve en Coythier un protecteur. Celui-ci lui indique un moyen de fuir. Mais Nemours veut se cacher dans la ruelle du lit de Louis XI. C'est dans la chambre à coucher du roi que se passe l'*acte quatrième*. Nemours attend donc le moment propice pour frapper. Le roi arrive. Entre Coythier et Louis il y a une scène remarquable dans laquelle se trouve notamment cette définition d'un ami sincère :

> Un ami, sire, on l'aime ; et n'eût-il pour salaire
> Qu'un regard attendri quand il a pu vous plaire,
> Qu'un mot sorti du cœur quand il vous tend les bras,
> Il aime, il est à vous, mais, il ne se vend pas ;
> Comme on se donne à lui, sans partage il se donne,
> Et parjure à l'honneur quand il vous abandonne,
> S'il vous regarde en face après avoir failli,
> On a droit de lui dire : Ingrat, tu m'as trahi.

Le médecin de l'âme apparaît. A ses pieds, le roi se prosterne.

C'est la grande scène de l'œuvre, la scène de la confession, une des plus belles scènes que l'on puisse rencontrer au théâtre. Cette scène est religieuse, et elle est philosophique. C'est de la morale, de la théodicée, de la religion. C'est au théâtre, faire la preuve de l'existence de Dieu.

> Dieu n'a pas mis son œuvre au pouvoir d'un mortel.
> Vous seul quand tout périt, vous seriez éternel,
> Roi, Dieu ne le veut pas. Sa faible créature
> Ne peut changer pour vous l'ordre de la nature.

> Ce qui grandit décroît, ce qui naît se détruit,
> L'homme avec son ouvrage, et l'arbre avec son fruit.
> Tout produit pour le temps, c'est la loi de ce monde,
> Et pour l'éternité, la mort seule est féconde.

C'est le combat qui se livre dans un être qui sent les jours lui échapper et qui voudrait avoir l'assurance de vivre le lendemain. C'est la lutte des remords.

> ....Roi, ce sont vos remords,
> C'est cette plaie ardente et par le crime ouverte
> Qui traîne lentement votre corps à sa perte
> ....
> Et contre ses remords ton cœur cherche un refuge !
> Tremble, j'étais ton frère et je deviens ton juge,
> Écrasé sous ta faute aux pieds du tribunal,
> Baisse donc maintenant, courbe ton front royal.
> Rentre dans le néant, majesté périssable !
> Je ne vois plus le roi, j'écoute le coupable.
> Fratricide à genoux.

Puis vient la scène dans laquelle Nemours, prêt à assassiner le roi, rejette son poignard et laisse Louis XI vivre.

> ....C'est ta vie.
> Qui ? moi t'en délivrer ! je t'ai vu trop souffrir,
> Achève donc de vivre, ou plutôt de mourir.
> ....
> Satisfaites, mon Dieu, son effroyable envie.
> Un miracle ! la vie ! Ah ! prolongez sa vie !

L'acte *cinquième* se passe dans une salle du château. Nemours, Coythier qui voulait favoriser sa fuite, sont jetés dans un cachot.

Le roi n'est plus le roi, la raison l'abandonne. Dans sa tête un chaos. Malgré tout il veut encore revêtir ses habits royaux, signe de son éphémère pouvoir, rendre des arrêts. A peine a-t-il dit qu'il retombe, sous l'empire de la démence, il ordonne sans savoir et après avoir ordonné il ne se le rappelle plus. Près de lui on rappelle Coythier qu'il a fait enfermer, Coythier son médecin du corps dont il se passerait volontiers des soins, si sa puissance royale lui donnait la puissance de vivre. Mais sa vie ne lui appartient pas, elle appartient à un autre. François de Paule le lui a répété. Pendant toute cette vie qu'il voudrait encore vivre, et dont il voit la fin approcher, il n'a demandé que des cadavres et il n'a eu que des cadavres, et, à l'heure présente, il en veut encore.

> Il croit tromper la mort à force d'appareil,

> La couronne du sacre et le manteau d'hermine
> Chargent son front qui tremble, et son corps qui s'incline.
> . . . .
> Ses lèvres, son œil terne, où la vie est éteinte,
> De la destruction portent déjà l'empreinte.

Louis XI fait appeler son fils qui tombe aux pieds du lit de son père agonisant.

Arrive ensuite Marie qui supplie le Dauphin, qui a mis sur sa tête la couronne de France, de pardonner à Nemours.

Louis sort pendant quelques instants de sa léthargie. Il donne des derniers conseils à son fils. Il pardonne à tous et de François de Paule il réclame le pardon.

Un héraut d'armes crie d'une voix solennelle : « *Le roi est mort* ».

La Cour répond : *Vive le roi.*

La tragédie prend fin sur ces mots de l'ermite adressés au nouveau roi :

> . . . . .Mon fils,
> Considérez sa fin, méditez ses avis,
> Et n'oubliez jamais sous votre diadème,
> Qu'on est roi pour son peuple, et non pas pour soi-même.

Louis XI est une œuvre de transition entre l'école classique et l'école romantique, ménageant les susceptibilités de la première et cotoyant les hardiesses de la seconde. Les personnages du médecin Coythier, d'Olivier Le Daim, les danses des paysans, l'entrée solennelle de François de Paule, les amourettes du Dauphin avec l'innocente Marie sont autant de pas faits vers la réforme littéraire.

Cette œuvre, dans laquelle on peut remarquer des réminiscences de Corneille, de Racine et même des *Vêpres Siciliennes*, restera une des plus belles œuvres du théâtre.

Ce qu'on ne saurait trop louer, écrit un critique, c'est le style constamment pur, gracieux, plein de verve, dans lequel se fondent avec une égale perfection tous les tons, les nuances les plus variées; c'est la haute comédie avec sa force entrainante, la comédie de mœurs avec ses saillies, la satire et l'ironie avec leur finesse et leur trait, la tragédie avec son élévation et son énergie, le drame avec son expression profonde.

Dans cette tragédie le procédé de Delavigne est le même que dans les autres que j'ai analysées précédemment.

Il y a un point sur lequel je dois attirer surtout l'attention du lecteur. C'est sur l'ensemble des personnages que le poète fait prendre part à l'action qui se déroule.

Coythier est un médecin qui connaît la maladie du corps et la maladie de l'âme de celui qu'il soigne.

> Il serait mon tyran si je n'étais le sien,
> Vrai Dieu ! ne l'est-il pas ? Sait-on ce qu'on m'envie ?
> Du médecin d'un roi sait-on qu'elle est la vie ?
> Cet esclave absolu qui parle en souverain
> Ment lorsqu'il se dit libre et porte un joug d'airain.
> Je ne m'appartiens pas, un autre me possède ;
> Absent, il me maudit et présent il m'obsède ;
> Il me laisse à regret la santé qu'il n'a pas ;
> S'il reste, il faut rester, s'il part, suivre ses pas.

Le portrait que trace Coythier de son roi achève le portrait de ce roi lui-même.

Le médecin du roi cédera sa place à cet autre médecin qui s'appelle François de Paule.

> Qu'il fasse mieux que nous, ce médecin de l'âme ;
> C'est mon maître et pour tel ma bouche le proclame,
> S'il ranime un fantôme et si de ce vieux corps,
> Son art miraculeux raffermit les ressorts.

Marie raconte l'arrivée de ce bienfaiteur de l'humanité avec cet enthousiasme qui s'empare des âmes croyantes et de celles des jeunes filles. Et Coythier lui-même l'aide à tracer le portrait de celui qui, dit-on, sauvera le roi.

François de Paule apparaît : c'est le triomphateur du jour, l'envoyé de Dieu.

Et ce personnage dont la difficulté était grande à faire venir sur la scène, le poète l'a fait. Et ce faisant il s'est rapproché du romantique ; il s'est rapproché de Victor Hugo, en se servant de la grandeur de Corneille.

François de Paule est un contraste. C'est la bonté en opposition avec le crime. Son portrait est une antithèse à celui de Louis XI.

Dans de telles conditions, une analyse d'une pièce est pour ainsi dire impossible. L'esprit se refuse à vouloir rendre la pensée de celui qui a écrit une telle œuvre. Il faut la lire, la lire. L'impression qui se dégagera de cette lecture sera profonde. Et ce serait en vain qu'une analyse toute parfaite qu'elle puisse être parviendrait à rendre tout ce qui est à dire. Les vers du poète peuvent seuls avoir ce pouvoir de donner à l'esprit ce qu'il doit rencontrer, ce qu'il doit retenir de cette tragédie, supérieure à tous les points de vue.

Deux hommes sont les héros de ce drame qui se dénoue. Les voici côte à côte. Ceux qui les entourent sont là, à vrai dire, seulement pour les besoins de l'action. Le poète y a mêlé l'amour sans lequel il n'y aurait plus de tragédie possible. Il a voulu faire revivre les caractères de deux êtres : l'un, revêtu de la puissance royale, l'autre, humble serviteur de Dieu, passant sur cette terre en faisant le bien, tandis que l'autre, tout disposé qu'il fût à le faire, s'est laissé entraîner aux penchants cruels qui luttaient dans son âme.

Si on interroge l'histoire des peuples, c'est peut-être là le seul exemple que l'on puisse trouver de voir deux hommes si différents l'un de l'autre vivre dans le même siècle, y passer l'un en faisant le bien à l'exemple du divin Maître, l'autre en faisant le mal en implorant également ce même Maître. Quels rêves ! quels contrastes !

Il fallait un poète pour rendre de telles choses, un grand poète.

Delavigne l'a fait. L'inspiration a servi en cette circonstance le génie.

Les œuvres de cette envergure, je crois devoir le répéter, ne peuvent être jugées sur une analyse. Ce n'est pas la beauté d'une scène, celle de la confession par exemple, qui est à elle seule un pur chef-d'œuvre, qui suffira à faire comprendre le génie qui l'a écrite. Et le jour, où on verra *Louis XI* annoncé sur une affiche de théâtre, on s'empressera de s'y rendre car on sera persuadé de retrouver dans cette représentation, l'émotion profonde que doit ressentir tout cœur humain quand, devant lui, se livre ce grand combat du bon, du juste, du droit, contre la lâcheté, contre le crime.

La première représentation de cette pièce a été attendue au Théâtre Français avec la plus grande impatience.

Le roi et toute sa famille vinrent dès avant le lever du rideau occuper leur loge. On remarqua en outre plusieurs ministres et un grand nombre de notabilités parlementaires. Ligier, je l'ai dit en commençant, joua le rôle de Louis XI. Il est impossible, dit un critique que j'ai déjà eu l'occasion de citer, de composer un rôle avec plus de vérité; pas une intention qu'il ne rende, un effet puissant qu'il ne produise. Mme Menjeaud obtint un grand succès dans le rôle du Dauphin.

Louis XI a été repris le 8 septembre 1884 au théâtre de l'Odéon. M. Lambert père joua le rôle du roi. Cet artiste fut très applaudi.

Il existe des parodies de cette pièce : 1° *Louis Bronze et le Saint-Simonien*, parodie en 3 actes et en vers burlesques par Van der Burch et Langlé, 1832, in-8°.

2° *Louis XI en goguette*, vaudeville en un acte, par Bury et Camberousse, 1833, in-8°.

On lit dans le Dictionnaire des ouvrages anonymes de Barbier :

« La mort de Louis XI, roi de France, précis historique en un acte et « en prose, par L.-S. Mercier, Neuchatel, 1783, in-8°.

« Casimir Delavigne n'a pas dédaigné de prendre deux ou trois scènes
« dans ce drame que l'auteur de Quentin Durrward connaissait aussi.
« C'est pour constater ces emprunts qu'on a réimprimé en 1827, la mort
« de Louis XI, qui était complètement oubliée. — Catalogue Solenne,
« n° 2143. »

M. Seguin a eu l'amabilité de me communiquer cet ouvrage. J'ai pu
m'apercevoir de l'exactitude de l'appréciation de Barbier qui veut faire
allusion à la *scène huitième* de cette pièce *en prose en un acte* entre
Louis XI et la Paysanne et à la *scène XLX* de la même œuvre, la scène
de la Confession entre le Roi et François de Paule.

A Paris, le théâtre de l'Odéon a célébré le centenaire du poète, en jouant
Louis XI.

Un des auditeurs écrivait quelques jours après, ces lignes :

« C'était plaisir de voir le public applaudir aux principaux passages
« de cette pièce plus que cinquantenaire. Des spectateurs comme mes
« voisins de loge poussaient l'enthousiasme jusqu'à s'en indisposer de
« tant d'applaudissements qui *profanaient* leur émotion. Quel bel
« éloge dans ces simples mots prononcés devant un inconnu ! Après le
« deuxième et le cinquième acte, il a fallu relever le rideau pour une
« acclamation générale....

« Inutile de vous avouer, n'est-ce pas, que tout concitoyen de Casi-
« mir Delavigne que nous soyons, nous y sommes allé de notre voyage
« comme tout le monde » (1).

M. Henri Piquet a eu raison d'écrire cela.

Tout le monde ira de son voyage en lisant et surtout, en voyant
jouer *Louis XI,* parce que c'est beau.

Quand une chose est belle, on ne doit avoir aucune honte, aucune
crainte de le dire, de l'admirer.

M. Piquet termine son article en nous donnant son appréciation
personnelle sur certains interprètes de l'œuvre. En parlant de M. Albert
Lambert, il écrit :

« M. Albert Lambert a parfaitement rendu de Casimir Delavigne, un
« Louis XI un peu réduit, un peu anecdotique, comme vous le savez,
« mais d'autant plus difficile à nuancer. Il y a apporté une mémoire,
« une aisance, une autorité absolument maitresses ; son succès person-
« nel a été très vif. Il convient de citer aussi M. Segond qui a eu une
« grande allure dans les passages de force du rôle de Nemours. »

Dans un second article (2), M. Piquet est revenu sur cette œuvre
théâtrale, j'y remarque ceci :

(1) Journal le *Courrier du Havre* du 12 avril 1893. Edition du soir.
(2) *Courrier du Havre* 18 avril, 1893. Edition du soir.

« Il faut avoir été témoin de l'émotion du public à la reprise de *Louis XI*
« jeudi : il faut avoir entendu ces applaudissements après le deuxième
« acte, avoir assisté à l'explosion de son enthousiasme après le cinquième
« pour être convaincu comme nous de ce que nous avançons ; il y a dans
« cette pièce des scènes qui confinent à la mystérieuse grandeur tra-
« gique de Shakespeare, elles en ont la haute et profonde moralité. C'est
« par certains côtés, du grand art du grand théâtre, de la vérité éternelle.
« Nous avons vu les visages pâlir, les pleurs couler, nous avons entendu
« jusqu'à ce silence des âmes subjuguées qui vous enlève à la terre. Et
« tout cela n'est pas des mots mais bien l'exacte impression par tous res-
« sentie et par nous traduite ici très imparfaitement. »

M. Piquet rappelle ensuite l'exorde du discours que M. Chantavoine,
professeur du Lycée Louis-le-Grand, prononça avant la représentation :

« Ce n'est, pas avait-il dit en substance, dans le but de diminuer la
« réputation de Casimir Delavigne que je suis venu vous parler de lui ;
« au contraire, il m'a suffi de relire ses œuvres pour concevoir de ce
« beau talent la plus noble opinion ; et cette opinion se traduira par un
« sentiment de respect et d'admiration pour l'homme et pour l'écrivain.

« Aussi, messieurs, s'il était parmi vous des auditeurs qui fussent dans
« l'espoir de m'entendre me livrer à une critique, je déclare que ceux-là
« seraient complètement déçus ; c'est un éloge que je vais faire, un éloge
« sans restriction et motivé. »

J'avoue que je suis heureux, en terminant ce chapitre, de donner l'appréciation d'un spectateur et celle d'un lecteur des œuvres de Casimir
Delavigne.

Cela confirme ma pensée, la pensée de ce chapitre et cela me prouve
qu'en écrivant ces lignes j'ai traduit non seulement ce que j'ai ressenti
moi-même, mais ce que d'autres ont ressenti aussi et que vous ressenti-
rez à votre tour quand vous lirez ou verrez jouer cette œuvre de notre
grand poète, cette œuvre que M. François Coppée appelait le jour du
Centenaire, *la pièce de maîtrise du poète tragique.* J'en ai l'intime conviction.

XIV

Les Enfants d'Édouard.

La Révolution de juillet avait inspiré au poète de nouvelles Messéniennes, *la Parisienne* et *Une semaine à Paris*.

Après avoir consacré ses vers à la France, à la Grèce, à l'Italie, il regarda là-bas, dans le lointain, en Pologne, où les événements cruels qui s'y passaient furent pour cet amant des Muses de nouveaux sujets d'inspiration.

La *Varsovienne* alla dire aux Polonais que la France libérale prenait part à leur héroïque résistance et leur disait de prendre courage.

Après *Louis XI*, Delavigne écrivit les *Enfants d'Édouard*.

Cette pièce, le jour de la première représentation aurait été suspendue si Casimir Delavigne n'avait pas suivi le conseil qui lui fut donné par les sociétaires de la Comédie Française d'aller trouver sans aucun retard le roi pour empêcher semblable mesure.

Louis-Philippe répondit :

« Mon cher Casimir, ce que vous désirez n'est pas en mon pouvoir. Je
« suis roi constitutionnel, je ne puis donc pas donner un ordre, mais je
« puis exprimer un vœu. Allez de ma part trouver M. Thiers (celui-ci
« était alors ministre de l'Intérieur) et dites-lui que je serais heureux
« s'il peut nous rendre votre ouvrage, à la représentation duquel je ne
« vois aucun inconvénient. »

Casimir Delavigne alla donc voir M. Thiers. La pièce fut jouée. Le succès fut complet et ne provoqua aucun désordre.

A une heure du matin, le poète recevait une lettre de Louis-Philippe ainsi libellée :

Neuilly, le samedi 18 mai 1832.

Minuit.

« J'apprends avec un grand plaisir, mon cher Casimir, le succès de votre
« pièce et je ne veux pas me coucher sans vous en avoir fait mon com-
« pliment. Vous savez combien j'ai toujours joui de tous ceux que vous

« avez obtenus, mais je jouis doublement de celui-ci et je vous en félicite
« de tout mon cœur. Il vous vaudra une bonne nuit et à moi aussi.
« Bonsoir.

L. P. »

Avec *les Enfants d'Édouard* nous voici en pleine histoire d'Angleterre, à cette époque inconcevable de l'histoire d'un peuple que Shakespeare a peinte dans son *Richard III*.

Quelle différence entre le grand tragique d'outre-Manche et le poète
français ?

« Cette tragédie n'est que le développement d'un des innombrables
« épisodes dont se compose le *Richard III* de Shakespeare. Sa pièce est
« un résumé historique de quatorze ans » (1).

Édouard IV, ce roi intrépide, pénétrant, au charme séducteur, perfide,
vindicatif, parjure, l'assassin du duc de Clarence vient de mourir.

La régence tombe dans les mains du duc de Glocester, cet hypocrite,
pendant la minorité des deux fils aînés du roi défunt, Édouard V et le duc
d'York. Ce titre ne suffit pas au grand criminel. Il veut être roi. Il commettra donc crime sur crime pour parvenir. Investi du protectorat du
royaume, il éloigne ou fait exécuter sans jugement les partisans de la
reine-mère, perpétrant son lâche et honteux attentat.

C'est à cette époque que Casimir Delavigne fait agir ses personnages.

En attendant son frère Édouard V qui est au château de Ludlow, le
jeune duc d'York essaie par son espièglerie à distraire sa mère. Mais
ce jeu d'enfant ne plaît guère à l'irritable Glocester qui s'écrie comme
aurait pu le faire un prophète :

> Quand ils ont trop d'esprit les enfants vivent peu.

Glocester se confie à Buckingham. Mais celui-ci refuse de porter atteinte
aux droits de la couronne. Il tâche de parvenir à faire changer d'idées
au régent qui lui lance à la tête ces deux vers dont le sens ne peut
échapper à personne :

> Le jour où quand je marche, on me laisse en chemin,
> Ce jour pour mon ami n'a pas de lendemain.

L'assassinat de Buckingham est déjà décidé. Celui-ci en fidèle sujet
va aussitôt prévenir la reine-mère du péril. Il la décide à se retirer avec
ses enfants à Westminster. Là le régent ne pourra plus agir.

Glocester, en apprenant le départ précipité d'Élisabeth, n'a hâte de se
venger de Buckingham qui a dénoncé son projet. Il s'allie donc de per-

---

(1) Duviquet.

lidie avec un certain James Tyrrel, un joueur, un libertin, un homme perdu de dettes et de crime, un dissipateur, un homme d'argent, et qui pour en avoir se vendrait corps et âme. Voudra-t-il frapper Buckingham ? Oui.

Nous voici à la tour de Londres. Édouard arrive, espérant y rencontrer sa mère et son frère. Mais Glocester lui, annonce le départ précipité de la reine. Sans une lettre de son fils elle ne quittera pas Westminster. L'héritier du trône s'empresse donc d'écrire.

C'est alors que le régent se demande :

> Sera-t-il, cet enfant, mon esclave ou mon maître ?
> Pour le laisser régner, c'est ce qu'il faut connaître.

Le jeune prince n'a pas oublié le meurtre du duc de Clarence, il veut punir les criminels.

Une telle disposition d'esprit ne peut plaire à l'oncle, qui résume sa pensée par ce vers :

> Il a trop de mémoire, il ne régnera pas.

La mère et les enfants sont réunis. Ils sont heureux... Mais soudain Édouard en dépouillant de nombreuses pétitions qui lui ont été remises, dans le cours de son voyage, trouve une lettre qui dénonce Glocester comme l'auteur de la mort du comte Rivers, frère de la reine, de lord Hastings et qui l'accuse d'avoir, malgré la grâce accordée par Édouard IV, fait tomber la tête du duc de Clarence... Elisabeth est furieuse... Glocester a l'audace de déclarer devant les pairs que le mariage de la reine mère n'est pas valable et que par suite ses enfants, n'étant pas légitimes, n'ont aucun droit à la couronne.

Elisabeth est une concubine.

Par conséquent lui seul est fils d'Édouard III, seul, il a droit de régner. Le jeune prince défend sa mère.

Dans la scène dixième du second acte dans laquelle Elisabeth réclame ses enfants à Glocester, je remarque ces vers :

> Rendez, rendez-les moi ces enfants adorés,
> Rendez-moi mes deux fils ! Ah ! vous me les rendrez,
> Pitié ! C'est à genoux, mains jointes, que leur mère
> Vous demande pitié.

A la scène suivante, la reine seule s'adresse à Dieu :

> ....C'est donc à toi de me les rendre
> Cherche-leur des vengeurs ; tu leur en trouveras,
> Où courir ? je l'ignore ; où tu me conduiras,

> Mais le soin de leurs jours, dans ces murs me les garde ;
> Tu m'en réponds, grand Dieu ! moi, prête à tout braver,
> Je veux bien mourir, moi ; mais je veux les sauver.

Au troisième acte, nous trouvons les deux enfants ayant pour geôlier Tyrrel. Édouard est triste. Son frère essaye de le consoler. Tyrrel lui-même qui ignore encore à ce moment le rôle que Glocester veut lui faire remplir, veut distraire celui qui doit être bientôt sacré roi.

Pendant que les jeunes princes sont sur le balcon, le régent instruit Tyrrel de ce qu'il attend de lui. Tuer des enfants ! oh non, jamais. Le geôlier se révolte à cette pensée. Édouard est pour lui le portrait vivant de son fils et il répond à Glocester ces mots qui devraient faire tressaillir le criminel :

> Je ne peux pas pour vous assassiner mon fils.

Mais le démon de l'or, le démon de l'orgie finissent par dominer l'esprit de cet homme avili.

Richard prend une bible qu'on lui a donnée. Elle renferme un billet de Buckingham qui annonce aux deux frères qu'on va les délivrer et qu'ils se tiennent prêts pour le moment où ils entendront jouer au dehors l'air national des Anglais. Édouard s'endort. Son frère veille. Soudain le signal retentit. Le jeune duc réveille son frère.

> C'est le signal, mon frère, nous sommes sauvés.
> Sauvés, mon Édouard.

La porte s'ouvre pour laisser pénétrer les assassins qui se précipitent sur les jeunes princes.

Dans une note, mise à la fin de la tragédie, Casimir Delavigne fait remarquer que l'air du *God save the king* ou *the queen* est postérieur à cette époque et s'excuse de commettre cet anachronisme musical.

Glocester est un personnage qui, comme celui de Louis XI, ne peut être mis en scène qu'autant que celui qui écrit soit en vers, soit en prose, ait cette puissance d'un Shakespeare ou d'un Corneille ; Casimir Delavigne l'a fait. Hommage lui soit rendu !

Dans le rôle d'Elisabeth, il a fait parler le cœur d'une mère.

Aux caractères de Buckingham et de Tyrrel, il a donné, ainsi qu'on l'a fait remarquer du reste, un développement plus grand que le poète anglais.

Et ces personnages aussi bien que les autres « ne sont ni moins exacts

« ni moins conformes aux mœurs de l'époque telles qu'elles ont été
« fidèlement retracées par Shakespeare » (1).

Une analyse ne suffit pas pour faire connaître une telle œuvre. Sa
lecture, sa représentation sont absolument nécessaires pour celui qui
veut fonder son jugement.

Je crois donc bien faire en citant quelques appréciations de certains
critiques :

« Louer le style, dit l'un d'entre eux que j'ai déjà eu l'occasion de
« citer, faire remarquer la suite non interrompue de l'action, sa marche
« rapide, l'observation sévère des règles et établir par cet exemple l'in-
« compatibilité tant contestée de ces règles avec les plus beaux effets de
« la scène tragique, ce serait se répéter en pure perte et reproduire
« avec quelques variantes les jugements déjà publiés sur les ouvrages
« antérieurs de Casimir Delavigne. C'est à peine si certains chicaneurs
« s'aperçoivent qu'il s'est écoulé trois jours entre l'arrivée des princes
« à la tour et leur mort. Faisons-en néanmoins l'observation pour l'ac-
« quit de notre conscience et pour qu'on ne nous accuse pas d'avoir
« volontairement passé sous silence cette grave infraction au précepte
« d'Aristote, d'Horace et de M. Despréaux ».

De son côté, Gustave Planche a trouvé que l'analyse de la pièce, si on
voulait la rattacher à une idée, une. progressive et logique, serait absolument impossible, car, ajoute-t-il : « Les accidents se succèdent sans
jamais s'engendrer. De plus, les enfants d'Édouard regrettent la vie
comme des hommes pour des honneurs qu'ils ignorent et qu'ils ne
pleurent pas comme des enfants sur les plaisirs qui leur échappent. »

Jules Janin a partagé le même avis. Évidemment il n'y a rien d'imprévu. Il en est toujours ainsi dans tous les faits historiques, transportés
au théâtre. On ne peut pas inventer l'histoire. On la sait, cette histoire,
de sorte que le dénouement ne surprend pas comme on pourrait s'y
attendre dans d'autres pièces. De sorte que l'intérêt est moins grand
dans un sens, et plus grand dans l'autre puisque celui qui connait son
histoire vient pour y voir l'action historique, sortie des mains du drama-
turge. Dès lors on ne peut demander à l'auteur de faire preuve dans la
circonstance d'imagination. On ne peut lui demander que de l'habileté,
réunir dans une œuvre dramatique, l'enchaînement de l'histoire transporté à la scène.

Et puis ces défauts que l'on s'est plu à reprocher à cette œuvre, toute
de cœur, ne sont-ils pas largement compensés par les beautés que l'on
rencontre dans cette œuvre immortelle? Cette scène où Elisabeth apprend

____

(1) Duviquet.

les crimes de Glocester, cette scène où cette mère éplorée est sur le point de consentir à la honte que le régent lui impose, pour sauver la vie de ses enfants, cette scène où elle embrasse pour la dernière fois ses fils, ne sont-elles pas admirables ?

Ce caractère du jeune duc d'York, ce caractère de Tyrrel chez lequel, au moment où il y a lieu d'agir, on sent que l'amour paternel n'est pas éteint, qui se vend corps et âme à Glocester, dans une scène trop longue il est vrai, mais qui est prodigieusement dramatique, ne sont-ils pas tracés de main de maître ?

Toutes ces scènes, tous ces caractères, n'est-on pas fondé à les opposer aux critiques maladroites que quelques-uns se sont plu à faire sur cette œuvre transcendante ?

Le troisième acte imaginé par l'auteur n'est-il pas à lui seul un pur chef-d'œuvre ?

N'est-ce pas répondre victorieusement à ces attaques dont la plus fondée ne peut et ne doit arrêter ceux qui ont l'amour des lettres ?

C'est ce que Casimir Delavigne a fait. Suivons son exemple.

En écrivant sa pièce, Delavigne nous a tracé le portrait frappant d'un autre grand criminel aussi utile à connaître que son Louis XI, aussi utile à connaître que le Cromwell de Victor Hugo.

L'analyse, je le répète, ne peut suffire.

Ces pièces-là sont et doivent rester classiques.

On ne se contente pas de lire une pièce de Corneille ou de Racine, on lit leurs œuvres. Et chacun après la lecture pense et conserve en lui le fruit de sa méditation. Ce qui frappe l'un, ne frappe pas l'autre. Il faut donc laisser tout un chacun libre de formuler son jugement.

Mlle Mars se chargea dans le rôle d'Elisabeth d'exprimer les angoisses de l'amour maternel.

Mlle Anais, dans le rôle du duc d'York fut supérieure.

Ligier obtint, cela va s'en dire, un grand succès.

XV

Don Juan d'Autriche.

Nous sommes arrivés en 1835, au moment où Casimir Delavigne est repris par cette maladie qui devait le conduire au tombeau.

Le poète sent ses forces l'abandonner, néanmoins il écrit sa comédie en prose de *Don Juan d'Autriche* ou la *Vocation*, représentée pour la première fois, à Paris, sur le Théâtre Français, le 17 octobre 1835.

Nous sommes en Espagne, sous le règne de Philippe II.

L'*acte premier* se passe chez Don Quexada, dans les environs de Tolède.

Scène première. — Don Quexada, ancien conseiller intime de l'empereur Charles-Quint, se félicite d'être parvenu à faire un *homme de Dieu du plus fougueux hidalgo des deux Castilles.* Il parle de Don Juan. Comment est-il arrivé à cela? Grâce à ses chers livres, à ses vieux camarades d'études.

Il demande à Ginès, un domestique qui a servi trois ans chez un chanoine, ce qui s'est passé pendant les trois jours où il s'est absenté. Ginès avait pour mission spéciale de surveiller les agissements, les allées et venues de Don Juan. Rien de suspect à la connaissance de ce surveillant. Don Juan s'est livré comme d'habitude à ses pratiques religieuses. Il n'a pas reçu de lettres. Un autre domestique, Domingo ajoute à part : *excepté celle-ci*, qu'il glisse sous la porte de Don Juan.

Ginès était chargé de la surveillance extérieure et Domingo de la surveillance intérieure. Au tour de celui-ci d'être interrogé par Don Quexada et il lui apprend que Don Juan s'est endormi à la lecture d'un sermon du *Révérend père Sommès.* Il demande les clefs au domestique qui s'empresse d'en conserver une, la *bonne.*

Don Juan ne pourra plus sortir sans la permission de Quexada.

Mais il rentrera avec la nôtre, dit à part Domingo.

Quexada congédie les domestiques en leur donnant de l'argent.

Seul, il lit une lettre, derniers conseils d'Ignace de Loyola relatifs à Don Juan dont les *distinguo* font partie et dans laquelle le grand chef des Jésuites donne avis à l'ancien conseiller de l'empereur Charles-Quint d'établir un acte constatant la naissance de Don Juan et où on laisserait en blanc le nom de la mère.

A la scène quatrième Don Juan, de retour de son escapade avec un autre domestique. le vieux Raphaël, reçoit quelques reproches de celui-ci pour son imprudence. Il rejette sur l'amour cette faute. Dona Florinde de Sandoval est si belle ! « Plus je l'ai vue et plus j'ai senti que je « ne pouvais me passer de la voir. Ah ! Raphaël, soit qu'elle parle ou « qu'elle se taise, elle a une manière de porter sa tête, de marcher, « de s'asseoir qui n'appartient qu'à elle seule. »

Ce qui fait dire spirituellement par Raphaël : « La femme qu'on aime « fait-elle rien comme une autre ? »

A l'arrivée de Ruy Gomès et de Philippe II, nos deux complices rentrent dans la chambre.

Ce roi qui s'humilie *devant le pouvoir de Rome*, de Rome qui *ne fait rien pour rien*, qui envoie au gibet tous ses sujets qui sont soupçonnés d'hérésie, comme Don Juan, est également amoureux. Il aime une belle inconnue. dont lui et son conseiller Ruy Gomès ignore jusqu'à présent la demeure. malgré de nombreuses recherches, et dans un transport amoureux le roi dit à son conseiller : « elle m'obsède cette « femme, c'est mon mauvais génie, c'est un rève qui me dévore, une « sorte de possession ».

Et Philippe pris dans les filets de l'amour. arrive à désirer de tout son cœur d'avoir déjà vieilli. Alors, « sourd à la voix des plaisirs, dit-il, et « aux cris de la douleur, je n'entendrais que les ordres de l'Église. Je « ferais passer par le fer et par les flammes tous ceux qui ne pense- « raient ni comme elle ni comme moi. et me réjouissant dans mes « œuvres, j'aurais la conscience tranquille, l'Église me bénirait et je « mourrais en chrétien ».

Ceci n'est guère du goût de Ruy Gomès qui se retire à l'approche de Don Quexada, tout surpris de voir le roi qui lui reproche d'être venu à Madrid. « Venir me rappeler une promesse, c'est supposer que j'ai pu « l'oublier », réplique-t-il. Mais il pardonne car l'ancien conseiller intime de l'empereur Charles-Quint lui apprend que Don Juan est devenu le modèle de l'*Éducation chrétienne* : « Vous trouverez en lui un pieux « jeune homme, aussi dégagé des vanités du siècle que peu touché de « ses plaisirs. Il passe les jours et les nuits à méditer. Il consume la « pension que vous lui faites en aumônes, comme son temps en prières; « enfin. ce qui est pour moi un sujet continuel d'édification, il unit la « ferveur d'un vieux cénobite à toute la timidité d'une jeune fille ».

Philippe II demande à voir son frère.

Dans la scène suivante Don Juan avoue sans détours à Don Quexada qu'il aime *la liberté avec toute l'énergie* dont il hait *l'esclavage du cloître.* Je l'aime d'un amour immodéré, sans bornes, dit-il. Depuis six mois il a trompé Quexada qui tombe des nues à cette confession. Il ne sera pas, et ne veut pas être *le plus infâme et le plus malheureux de tous les hommes.*

Don Juan, à la scène dixième, se trouve en face de Philippe II auquel il déclare sans la moindre réticence *qu'il n'y a que trois choses dans la vie : la guerre, les femmes et la chasse,* réponse qui fait penser à Malherbe écrivant : « *Il y a deux belles choses au monde : les femmes et les roses. Deux beaux morceaux : les femmes et les melons* » ou encore au *Vive l'amour !* de Max de l'opéra comique le *Chalet.* Les répliques se succèdent dans cette scène. Sur cette parole de Philippe II: « Cependant je vous dirai qu'il dépend de vous d'être quelque chose « dans le monde, ou de rester un homme de rien. » Don Juan répond : « Et je vous répondrai qu'on ne reste pas un homme de rien quand on « est un homme de cœur. » Et quand il est sur le point de quitter son interlocuteur, il ajoute : « Adieu comte de Santa-Fiore, l'homme de « rien n'a pas besoin de vous pour devenir quelque chose. »

Ces répliques dérident le roi. On parle amour. Ils se déclarent mutuellement qu'ils aiment *la plus belle, la plus digne, la plus adorable femme qui soit au monde.* Aux yeux d'un amant il en est toujours ainsi, chacun prône son bonheur, chacun possède un *rara avis.*

Don Juan offre à celui qui, ainsi que lui a dit Quexada lui sert de père, de leur donner rendez-vous chez Dona Florinde, ce que Philippe accepte avec empressement.

Philippe II félicite Don Quexada d'avoir un tel élève. Et le saint homme ne s'en sent pas de joie.

Est-il possible ? le roi est content.

Mais bast, Don Juan le détrompe bien vite, il lui annonce ce qui est convenu avec le comte de Santa-Fiore, ils iront ensemble chez la *future belle-fille* de Don Quexada, puisqu'il sera de la noce. L'ancien conseiller intime se désespère *d'avoir lutté de ruse toute sa vie avec les plus adroits, pour finir par être la dupe de trois imbéciles.* Raphaël l'a trompé *par tendresse* pour Don Juan, Domingo l'a trompé *par intérêt* pour Don Juan, Ginès l'a trompé *par bêtise* pour Don Juan.

A l'acte *deuxième,* nous sommes dans un salon chez Dona Florinde.

La belle procède à sa toilette. Elle se demande si ainsi habillée elle va plaire à Don Juan. Dorothée qui lui a servi de seconde mère la rassure. Elle la pousse au mariage. Selon elle, Don Juan est son rêve, par conséquent, il doit être le rêve de Florinde à laquelle elle dit : « Le Dieu de « Jacob vous récompense, il vous donne un jeune mari d'une figure qui « prévient dès l'abord, d'une humeur qui plaît, d'un nom qui va de pair « avec les plus nobles ; et pour comble de perfection il n'a pas plus de « religion que je ne lui en voulais. » Dona Florinde n'a-t-elle pas besoin d'un mari qui lui fasse rendre les soixante mille doublons prêtés à Charles-Quint par son père ? Elle pousse sa maîtresse à les réclamer à l'ancien empereur. La jeune fille en riant réplique ces mots qui ont toute une portée : « Est-ce qu'un moine s'occupe des choses de ce monde ? »

Don Juan pénètre dans la demeure de la belle. Il lui annonce qu'il *s'est passé chez Don Quexada des choses qui tiennent du roman bien qu'elles soient de l'histoire*, qu'il n'est pas le fils de Don Quexada, et qu'il ignore quel est son père, qu'il est *un jeune homme sans fortune, sans famille*. Qu'importe à Dona Florinde ? En Don Juan, elle n'a jamais aimé en lui que lui-même. Elle a de la fortune pour deux, à elle seule elle sera sa famille.

Don Juan lui annonce la visite du comte de Santa Fiore qui doit lui révéler le secret de sa naissance.

Dorothée trouve que chez les juifs il peut y avoir autant de vertus que chez leurs persécuteurs, Don Juan est spirituel, a l'esprit large ; il est grand, il est noble. Ce n'est pas un misanthrope. Comme l'auteur de la pièce, il est un amant de l'humanité. Avec le poète, que nous pourrons encore admirer dans *Une famille au temps de Luther*, il formulera avec une intime conviction cette pensée sublime que seule une âme d'élite peut avoir : « Qu'un homme soit hérétique, juif ou musulman, « je puis le railler tant qu'il est heureux ; mais dès qu'il souffre, si je ne « pense pas comme lui, je souffre avec lui et je ne suis plus pour le juger « ni Castillan, ni chrétien, je suis homme, je suis son frère pour le con- « soler, pour le défendre. »

J'ai cru devoir faire ce parallèle entre l'auteur et son personnage parce qu'il me semble que le poète a traduit la pensée propre de son grand cœur. Non pas que je suppose qu'il aurait eu l'idée personnelle, en pareille circonstance, d'abjurer sa foi, mais parce qu'ayant l'esprit élevé et l'âme haute, il a voulu trancher à la scène une question religieuse qu'il arrive à quelques-uns d'être obligés de résoudre.

Don Juan reçoit le comte de Santa Fiore avec la meilleure grâce du monde. Celui-ci à la vue de Dona Florinde ne manque pas de trouver en elle une certaine ressemblance avec une personne dont *vous m'avez parlé*, ajoute celui qui voudrait entrer dans la carrière des armes et qui demande pour y parvenir la haute protection de son interlocu-

teur. Le roi, selon lui, a besoin de capitaine, lui qui ne l'est pas ! Et alors
Don Juan raconte une anecdote dont Philippe II aurait été lui-même
le... héros : « On assure qu'au moment où les balles sifflaient à son
« oreille, il disait à son directeur aussi pâle que lui : « *Je ne com-*
« *prends pas quel plaisir on peut trouver à entendre cette musi-*
« *que-là* ».

Le roi lui demande ensuite ce qu'il pense de Philippe II. Don Juan
lui pardonnerait tout, *hors cette sévérité religieuse qui couvre le*
royaume d'échafauds et de bûchers. Quant à Dona Florinde, *elle n'a*
point d'avis dans de si hautes questions. Selon elle, *quand des malheu-*
reux vont périr, le devoir des prêtres est de les bénir et celui des fem-
mes de les plaindre.

Le roi se fait connaître à Dona Florinde. Son mariage est impossible
avec Don Juan. Celui-ci a *commis le plus grand, le plus impardon-*
nable des crimes, le seul qui n'admette pas de grâce. Un cloître n'a
point assez d'austérités pour l'en punir, les cachots n'ont point assez
d'entraves, tout son sang versé goutte à goutte ne suffirait pas pour
l'expier.

Le roi charge donc la jeune fille de prévenir son amant. Celle-ci s'y
refuse. Alors Don Quexada reçoit la mission de faire partir sans aucun
retard le fils naturel de Charles-Quint. L'ancien conseiller assure de
la remplir auprès de son élève, mais c'est peine perdue. L'impétueux
Don Juan ne veut rien entendre, provoque en duel le roi, s'en va chez
sa belle. Philippe ordonne l'incarcération immédiate de son terrible
frère, pour la vie, dans le monastère le plus sévère et Don Quexada est
chargé d'exécuter cette mission nouvelle *sous peine de mort.*

Un parloir dans l'appartement de frère Arsène, au monastère de
Saint-Just, voilà où se passe le *troisième acte.*

Frère Arsène qui n'est autre que Charles-Quint, interroge le *moi-*
nillon Peblo sur les faits et gestes des habitants du couvent où on
va procéder à l'élection de l'abbé. La médisance va son train. Cette
scène est fort spirituelle. Don Juan et les autres moines se rendent à
matines tandis que Peblo, resté seul, se félicite d'avoir pris la petite clef
du frère Pacôme qui *ouvre toutes les portes et celle du jardin aussi.*
Elle rendra la liberté au prisonnier.

Arrive Don Juan. Il se passe alors entre eux une scène bien comique
où les deux amis n'ont hâte de pouvoir échapper aux rigueurs du cloître.
Vient ensuite la scène capitale de l'acte, on pourrait dire de l'œuvre, entre
frère Arsène et Don Juan, entre le père et le fils, scène que l'on ne peut
oublier, tant elle est admirable. Le prieur annonce Don Quexada e

reçoit ordre de frère Arsène d'ouvrir sans retard les portes du couvent
à Don Juan. Mais le prieur est *le maître*. Il faut donc aviser d'une autre
façon. Frère Arsène, Quexada, Don Juan et même Peblo, délibèrent sur
la question. La clef de Peblo servira. O contre-temps, le prieur revient
au moment même où le départ de Don Juan allait s'effectuer. Le roi
vient de faire donner ordre de le conduire à la tour de Ségovie. Don
Juan obéira. Et frère Arsène et son conseiller vont aviser par un autre
moyen. « Je lutterai, je l'emporterai », dit le premier pendant que le
second reste anéanti par l'ordre royal.

Le moyen est trouvé, l'élection d'un abbé ne va-t-elle pas avoir lieu ?
Écrire aux trois concurrents, voilà ce que fait frère Arsène en leur demandant de le nommer lui-même. Le résultat est tel que Charles-Quint le
désire. Étant le maître maintenant, il fait ouvrir les portes du couvent à Don
Juan et protège sa fuite. Celui-ci emporte avec lui l'épée prise par Charles-
Quint à François Iᵉʳ à Pavie. Cette épée dont il ne doit se servir qu'à
certaines conditions imposées par le donateur : « *elle ne sortira du
fourreau, dit ce dernier, que par l'ordre de votre souverain ; elle tombera de vos mains à son premier signe, et elle ne sera jamais teinte
que du sang des ennemis du roi et du royaume.*

Don Juan parti, frère Arsène abdique au grand étonnement de tous.

Au *quatrième acte*, nous nous trouvons chez Dona Florinde qui se
rappelle les heures heureuses passées avec son amant : « **Que de nom-
« breuses promenades qui nous semblaient si courtes ? Il n'y avait
« pour nous que belles nuits, que parfums, que bonheur ! C'étaient de
« douces soirées qui ne reviendront plus.** »

La jeune fille doit être traduite devant le tribunal de l'Inquisition :
mais elle aura un puissant protecteur qui ne l'abandonnera pas. **Ruy
Gomès** l'en a assurée et l'en assure encore en partant avec elle. Don Juan
suivi de Don Quexada pénètre dans la demeure de Dona Florinde.
Dorothée leur annonce que sa maîtresse est traduite devant le tribunal
de l'Inquisition. Don Juan voit aussitôt le péril. « L'Inquisition ! une
Juive ! elle est perdue. »

Dona Florinde revient avec Ruy Gomès. Le roi arrive ensuite. Il
déclare son amour à la jeune fille qui lui répond, pour sauver son honneur, qu'elle est juive. Don Juan réapparaît. Il provoque à nouveau
Philippe, Philippe qui *craint un homme* et qui *menace une femme*.
Le fils naturel de Charles-Quint est envoyé aux prisons de l'Alcazar,
tandis que Dona Florinde est enfermée chez elle.

L'*acte cinquième* se passe dans le cabinet du roi, dans l'Alcazar de
Tolède.

Philippe réclame à Ruy Gomès les projets d'édits contre les mauresques et ceux surtout contre les juifs.

Il fait venir devant lui Don Quexada. Il le contraint de dire la vérité pleine et entière, sinon il l'inscrira sur la liste de l'Inquisition. Par l'arrivée des inquisiteurs il veut faire peur à l'ancien conseiller intime de Charles-Quint. Il interroge ensuite Don Juan et Dona Florinde. Si celui-ci consent à entrer au couvent, la jeune fille qu'il aime aura la vie sauve, sinon elle périra. Dona Florinde préfère mourir que de voir son amant *vivre en esclave.*

L'arrivée imprévue du frère Arsène met fin à cet interrogatoire.

Publiquement Charles-Quint reconnaît son fils : « *Fils de Charles-« Quint, Don Juan d'Autriche mon fils, relevez-vous et embrassez « votre frère* ».

Peblo entre comme page à la cour.

Don Juan promet *obéissance, fidélité, dévouement jusqu'à la mort* au roi d'Espagne et celui-ci lui promet *protection et amitié.*

Dona Florinde se résignera. Au Dieu de tous, elle demandera *la force de souffrir sans se plaindre* et pour celui qu'elle aime *la gloire qui fait qu'on oublie.*

Don Juan n'oubliera pas.

L'auteur a fait quelques variantes à sa comédie pour en faciliter la représentation.

Dramatiquement, aucune autre pièce de l'auteur, dit Larousse, ne peut lui être comparée pour le mouvement, l'imprévu, la gaieté et tout à la fois l'émouvant des situations.

Cette appréciation est juste, je ne crois donc pas devoir y ajouter.

Le caractère si noble de Don Juan est admirable de vérité. Celui de Quexada, de ce diplomate, ancien conseiller d'un des plus grands empereurs des temps modernes, qui a été à l'école de Charles-Quint et à l'école d'Ignace de Loyola, a été rendu par l'écrivain d'une façon irréprochab'e et va de pair avec celui de frère Arsène qui, tout en ayant revêtu l'habit de moine, n'en reste pas moins le subtil diplomate connu de l'histoire. Le caractère de Philippe, de ce roi, défenseur par intérêt de la religion catholique, ne manque pas de vigueur. Le caractère de Dona Florinde ne manque pas non plus d'être vrai ainsi que celui de Dorothée et du politique Ruy Gomès. Ils servent à ravir le caractère superbement tracé de Don Juan. N'oublions pas non plus le moinillon Peblo, cet enfant qui ne demande qu'une chose, la liberté, et qui jette aussi sa note gaie à travers l'action. Avec lui, le troisième acte acquiert une force comique supérieure, sans compter que frère Arsène y prend une bonne part.

Les scènes de cette œuvre se suivent logiquement sans préparation aucune, de sorte qu'elles frappent davantage les spectateurs.

Geoffroy a rempli le rôle de Philippe II, Firmin celui de Don Juan, Samson celui de Don Quexada. Marius celui de Ruy Gomès, Saint-Aulaire celui de l'archevêque de Séville, Ligier celui de frère Arsène. Provost celui du prieur de Saint-Just, Mlle Anaïs celui de Peblo et MM. Guiard, Mirecour, Regnier, Dumilatre, A. Dailly, Monlaur les autres rôles d'hommes.

Mme Volnys, dans le rôle de Dona Florinde et Mme Desmousseaux dans celui de Dorothée se firent applaudirent.

Dans le théâtre allemand, on trouve un drame qui porte le même titre, écrit par le baron Ganz de Putliz, représenté pour la première fois au Théâtre Royal de Berlin en 1860.

Casimir Delavigne n'est pas le seul de nos poètes qui ait donné au théâtre une œuvre en prose. Je citerai notamment le poète normand, Louis Bouilhet, qui nous a laissé une *Faustine* remarquablement écrite.

Il a été fait une parodie sur *Don Juan d'Autriche*.

Jean Jean Don Juan, parodie en 5 pièces avec un prologue. 1re PIÈCE. *Le Précepteur dans l'embarras*. — 2e PIÈCE. *Britannicus*. — 3e PIÈCE. *Les Victimes cloîtrées*. — 4e PIÈCE. *La Juive*. — 5e PIÈCE. *Les Bédouins*, par de Rougemont Dupeuty, et Dartois.

Le 18 mars 1845 eut lieu une reprise fort brillante de *Don Juan d'Autriche* pour les dernières représentations de l'acteur Firmin, et une autre en septembre 1885 avec Maubant (Charles-Quint). Raphaël Duflos (début) (Philippe II), Mlle Tholer (Florinde). Delaunay (Don Juan), Mlle Muller (Peblo). Thiron (Don Quexada).

Le troisième acte de cette comédie a été donné par les artistes du Théâtre Français le 4 avril 1893, au Grand-Théâtre du Havre, à l'occasion des fêtes du Centenaire. On joua également *Gringoire* de Th. de Banville. On récita de nombreuses poésies de Casimir Delavigne. M. Got lut un passage du discours de Victor Hugo. M. Mounet Sully se fit excuser. Par suite de son absence, on ne joua pas *la Famille au temps de Luther*.

XVI

Une Famille au temps de Luther.

Un acte, une tragédie, *Une Famille au temps de Luther* fut jouée après la comédie dont je viens de parler.

Le poète était revenu à ses vers, la maladie daignant en ce moment faire trêve.

Traiter une question religieuse au théâtre, c'était là une tentative hardie.

Cette pièce a été représentée pour la première fois à Paris, sur le Théâtre Français, le 12 avril 1836.

La scène se passe aux environs d'Augsbourg, dans une salle d'une métairie.

Cette tragédie a cinq personnages : Luigi de Montalte, Paolo son frère, Marco, vieux serviteur de la famille, Thécla, mère de Luigi et de Paolo, Elci, fille de Luigi.

A la scène première, Luigi et sa mère sont ensemble.

Luigi a un livre ouvert devant lui. C'est la Bible. Il commence.

> Bible, manne céleste, adorable parole,
> Livre qu'on peut nommer le livre qui console,
> Œuvre de vérité dont chaque mot guérit
> Une douleur de l'âme, une erreur de l'esprit
> Je jure d'accomplir les préceptes austères,
> Et baise avec ardeur les sacrés caractères.

L'un et l'autre font tour à tour l'éloge de la religion luthérienne, dans le giron de laquelle Paolo n'a pas voulu entrer. Il arrive un moment où Thécla maudit ce fils, ce qui n'est pas sans étonner Luigi qui aime son frère et qui le défend. Quand celui-ci annonce à sa mère le retour de Paolo, l'amour maternel revit chez Thécla et dans un élan sublime qu'une mère seule peut avoir, elle s'écrie :

> Étouffer la nature, est-ce un effort possible ?
> Le voir après quinze ans ! mon fils !..... il m'est rendu !
> Je puis mourir : le fils que je croyais perdu,

> De sa vieille Thécla suivra les funérailles,
> Lui, dont le doux fardeau fit frémir les entrailles.
> Lui, le sang de mon sang, le fruit de mes douleurs,
> Lui... je... ma voix expire et s'éteint dans mes pleurs.

Dans ces vers, ne remarque-t-on pas le rythme cornélien ? N'est-ce pas le même rythme que nous remarquons dans la fameuse imprécation de la Camille d'Horace ?

> Rome l'unique objet de mon ressentiment.
>
> Etc.

La mère est impatiente de revoir son fils et qui sait ? Elle parviendra peut-être à le convertir. Elle appelle Marco, le vieux serviteur de la famille et lui donne l'ordre de préparer tout pour ce retour. Mais celui-ci est déjà averti. Tout est prêt et Thécla alors essaie de convertir le vieillard à la religion nouvelle. Marco, catholique romain de naissance, restera catholique romain. On peut le traiter de fou si l'on veut. Que lui importe :

> Fou tant qu'il vous plaira ! sans crier anathème,
> J'entends le son joyeux qui fêta mon baptême ;
> Je sens comme un besoin d'être meilleur encor
> Quand mon patron me luit dans son grand cadre d'or ;
> Mains jointes devant moi, ce saint que je contemple,
> M'encourage à prier en me donnant l'exemple.
> Un bel alleluia m'épanouit le cœur,
> Et je me fais plaisir quand je me mêle au chœur.
> Ma voix chevrote un peu, mais son timbre résonne,
> Et je ne vois pas moi, sinon que je détonne,
> Quel grand mal je commets, lorsque dans le saint lieu
> Je chante à plein gosier les louanges de Dieu.

Le fanatisme religieux aveugle Thécla et elle serait même sur le point de renvoyer ce vieux serviteur. Luigi qui a abjuré supplie sa mère de ne pas en avertir Paolo. La mère a de la peine à y consentir, mais enfin elle cède.

A la scène suivante, la fille de Luigi se présente. Thécla la gronde de ne pas l'avoir avertie du retour de Paolo, elle la gronde également de se parer des bijoux qu'elle a reçus de son oncle. Et son père lui demande si elle a vu celui-ci arriver. Non pas encore, répond la jeune fille. Luigi n'en est pas étonné. Comment l'aurait-elle reconnu, puisqu'elle ne le connaît pas ?

Ce qui fait dire à Elci :

. . . . .D'instinct, de sentiment
Mon cœur m'eût dit : c'est lui. De plaisir transportée
En trois bonds, dans ses bras, je me serais jetée.

Ce qui fait ajouter par Marco :

Au risque d'embrasser un passant tout surpris
D'un bonheur imprévu qu'il n'aurait pas compris.

C'est alors que Luigi propose à sa fille d'abjurer comme il vient de le faire lui-même. Et le père en faisant asseoir Elci sur ses genoux, s'écrie :

. . . . .Ange qu'il faut chérir,
Oui, sa main bénit tout, et fait tout refleurir.
Le bonjour dans les yeux, le souris sur la bouche,
Quand elle ouvre à demi les rideaux de ma couche
De sa joie innocente elle vient m'égayer,
Comme un reflet du ciel qui rit sur mon foyer.

Thécla prononce quelques mots afin d'arriver à obtenir la conversion de la jeune fille qui y consent, suivant le désir de Luigi, car ainsi qu'elle le dit :

Ma résolution ne peut rester douteuse,
Je veux être avec vous, heureuse ou malheureuse.

La scène sixième, c'est la scène de reconnaissance entre le vieux Marco et Paolo. Dans les bras l'un de l'autre, ils se jettent. Mais quand Paolo apprend que son frère s'est converti, il est hors de lui-même et il s'écrie, après le départ du vieux serviteur :

Apostat, lui, jamais ! plutôt moi fratricide !

Puis, il écrit à Rome, *au révérend frère Anastasio, pénitencier de Sainte-Marie Majeure*, pour l'avertir de son intention de sauver son frère : « *la veille de son abjuration, je supplierai le ciel les mains* « *jointes et le front contre terre, de répandre sur lui les grâces d'un* « *dernier repentir, et dût mon âme se déchirer, je sauverai la sienne* ».

A la scène dixième, la mère et les deux enfants sont réunis. A la scène suivante Luigi supplie Paolo de ne pas repartir.

Reste ! ton ciel natal, Paolo, le voici,
Ce toit, c'est ton berceau ; ce vieux foyer noirci,
Où nos tremblantes mains se réchauffaient ensemble,
Nous réunit enfants ; vieillards, qu'il nous rassemble.

Et son frère est convaincu qu'il a été trompé et a la certitude que Luigi n'a pas abjuré.

De la bouche d'Elci. Paolo apprend la vérité ; il l'apprend de Thécla, de Luigi même dans une scène où le fanatisme religieux est dépeint superbement. Les deux frères se fâchent, Luigi chasse Paolo. Celui-ci consent malgré tout à partager le repas de la famille.

A la scène vingt-troisième, Paolo tente tous les efforts pour empêcher Luigi de prononcer son abjuration. Mais celui-ci reste invincible. Et après avoir été frappé par Paolo, au moment de mourir, il abjure.

Cette fin a été critiquée. Le crime commis, Luigi n'est pas sauvé. Donc, l'assassinat de Paolo est inutile. Le fanatisme religieux a fait son œuvre. Un frère s'est souillé du sang de son frère dans l'intention de plaire à Dieu. Et sa mère, sans le savoir, sans le vouloir, maudit le fils qui lui reste.

La conséquence de ce drame est celle-ci : Luigi est mort ; la mère n'a plus d'enfants. Paolo est maudit. Elci n'a plus de père et Marco n'abjure pas. Aucun d'eux ne triomphe. La mort seule est victorieuse.

Cette conséquence est logique, étant donné l'esprit de fanatisme qui guide les principaux personnages de cette pièce ; et elle paraît illogique, étant donné que Paolo en tuant son frère, en voulant, lui catholique romain, l'empêcher d'avoir le temps d'abjurer, ne réussit pas dans son idée fixe de fervent. Luigi, devenu aussi fanatique, trouve à la dernière heure, alors qu'il est moribond, la force de formuler sa pensée. Cela est vraisemblable. Cela est-il vrai ?

Je termine en citant cette appréciation que je trouve dans le *Journal du Havre* (feuille du 21 avril 1836) :

« Cette pièce a obtenu un grand succès.

« M. Delavigne a mis en opposition le fanatisme catholique aux prises
« avec la conviction protestante. L'exposition d'un semblable contraste
« sur la scène française était déjà une grande hardiesse dramatique et
« il fallait tout le talent et toutes les précautions de la versification de
« M. Delavigne pour faire pardonner à l'ouvrage ce qu'il pouvait avoir
« de blessant pour tant de croyances religieuses. Le nom de l'auteur
« est pour beaucoup dans l'accueil bienveillant que l'ouvrage a reçu de
« cette partie susceptible de ses nombreux auditeurs. On craint peu en
« effet de se montrer trop révolutionnaire en politique, trop réformiste
« en fait de matière religieuse à la suite de l'auteur de la *Parisienne* et
« du bibliothécaire du roi des Français. La versification de cette tragé-
« die, dont le titre est *Une Famille au temps de Luther*, est pompeuse
« et brillante comme on doit l'attendre de l'auteur du *Paria* et des
« *Messéniennes*. »

XVII

La Popularité.

Après cette tragédie. *Une Famille au temps de Luther*, Casimir Delavigne revint à la comédie.

Il écrivit la *Popularité*, une comédie en cinq actes représentée pour la première fois à Paris sur le Théâtre Français. le 1er décembre 1832.

Cette comédie a été dédiée par le père à son fils :

> Cher espoir de deux cœurs comme leur doux tourment,
>   A toi, cette œuvre au théâtre applaudie,
> Ces vers qu'à peine, ami, tu liras couramment,
>   Ta mère veut que je te les dédie.

Aucun ouvrage ne lui coûta plus de travail et de méditation.

L'*acte premier* se passe dans un salon, chez Édouard Lindsey, fils de sir Gilbert Lindsey,

Le père et le fils sortent de table. Édouard aime la gloire. Gilbert le pays.

Le père craint pour son fils la popularité :

> La popularité, que pour toi je redoute,
> Commence, en nous prenant sur ses ailes de feu.
> Par nous donner beaucoup et nous demander peu.
> Elle est amie ardente ou mortelle ennemie,
> Et comme elle a sa gloire, elle a son infamie.
>   Etc.

Une tirade de quarante vers qui est à méditer surtout par les hommes politiques.

Chacun à son tour émet son idée sur la politique. Et l'idée de chacun. émise en vers par le poète, tombe comme une maxime :

> Caverly n'admet pas l'amour de la patrie ;
> Le professer, mensonge ; y croire, duperie.

Mortins

> Tranchant de l'homme libre, il s'est dit opprimé.
> Il flagorne aujourd'hui ceux qu'il couvrait de boue,
> Salit de son encens la liberté qu'il loue ;
> Le tout pour un parti qui se travaille en vain,
> A prêcher l'anarchie au nom du droit divin.
> ....
> C'est en courant qu'on vit dans le siècle où nous sommes,
> Et les événements y dévorent les hommes.

Mortins seul avec Édouard le conjure d'aller de l'avant et lui dit :

> Eh bien ! meure à la peine et sauve ton pays.

Édouard reçoit ensuite les compliments de lord Derby. Mortins revient annoncer que le peuple arrive en foule ayant Thomas Goff à sa tête, pour faire une ovation à Édouard Lindsey.

> ....Ta conduite honorable,
> Excite les transports d'une foule innombrable.
> Jamais discours de toi n'eut un succès pareil :
> La cité vient en masse avec tout l'appareil
> D'un jour d'élection, l'éclat d'un jour de fête ;
> Rayonnant de fierté, Thomas Goff marche en tête,
> Car, de te haranguer, il se fait un bonheur.
> Et ce sont des hourras poussés en ton honneur,
> C'est un chorus d'ivresse, un tumulte, un délire,
> C'est un enthousiasme impossible à décrire.

Thomas Goff en est de son discours. Le grand orateur est obligé de descendre dans la rue.

Lord Derby et Caverly restent seuls et de la fenêtre ils aperçoivent Lindsey porté en triomphe.

L'acte se termine par ces deux vers :

> Il est beau d'être ainsi traîné par ses égaux,
> Pour aller où je veux j'aime mieux mes chevaux.

A l'acte *deuxième*, nous sommes chez lord Derby où Édouard va rencontrer lady Strafford, la nièce du lord qu'il aime et qui lui a annoncé son retour.

Miss arrive chez son oncle, sans l'avoir prévenu. Grand étonnement de celui-ci dont le seul désir est devenir Lord Maire. Mais il s'agit d'avoir l'appui de tous et surtout celui de Mortins, de Godwin, de Caverly, chefs de parti.

Lady Strafford demande une chose impossible à Édouard, faire que lord Derby l'emporte sur ses rivaux.

L'acte *troisième* se passe à la campagne, chez sir Gilbert. Derby a triomphé grâce à Édouard et le père de ce dernier considère cela comme une trahison, et Mortins, comme un coup de massue pour le ministère. Celui-ci demande à Édouard de convoquer le peuple aux funérailles de Nevil :

> Qu'ils viennent de Nevil escorter la grande ombre ;
> Au convoi triomphal qu'ils viennent par leur nombre,
> Témoigner de ta force en marchant sur tes pas,
> Les puissants font cortège aux puissants d'ici-bas.
> A l'homme vertueux il faut une autre gloire,
> C'est tout un peuple en deuil honorant sa mémoire.

Édouard partage cet avis et va aller rédiger cet appel.

Il dit notamment ces vers qui pourraient être cités dans de nombreuses circonstances :

> Quand un grand citoyen n'a plus rien de mortel,
> Pour la patrie en pleurs sa tombe est un autel,
> Qui réunit les fils sur la cendre des pères,
> Et devant un cercueil tous les hommes sont frères.

Seul, Mortins se félicite d'avoir convaincu Édouard. Il est arrêté dans ses réflexions par l'arrivée subite de lady Strafford qui, en habile diplomate, essaie de s'allier le vieux parlementaire. Tous deux savent parfaitement qu'ils sont adversaires, mais tous deux se renvoient des compliments. Ils arrivent à convaincre lord Derby à agir, à tramer une conspiration, mais ils cachent à Édouard Lindsey leur projet. Dans une scène suivante sir Gilbert et Caverly annoncent que lady Montrose s'est mise à la tête d'un complot. Cet acte se termine par un entretien entre Édouard et son père dans lequel ce dernier supplie son fils de ne jamais faillir à l'honneur.

> Va donc, va mon espoir ; tiens ce que tu promets,
> Devant mes cheveux blancs, ne te démens jamais,
> Ton déshonneur, mon fils ! plutôt tes funérailles !
> Une moindre douleur remuerait mes entrailles,
> Et mieux vaudrait pour moi pleurer en l'éprouvant,
> Mon fils mort, Édouard, que le pleurer vivant.

Au *quatrième acte*, nous sommes à nouveau chez Édouard Lindsey. Le grand orateur attend avec impatience l'arrivée de Mortins et de

Thomas Goff. Sa préoccupation d'esprit à l'heure actuelle est de savoir ce qu'il va dire devant le cercueil de Nevil :

> Dans la solennité dont la pompe s'apprête,
> Au peuple, ce matin il faudra tenir tête,
> Aux ministres, ce soir ; je n'ai rien préparé.
> Que dire sur Nevil ?

On lui annonce Godwin, venant au nom du Lord-Maire qui est parti précipitamment pour ses terres. Il vient donc se mettre au service de Lindsey et lui offre sa plume. Mais Édouard refuse.

La Presse, il la vénère mais il ne veut pas l'acheter et dans une tirade remarquable, il en fait l'éloge :

> Vous vous trompez, Monsieur, je la respecte fort :
> Une atteinte à ses droits me semblerait un crime,
> Et je la défendrais, fussé-je sa victime.
> Etc.

En réalité, je devrais la citer tout entière, cette tirade qui n'est pas seulement la pensée émise d'un personnage mais qui est aussi la pensée du poète lui-même qui a écrit ce vers,

> Le premier des devoirs est de se respecter.

Caverly arrive à son tour pour essayer de convaincre Édouard à prêter son appui à Hanington, chef du ministère. Mais cette proposition ne plaît guère au grand orateur qui doit,

> ....Comme Alderman lui résister en face.

Le ministère tombera. C'est fatal. Rien ne peut arrêter le peuple dans son désir. Le despotisme sera vaincu. L'anarchie sera victorieuse. Mortins apprend à Édouard que Sir Gilbert s'est fait acheter par le pouvoir. Lady Strafford se découvre enfin à son amant. Elle est Lady Montrose. Édouard est donc dans une cruelle impasse. En obéissant au peuple, il livre à sa fureur et son père et son amante.

Le passage du cortège de Nevil le rappelle à la réalité. C'est la patrie qu'il doit défendre, c'est la patrie qui l'appelle, c'est la patrie à laquelle il doit obéir. Les mânes du grand homme lui dictent son devoir et lui crient :

> Viens, prends ton rang, suis-moi ; viens mon digne héritier,
> Viens te perdre toi-même, en sauvant sur ma tombe,
> Avec l'ordre qui meurt, la liberté qui tombe.

Le *cinquième acte* se passe encore chez le grand orateur.
La Presse de Godwin a fait son œuvre de diffamation.

Sir Gilbert se jette dans les bras de son fils.

> . . . . Laisse-les t'insulter, les ingrats,
> Ta défaite est, mon fils, ta plus sainte victoire.
> Mon affront fait ma joie, et ma honte, est ma gloire,
> Ma couronne d'honneur au terme de mes jours.
> Je suis pur, Édouard, et je le fus toujours ;
> Mais ton égal, mais plein du beau feu qui t'anime,
> Mais martyr du devoir à cet excès sublime,
> L'ai-je été ? Ce long temps que ton père a vécu
> Vaut-il un jour de toi ? Non, non, tu m'as vaincu,
> Et fier je m'humilie avec ma vie entière,
> Devant un seul instant de ta noble carrière.

Édouard voudrait se battre avec le diffamateur, mais Sir Gilbert l'en dissuade :

> Un duel ! Tu prendrais pour arbitre suprême,
> Le hasard d'un duel entre un infâme et toi,
> Écoute, j'ai du cœur, et ma vie en fait foi,
> Mais je tiens que se battre est un pauvre courage.

Lady Strafford pourra s'échapper sans crainte, affirme Caverly qui se récrie sur l'infamie commise contre Édouard et son père. Lady Strafford fait ses adieux à celui qu'elle aime, elle lui appartiendra, le jour où elle reviendra triomphante avec les siens. Sir Gilbert fait lire une lettre à Mortins. Et par cet écrit la preuve de la diffamation est faite. C'est une lettre du père de Mortins lui-même. Sir Gilbert la donne au fils en lui disant de la brûler. Et Mortins fera tout pour rendre la popularité à son ami, à Édouard.

En s'adressant à son fils, Sir Gilbert termine la pièce par ces vers sur la popularité :

> La poursuivre en esclave, ou la fuir est faiblesse,
> Elle te reviendra, comme elle te délaisse,
> Accepte son appui, s'il ne te coûte rien ;
> Ne l'aime pas pour elle ; aime-la pour le bien,
> Et reste indifférent quand elle t'abandonne,
> Car la seule fidèle est celle qui couronne
> Des travaux accomplis et des jours sans remords ;
> Mais son laurier, mon fils, n'ombrage que les morts.

Cette pièce est une pièce politique, et comme tout ce qui est politique elle ne peut avoir qu'un moment d'actualité.

Dans cette œuvre comme dans les autres, le poète y a mis tout son talent ; il a écrit de beaux vers, des vers qui resteront classiques, des vers dont l'application sera toujours facile.

Ce sont certaines phases de la Révolution de 1830 expliquées.

En effet, écrit Larousse, Lindsey personnifie les hommes d'État qui, après les événements de 1830, n'ont pas craint d'exposer leur popularité en s'opposant aux passions de la multitude ; les partisans de Charles-Édouard désignent les légitimistes d'alors, les conspirateurs des 5 et 6 juin ; le convoi de sir Nevil rappelle celui du général Lamarque, et enfin le dévouement de lady Montrose aux Stuarts est un souvenir de la tentative desespérée de la duchesse de Berry.

Les événements qui s'y succèdent forment donc la pièce elle-même qui ne contient pour ainsi dire pas d'intrigue. On arrive à l'achèvement par difficultés politiques, par un coup d'État projeté, par une lettre.

C'est là de la comédie parlementaire transportée de France en Angleterre, afin de ménager les susceptibilités personnelles des politiciens de l'époque.

Or, au moment où a été jugée cette pièce, on était en pleine révolution littéraire après avoir été en pleine révolution politique.

Cela est à remarquer. Les poètes faisant vibrer leur lyre pour ou contre les ministères, de même qu'aujourd'hui on fait des pièces de théâtre, des romans sur les hommes du jour. — Panama a produit des écrits et en produira encore. — Les événements politiques ont de tout temps inspiré les écrivains. Il en a été ainsi du temps de Rabelais, il en a été ainsi du temps de Delavigne. Et aujourd'hui et demain, ce sera la même chose. Casimir Delavigne a subi cet élan. Il l'a fait dans des vers qui resteront comme une belle page poétique de cette époque mouvementée. Voilà ce qu'il faut reconnaître chez lui, si on veut être de bonne foi. La portée politique de la pièce vient en second ordre pour ceux qui, dans une œuvre quelconque, n'ont qu'à envisager la question littéraire. Il est évident que Casimir Delavigne en écrivant la *Popularité* n'a pas été inférieur à lui-même.

Il faut aussi remarquer, que dans cette comédie il a voulu être pamphlétaire, et que dans ses autres pièces, il avait été historien, il avait été moraliste.

A-t-il eu raison ? Les uns diront oui, les autres diront non. Cela est affaire de tempérament, affaire de politique.

Quant à moi, je trouve qu'il a bien fait car la comédie étant partout, une étude de mœurs politiques était à faire de cette époque.

Un critique a écrit au lendemain de la représentation :

« La pièce a réussi et le nom de l'auteur a été prononcé au milieu des

« applaudissements. Le principal mérite de cette production consiste
« dans une heureuse versification et dans une infinité de traits spirituels,
« placés pour effet à la fin de chaque tirade. Du reste, la pièce est froide,
« et nous serions tentés de la comparer à une épître de Boileau. Quant
« au libéralisme de la *Popularité*, il n'est pas fait sans doute pour
« effrayer les gens du pouvoir. Mais c'est un libéralisme d'honnête
« homme. En somme, cette nouvelle pièce de M. Delavigne est une
« œuvre de conscience qui fera honneur à l'auteur des *Messéniennes*,
« sous le double rapport du style et de la pensée » (1).

En citant cette appréciation d'un contemporain, je résume ma pensée
sur cette pièce.

Le jour de la première représentation de la *Popularité* une querelle
suivie de voies de faits eut lieu à onze heures du soir, aux abords du
Théâtre Français entre M. Auguste Lireux, rédacteur en chef de la *Gazette
des théâtres* et M. David, sociétaire de la Comédie Française. Le lendemain de cette scène M. Lireux publia contre M. David un article auquel
l'acteur crut devoir répondre par une rectification. M. David envoya
alors une lettre à M. Lireux qui refusa de l'insérer à cause des termes
injurieux qu'elle contenait. Le 14 décembre suivant, M. Lireux fut cité
devant la sixième chambre de police correctionnelle sur la plainte portée par M. David, en refus d'insertion aux termes de la loi du 25 mars
1822. M. David ayant consenti à l'audience à retirer de sa réponse quelques expressions grossières et déplacées, le tribunal remit le prononcé
de son jugement à quinzaine, ce qui donna le temps aux plaideurs
de s'entendre.

A une autre représentation de la *Popularité*, des individus essayèrent
de s'emparer des bijoux de Mˡˡᵉ Mars. C'était la troisième tentative de ce
genre, et quelques jours auparavant la justice venait de condamner les
premiers voleurs.

(1) *Journal du Havre*. Feuille des 2 et 3 décembre 1838.

XVIII

La Fille du Cid.

La dernière tragédie de Casimir Delavigne qui a été jouée, est la *Fille du Cid*.

Cette tragédie en trois actes fut représentée pour la première fois à Paris, le 28 mars 1840, sur le théâtre de la Renaissance et non le 15 décembre 1839, comme il a été indiqué par erreur. Elle a été reprise au Théâtre Français en 1841.

Sur la valeur et la représentation de l'œuvre, les critiques ne sont pas encore d'accord. Si nous interrogeons Larousse, il nous dira que Casimir Delavigne a *complètement échoué* et que cettte tragédie *doit être considérée comme la plus faible de ses œuvres*.

Si au contraire nous demandons son avis au critique de la *Revue des Deux Mondes*, nous voyons que cette tragédie de Casimir Delavigne avait été justement applaudie. Et ce critique base son appréciation sur ce fait que *l'auteur traite le public avec respect, compose lentement chacune de ses œuvres et ne la soumet jamais au jugement du parterre, sans avoir fait tout ce qu'il peut faire*. Ce même critique fait observer que cette pièce a le malheur de convenir plutôt à la ballade qu'à la tragédie, que les souvenirs d'*Hernani* n'y sont pas moins nombreux que ceux du *Cid* et d'*Horace*, que le style se sent de l'abbé Delille et que malgré les nombreuses sources auxquelles M. Delavigne a puisé les éléments de son œuvre, le parterre a battu des mains comme si cette œuvre appartenait tout entière à l'auteur dont le nom venait d'être proclamé.

Et bien, je trouve que cette critique est juste. Elle est d'autant plus juste qu'elle est basée sur le bon sens. Si elle rappelle que Delavigne a voulu imiter Corneille, elle ne le fait pas en termes tels que notre poète soit considéré comme un plagiaire. La critique a eu raison, car jamais il n'est venu à la pensée du poète des *Vêpres Siciliennes* d'essayer, nouveau Scudéry, de balancer la gloire du prince des tragiques, jamais, jamais. Ce faisant, il a été son élève, un grand et illustre élève. Tous les poètes n'ont pas eu ce bonheur rare. Delavigne l'a eu. Et en faisant une légère variante à la parole d'Andrieux que j'ai eu l'occasion de citer, on est fondé de dire en parlant du grand poète havrais : *Il y a du Corneille dans cette tête-là.*

Oui, il y avait du Corneille dans cette tête-là comme il y avait du Molière. Il est de toute justice qu'on le constate avec d'autant plus de raison que Casimir Delavigne a été l'homme honnête par excellence et que ce serait lui faire injure que de supposer un seul instant qu'il ait eu l'idée de vouloir par une œuvre porter atteinte à la gloire du père de la tragédie française. Il aimait trop Corneille pour cela.

Qu'on lise ses vers, et on en aura l'intime conviction, les vers qu'il a écrits sur le grand poète tragique du siècle de Louis XIV.

J'ajoute un mot sur la première représentation.

Le rôle du *Cid* a été rempli par M. Guyon qui a eu de beaux moments dans le second acte.

Mlle Émélie Guyon, dans le rôle d'Elvire, n'a pas justifié, dit un critique, les éloges prématurés qu'on lui avait décernés. En elle, aucune originalité. Cependant la jeune débutante a dit dans la soirée deux mots avec une vérité qui a vivement ému l'auditoire.

Mais, on ne peut sans ridicule comparer Mlle Guyon à Mlle Rachel, car Mlle Guyon ne possédait ni l'ironie ni la diction savante qui ont fondé et qui soutiennent la légitime renommée de l'illustre tragédienne qui devait créer le rôle.

Les rôles de Rodrigue, de Ben Saïd, de l'Évêque, furent remplis par Montdidier, Orette et Beaulieu.

La scène se passe dans une salle de l'alcazar de Valence.

Au *premier acte*, Rodrigue peint un missel, Elvire brode une bannière.

Rodrigue a été voué par sa mère à porter la robe de bure :

> Mon frère allait mourir, pour le sauver ce frère,
> A Dieu je fus promis par un vœu de ma mère.

Mais ce vœu peut-il l'enchaîner ? Non, pense-t-il. Le doute l'assiège et il n'est guère disposé à le prononcer malgré ce que lui dit Elvire, qui trouve que

> Les glaives sont cruels et mieux vaut l'encensoir.

Pendant cet entretien, le Cid, le Cid Campeador, le banni de Castille, sommeille.

Le roi l'a envoyé en exil. C'est ainsi qu'il reconnaît les services rendus.

Quand ce roi par l'exil paya trente ans d'exploits,
Qui l'éveillaient la nuit comme autant de fantômes,
Nos adieux les voici : « Sortez de mes royaumes !
— Desquels, sire? de ceux que j'ai conquis pour vous,
Ou de ceux que pour vous j'ai défendus? — De tous,
— Quand? — Demain.— Aujourd'hui : Sans moi gardez les vôtres,
Je vais dans mon exil vous en conquérir d'autres. »
Cela dit, je souris et je tournai le dos,
En sifflant dans ma barbe un vieil air de Burgos.

Le Cid a tenu parole. Il a remporté victoire sur victoire. Une seule fois
il a pâli devant le fléau qui couchait les morts sur les morts.

Il attend Ben Saïd. Celui-ci vient lui offrir la royauté. Le Cid refuse.

La guerre je le veux, la victoire j'y compte.

En se quittant, ils se font leurs adieux.

Rodrigue se décide ensuite à entrer en religion. Fanès arrive sur ses
entrefaites et annonce la mort de Fernand, le fiancé d'Elvire, le frère
de Rodrigue. Et aussitôt ce dernier demande des armes :

Devenu le dernier de ma noble maison,
Je viens revendiquer l'honneur que j'ai d'en être:
Je le veux soutenir, je l'accroîtrai peut-être,
Où si l'accroître encore est plus que je ne puis,
Périr pour ma maison, c'est prouver que j'en suis.

Puis a lieu alors la reconnaissance du père avec son fils.

........C'est mon fils ; je le vois, je l'embrasse,
Je sens sous mes baisers ressusciter ma race.
...................Tous deux nous t'armerons,
Nous te voulons tous deux chausser tes éperons,
Mais, il faut, en frappant et d'estoc et de taille,
Les gagner entre nous au fort de la bataille ;
Il faut me le ravoir ce corps qui m'est si cher,
Jette le froc aux vents, plus de robe, du fer,
Du fer sur ta poitrine, un casque sur ta tête !
L'étoile des Fanès à s'éteindre était prête,
Que son éclat vengeur brille sur ton cimier,
Et mort au Sarrazin qui la voit le premier.

Et cet acte se termine par cet appel de Fanès aux chevaliers ;

Suivez-nous, compagnons; suivez sa jeune lance ;
Pour reprendre Fernand et pour sauver Valence,
Suivez les deux vieillards et le jeune guerrier !

Et Rodrigue, s'adressant à Elvire, s'écrie :

Je vais combattre, Elvire.

Et la jeune fille ajoute :

Et moi je vais prier.

Au second acte

Les deux partis veulent reprendre haleine,
Épuisés par la lutte et comme épouvantés,
Des coups qu'ils ont tous deux ou reçus ou portés.

Fanès est plongé dans la tristesse. Rodrigue a failli à l'honneur. Il a fui devant l'ennemi. Le père veut tuer son fils. Le Cid l'en dissuade. Elvire qui voit l'accablement du vieillard est persuadée que Rodrigue a trouvé la mort. Et elle se reproche cette mort, dans une scène vraiment pathétique :

Tout s'est anéanti. Quand son père l'approuve,
Quand je puis l'avouer cet amour que j'éprouve
Il est mort et ce cri : Rodrigue, je t'aimais !
Rodrigue mort pour moi ne l'entendra jamais !
Pour moi, je l'ai voulu ; sa perte est mon ouvrage.
. . . .
Je voulus qu'il fût grand, illustre : je voulus
Qu'il devînt un héros, et ce héros n'est plus !

Il faudrait citer dans son entier la scène d'amour entre Elvire et Rodrigue, qui vient à la suite :

Aimé ! j'étais aimé ! je le suis et de vous !
Répétez cet aveu si cruel et si doux ;
Qu'il inonde mon cœur d'une ivresse nouvelle,
Et que je meure, ô Dieu, pour mourir aimé d'elle !

Cette scène où les deux amants s'ouvrent leur cœur et puis cette autre dans laquelle Rodrigue s'écrie à genoux :

Je ne suis pas de vous un fils dégénéré,
Mânes de mes aïeux, je ne suis pas un lâche :

cette autre encore dans laquelle le Cid s'accuse d'avoir faibli pendant le combat, dans laquelle les deux guerriers, le vieux et le jeune, se consolent dans les bras l'un de l'autre, dans laquelle Rodrigue s'écrie :

. . . . Laisse-moi cacher dans ta poitrine,
Ce front que le remords sous tes bontés incline.

> Laisse-moi, soulagé du poids de mes douleurs,
> Respirer l'héroïsme en y séchant mes pleurs ;

dans laquelle, le Cid répond :

> Répands, jeune lion, répands ces pleurs que j'aime,
> Ils n'auront sur mon sein de témoin que toi-même.
>   Etc. ;

cette scène entre Ben Saïd et le Cid, dans laquelle, ce dernier réclame le cadavre de Fernand, contiennent d'admirables vers.

Ce que le Cid ne peut obtenir de Ben Saïd, Rodrigue l'obtient du Maure. Fernand aura sa sépulture.

Au *troisième acte*, le Cid et Elvire sont dans l'attente de Rodrigue.

> Comment prévoir le sort d'un combat acharné,
> Où l'un des deux partis doit être exterminé ?
> Au cœur des Sarrasins tandis que je m'élance,
> Un coup de désespoir peut leur livrer Valence.

Le Cid part au combat, laissant à Fanès le soin de défendre la ville. Ben Saïd a été fait prisonnier par Rodrigue.
Il dit à Fanès :

> ....C'est peu de ma défaite,
> Il triomphe deux fois : sur la poudre étendu,
> J'offrais ma gorge au fer, pour frapper suspendu
> Quand son genou cessant de presser ma poitrine,
> « Sois sauvé, m'a-t-il dit, par cette voix divine
> « Qui de tout pardonner au chrétien fait la loi !
> « Le meurtrier d'un frère a grâce devant moi.

On rapporte le Cid. Il a été blessé. Son épée a été prise par les Musulmans et, sur cette épée, il verse des larmes. Mais Rodrigue accourt, l'épée du Cid à la main. A la vue de son arme, le vieux guerrier s'écrie :

> ....Tu me reviens à mon heure dernière,
> Vieille amie, et sans lui tu restais prisonnière,
> Tu devenais païenne ; il t'a sauvé l'honneur,
> Et de me dire adieu tu lui dois le bonheur ;

A Rodrigue il lègue son épée et lui donne sa fille..... Il expire.

> ....L'âme du Cid au ciel est remontée.

Cette scène, il y aurait lieu de la transcrire tout entière. Elle est sublime. C'est la plus belle scène de l'œuvre et une des plus belles de l'auteur.

Quand vous aurez lu cette pièce, vous n'aurez qu'un seul désir, la voir jouer.

Vos cœurs, dans un sentiment d'admiration pour le héros de l'œuvre et pour le poète, rendront hommage au brave, mort au champ d'honneur et au poète qui, s'inspirant du grand Corneille, a fait revivre à nos yeux le héros vieilli, si cher au père de la tragédie en France.

Vos cœurs se souviendront.

Et dans un élan sublime, vous qui vivez plus tard, vous qui avez assisté aux malheurs de la patrie, vous penserez à ces héros morts pour la France, et pour sa liberté. Vous les réunirez tous dans un commun amour et de vos lèvres sortiront ces paroles, aux sons desquelles nos ancêtres ont vaincu et aux sons desquelles vous vaincrez à votre tour :

> Mourir pour la Patrie,
> C'est le sort le plus beau,
> Etc.

XIX

Le Conseiller rapporteur.

Lentement, la maladie accomplissait son œuvre de destruction. Chaque jour le poète sentait augmenter le mal qui devait le conduire au tombeau. Et comme une ironie du sort, il voyait son imagination, ses facultés intellectuelles grandir.

Mettant pour ainsi dire une barrière à la souffrance, il écrivit le *Conseiller rapporteur*, l'opéra de *Charles VI* avec son frère, puis *Mélusine*, une tragédie en cinq actes, restée inachevée.

Le *Conseiller rapporteur*, comédie en trois actes en prose avec un prologue en vers libres, a été représenté pour la première fois à Paris. sur le Théâtre Français, le 17 avril 1841, et non au mois de juillet 1841 comme l'indique Larousse.

La scène est à Vire.

Le prologue, est-il besoin de le dire, est très spirituel.

Le poète commence par annoncer au public que la comédie qui va être représentée se passe au temps jadis et qu'elle a été trouvée,

> ....dans les papiers d'un notaire,
> D'un notaire lettré, qui soutient mordicus
> Que la pièce est au moins de Lesage en personne.

Que le public soit donc sans crainte. Il ne s'agit pas du temps présent, il s'agit du temps passé. Est-ce que tout n'a pas changé depuis? Et alors Delavigne s'empresse de dire aux spectateurs :

> D'abord nous n'attaquons personne que je sache ;
> Comment le pourrions-nous? Des mœurs que nous peindrons,
> Le tableau sans modèle au passé se rattache ;
> En quoi peut-il blesser nos mœurs, qui sont sans tache ?
> On s'est tant corrigé, qu'avant peu l'avenir
>   N'aura rien à faire et nous sommes
>   En bon chemin pour devenir
>   Les plus parfaits de tous les hommes.

Nos gros marchands, jadis, bien que fort délicats,
Rançonnaient sans pitié les bourses trop crédules ;
  Les médecins, les avocats,
  Les juges dont je fais grand cas,
(Quand j'ai quelque procès) avaient des ridicules ;
  Mais maintenant ils n'en ont pas.
Les labeurs du commerce honnêtement fleurissent ;
Pour d'austères devoirs les juges sont de feu ;
  Les médecins toujours guérissent
  Et les avocats parlent peu.

On voit que le poète désirait être poli à l'égard de l'auditoire. S'il avait écrit ce prologue à notre époque, il aurait agi de même. Mais au moment où il faisait représenter sa pièce, le changement qu'il disait s'être opéré dans les esprits n'existait pas. Car depuis que le monde est monde,

  Les vieux abus..... comme les vieux travers

ont été les défauts de nos ancêtres comme les nôtres. L'humanité parviendra peut-être un jour à se perfectionner. Pour que l'humanité devienne meilleure, il y a encore tant à faire, tant à écrire que l'on est à se demander si on ne cherche pas à réaliser une utopie.

Il est vrai qu'à l'heure actuelle, les anarchistes essaient de réaliser ce problème surhumain.

Mais quant à moi, j'en doute. Je suis pessimiste sur ce point et avec le poète Louis Bouilhet j'aurai raison de m'écrier un jour :

    Les hommes sont si mauvais
    Que sans pleurer je m'en vais
      Du monde.
    Pour la haine ou l'amitié
    Je n'ai plus qu'une pitié
      Profonde.

    Au point de nous empester
    Chaque jour on voit monter
      Des fanges.
    Dans mon désespoir fougueux
    Je ne crois pas plus aux gueux
      Qu'aux anges.

    J'ai souffert tant de tourments.
    J'ai connu tant de serments
      Frivoles

Que j'évite avec grand soin
Amour, les lieux où de loin
Tu voles.

Las d'aller les bras pendants
Des noirs coquins aux pédants
Moroses,
J'ai placé tout mon orgueil
A planter près de mon seuil
Des roses.

Je mange et je dors en chien.
Plus rien de noble et plus rien
D'austère !
Comme d'un cruchon fêlé
Mon esprit s'en est allé
Par terre.

Tout d'ailleurs, en ce séjour,
Suit le maître et par amour
L'imite,
Et la nature a lutté
Avec ma stupidité
D'ermite.

Les arbres de mon jardin
Penchent d'un air anodin
Leurs têtes,
Et les bêtes dans ma cour
Deviennent de jour en jour
Plus bêtes.

Je passe maintenant à l'analyse de la comédie.

Le *premier acte* se déroule sur une place. Corniquet demande à Crispin où est situé le Palais de Justice. Et Crispin lui répond satiriquement :

« La Justice n'a pas de palais à Vire : vous voulez dire la maison où « l'on juge... Tenez, Monsieur, suivez la première personne que vous « allez voir : Je connais la population ; vous avez toutes les chances du « monde pour que ce soit un plaideur qui vous y conduise. »

Labranche, secrétaire d'un avocat, s'adresse à Crispin qui a endossé l'uniforme de la maréchaussée, tout étonné de revoir son vieil ami.

Le premier fait l'éloge du droit :

« Le droit, Crispin ! sais-tu bien, ce que c'est que le droit ? C'est la plus « belle découverte que les hommes aient faite contre l'équité. Les lois

« tiennent de la nature des avocats, vois-tu bien, mon garçon ; elles
« disent le pour ou le contre quand on veut..... »

« Le grand point n'est donc pas qu'on les ait de son côté, mais qu'on
« les y mette ; voilà le triomphe du droit ! »

Ensuite, il fait l'éloge de son maître, éloge qui n'est pas moins spirituel et qui conserve toujours son actualité tant est frappant le
portrait.

Puis, changeant de conversation, il annonce à son ami qu'il a fait
connaissance à Vire d'une petite brune. Il voudrait être aussi sûr de
réussir dans cette folie amoureuse qu'il est certain que son maître
réussira à gagner un certain procès contre un marchand de drap du
nom de Corniquet : « un nom qui promet, si jamais il se marie ». Ce Corniquet justement a épousé une femme auteur, qui est devenue l'amante
d'un docteur qui répond au doux nom de Valère et avec lequel celle-
ci a été prise *flagrante delicto*.

A Crispin qui trouve que les médecins gagnent plus encore que les
avocats, Labranche réplique : « Les médecins ont même un grand avan-
« tage sur nous ; nos clients crient quand ils perdent leur procès, au
« lieu que les leurs ne disent jamais rien. »

Labranche explique ensuite en ces termes le droit romain : « il sert
« à exprimer en latin ce qu'on est embarrassé de dire en français ».

Crispin fait le portrait du conseiller rapporteur dans l'affaire Corniquet.

C'est un homme qui a des mœurs d'une innocence farouche,
déclare-t-il. Quant au président qui va devenir le beau-père de M. de
la Pommeraie chez lequel le maître de Lagrange est descendu et dont
lui Crispin est le serviteur, « *il suffit de le regarder pour être con-
« vaincu que depuis cinq générations il n'y a pas eu d'esprit dans sa
« famille* ».

Survient Dorante, suivi de la Pommeraie. Le premier essaie par tous les
moyens à corrompre le second, et lui demande de changer son rapport
contre Valère. Mais le juge ne veut pas en démordre. Celui-ci voit passer une femme qui est arrivée dernièrement à Vire, et il apprend à son
ami qu'il en est tombé amoureux, bien qu'il fût sur le point de se marier.
Et alors, Dorante l'interroge. Où en est son amour ? Il n'a pas fait grand
chemin. Il décide le conseiller rapporteur à aller voir la belle en em-
pruntant un autre habit.

Et Dorante, resté seul, complote une vengeance contre son ami qui est
resté insensible à sa requête. N'a-t-il pas son fidèle Lagrange qui va
l'y aider ? Celui-ci revient juste à propos et se voit dans l'obligation de
déclarer qu'il est pris lui aussi dans les filets de l'amour.

Et Dorante conclut *ex abrupto*, en disant à son secrétaire : « La per-
« sonne dont La Pommeraie raffole est dans une position difficile ; celle
« pour qui tu meurs, dans une position délicate : il est impossible que
« ces deux personnes-là ne se connaissent pas. »

Alors Labranche suppose que Dorante, lui aussi, est amoureux de la belle
Julie qui survient à propos pour recevoir les compliments des deux amis
et tous deux apprennent à la jeune femme que La Pommeraie brûle d'en-
vie à l'heure actuelle de la posséder. Et Dorante la supplie « de recevoir ce
« La Pommeraie et profiter de sa passion pour le précipiter d'embarras
« en embarras » ; de « *délits en délits* », ajoute Labranche ; de *crime en*
crime, continue Julie qui considère le mariage ainsi : « Quand une
« âme d'un ordre supérieur se trouve unie à une nature terrestre, le
« mariage n'est qu'un long jour d'orage. » *Le triomphe des amants*
malheureux, la conversion des conseillers rapporteurs et la honte
éternelle des marchands de draps, voilà donc le but du complot
ourdi.

A l'approche de La Pommeraie, Labranche et Julie s'en vont. Celui-ci
se confesse à Dorante qui le force à jurer, à chanter et qui, docile
comme un agneau, se trouve bien embarrassé avec son nouveau costume
devant M. le Président, lequel demande ce que signifie cette plaisanterie.
Il faut noter que M. le Président était tout prêt à accorder la main
de sa fille au conseiller rapporteur. Dorante, pour son ami, explique
que c'est *par ordre, un secret d'État, d'un complot dont les rami-*
fications partant de Rouen, s'étendent jusqu'à Vire..., en traversant
Falaise. Alors le président n'est plus étonné. Falaise, n'est-ce pas là
qu'il y a un méchant procureur qui lui a fait perdre un procès en cour
de Rouen ?

Et alors le dialogue suivant s'engage :

DORANTE

Un président perdre un procès.

LE PRÉSIDENT

Ce malheur-là ne me serait pas arrivé si je m'étais jugé moi-même :
mais quand on est forcé de s'en rapporter aux autres.

DORANTE

Vous avez raison, Monsieur le Président ; pour avoir justice, il faut
se la rendre.

Ils décident de mettre dans le complot *ce méchant procureur* qui
n'y est pas.

Et avant de se retirer, le président sentencieusement ajoute : « Souve-
« nez-vous qu'un magistrat doit être muet comme la loi et sourd comme
« elle à toute espèce d'influence. »

A la scène suivante, Dorante décide La Pommeraie à aller rejoindre
Julie. Et pour l'encourager, il lui dit : il faut vaincre ou mourir.

Corniquet qui était venu au commencement de cet acte le termine. Il
a rencontré enfin M. le président auquel il annonce que son infidèle
est arrivée à Falaise, et dans un beau transport le mari malheureux
s'écrie : « Mettez la force publique à ma disposition, Monsieur le Président;
« un ordre! signez-moi un ordre pour que je fasse arrêter la personne
« que j'aime le plus au monde. »

Delavigne fait dire au président que s'il avait été à la place de Corniquet, il aurait tué sa femme en pareille circonstance.

Alexandre Dumas fils, allait plus tard dans une pièce célèbre prononcer cette fameuse formule : Tue-la.

On voit que Casimir Delavigne avait, avant l'auteur de la *Dame aux
Camélias*, eu la même pensée.

Puis Delavigne profite de l'occasion qui lui est donnée de critiquer
bénévolement les anciennes coutumes dans les différentes provinces de
France, existantes avant la promulgation du code civil, et il fait dire par
l'organe de M. le président : « Tuée... comme j'ai l'honneur de vous le
« dire. Je ne l'aurais peut-être pas pu à Bourges, peut-être pas à Toulouse,
« mais à Vire je l'aurais pu et l'aurais fait suivant la coutume de Nor-
« mandie. »

Le président signera après avoir dîné l'ordre que lui a demandé
Corniquet, prêt à tuer sa femme et son séducteur, *puisque la coutume
l'autorise.*

Mais comment se tirer d'un pareil gâchis ? se demande Dorante.

Et alors l'avocat non moins habile que Sganarelle, a cette machiavélique
pensée : « Au fait, dînons d'abord ; au dessert, coiffons la raison du
« président, d'autant de vin de Champagne qu'il sera capable d'en por-
« ter ; et puis ce soir advienne que pourra : demain je plaide pour tout
« le monde. »

Les trois compères s'en vont ensemble.

Le *second acte* se passe dans une chambre de l'auberge du Grand-
Cerf, où Julie est descendue.

Labranche, *un mari pour une heure* et la jeune femme sont ensemble. Et tous deux en tête à tête, parlent du mariage que les jurisconsultes
rangent, au dire du secrétaire de Dorante, *dans la classe des institutions
où la perpétuité est une barbarie de la loi*, du docteur Valère, de La

Pommeraie, de Julie elle-même à laquelle Labranche ne manque pas de faire la cour, *à cet auteur illustre dont la vie privée n'est par moins publique que les écrits.*

Julie pousse alors ce cri du cœur d'un bas-bleu : *Vous les avez lus !*

Labranche réplique aussitôt : « *Eh ! qui ne les a pas lus, madame ?...* « Quel est le Vandale qui ne les a pas lus ? (*à part*) Que je sois pendu si « j'en connais un !... (à Julie) Je les ai dévorés ; aussi je m'émeus d'in- « dignation en voyant le siècle vouloir soumettre à toutes les règles ordi- « naires une imagination qui fait gloire de n'en reconnaitre aucune... « et claquemurer une femme de génie dans tous les menus soins, « dans toutes les petites vertus de mère et d'épouse, comme une bour- « geoise qui n'aurait rien de mieux à faire que de viser à la considé- « ration. »

C'est là la glorification de la femme savante que nous fait Casimir Delavigne, la glorification anticipée de la femme fin de siècle que nous coudoyons tous les jours, une serviette sous le bras, le lorgnon sur les yeux, tous les titres universitaires imaginables possibles dans la poche, pour la plus grande gloire de l'université et pour le plus grand ennui de la famille, de la femme fin de siècle, descendante directe de la femme savante de Molière, à laquelle le grand comique répondait par la voix d'un de ses personnages : *je vis de bonne soupe et non de beau langage.* Et cette réponse, vraie hier, a encore sa raison d'être aujourd'hui.

La Pommeraie pénètre dans l'appartement de Julie et son arrivée fait sauver Lagrange. Seul avec la jeune femme qui fait l'étonnée de le voir, il lui déclare son amour à genoux. Et c'est à ce moment où le conseiller est dans cette position que Lagrange arrive inopinément, cour- roucé de ce qu'il voit. Alors il provoque son adversaire en duel, là même où le mari a été trompé par sa femme *que le remords rend muette.*

Et séance tenante, ils croisent les fers. A un certain moment Labran- che chancelle. Il est *blessé au cœur,* dit-il.

Et en le voyant tituber, La Pommeraie interroge sa conscience de magistrat : *violation du domicile conjugal, homicide volontaire... avec tous les caractères de la préméditation.*

Puis Lagrange se meurt, Lagrange est mort...pour rire. Car les coups redoublés de Corniquet qui frappait au dehors ont le privilège de le ressusciter.

Resurrexit !

Cette scène est assurément une des plus comiques, une des plus moliéresques, que Casimir ait écrite. Figurez-vous un homme qui veut pénétrer au nom de la loi et criant à tue-tête de l'extérieur. A l'intérieur une femme qui veut s'échapper coûte que coûte des bras de son mari, un homme qui a tout le poids d'un crime sur la conscience, un autre qui fait le mort. Puis à la scène suivante, ces deux derniers seuls, n'osant se regarder, n'osant s'approcher, voulant s'enfuir, et ne sachant que faire pour y parvenir.

Enfin La Pommeraie saute par une fenêtre. Lagrange veut le suivre par le même chemin mais celui-ci a peur. Affolée, Julie réapparait annonçant l'arrivée de la maréchaussée, représentée par Crispin. Alors entre Lagrange, Corniquet, Crispin, Julie, se passe une scène non moins comique que les précédentes. Elle fait naître un imbroglio inénarrable, qui se corse avec l'arrivée du président, complètement gris, grâce à Dorante qui n'a pas manqué de l'accompagner. Il arrive au moment où le président qui déclare ne plus y voir, et ne rien comprendre, en est à se demander où est le mari ? où est la femme ? Il y en a un de trop. Il y en a une de moins. That is the question ? Dorante pousse le président qui veut chanter, à se prononcer entre les deux rivaux. Et ce pauvre Corniquet se trouve être la risée de tous parce qu'il ne peut montrer son contrat de mariage, ce qui est une preuve évidente à tout un chacun que lui, tout marié qu'il est, ne l'est pas. Poussé à bout, le pauvre Corniquet finit par porter un défi à Lagrange de pouvoir montrer le sien. Avec un aplomb imperturbable, celui-ci demande à Julie la clef du secrétaire et celle-ci, avec le même aplomb, prétend que cette clef a été remise à M. le président. Et réflexion faite, décision prise, on conduit Corniquet en prison pour s'être permis de dire, étant hors de lui : « *Voilà ce que c'est que d'être jugé par un magistrat qui* « *n'a plus sa tête.* »

Tous se donnent rendez-vous pour le déjeuner du lendemain et l'acte se termine par ces mots de Dorante à Julie : « Ah! j'ai gagné votre cause, « permettez-moi de plaider la mienne. »

A l'*acte troisième*, nous nous trouvons dans le cabinet de M. La Pommeraie, où nous voyons Crispin et Labranche, le premier racontant que son maître avait passé une nuit dans un état de surexcitation extraordinaire, que, dès le matin, il voulait absolument voir M. Dorante. Mais celui-ci n'était pas chez lui quand Crispin a été le chercher, de sorte que La Pommeraie furieux a donné ordre de ne laisser entrer personne excepté le célèbre avocat.

Tous les malheurs semblent tomber à la fois sur le pauvre Crispin. Corniquet ne s'est-il pas enfui au moment où on le conduisait en prison ? De plus, Labranche lui apprend qu'un meurtre a été commis au Grand-Cerf et, selon toute probabilité, Corniquet doit être le coupable aux yeux du secrétaire de Dorante. Il l'est plus encore aux yeux de Crispin qui se sauve pour avertir le président et mettre la main au collet de celui qui s'est échappé la veille des bras de la justice.

A la seconde scène, Labranche annonce à Dorante qui vient d'arriver que le prisonnier s'est enfui, tandis que celui-ci lui apprend que Julie est chez La Pommeraie, auquel l'avocat veut faire signer un rapport de sa façon. Labranche ne peut y croire.

Dorante veut absolument sauver la jeune femme. Il l'emmènera en Italie quelle que soit l'issue du procès : *afin de laisser tomber le scandale que cette affaire a soulevé et de la soustraire au despotisme d'un sauvage qui ne la comprend pas,* afin de guérir *Valère d'une passion qui aurait fait le malheur de sa carrière.*

Et l'avocat s'exclame sur la beauté de ce voyage. L'auteur, par la bouche de ce personnage, a voulu traduire sa propre impression de son voyage en Italie et il dit : *Quel voyage, ce beau ciel, le Tibre et le Capitole, quel spectacle inspirateur pour le génie !*

Son secrétaire n'y contredit pas. Il sera aussi du voyage.

Dorante le quitte pour courir chez le président.

Ils s'en vont tous chez le président!

Sur ces entrefaites, La Pommeraie entre. Il ne peut tenir en place. Il voit partout le cadavre de Labranche présent devant lui. Et sa stupéfaction est grande en le voyant en chair et en os. Mais le secrétaire use d'un stratagème, il déclare être le secrétaire de Dorante, il demande s'il connaît la Thibaudière son frère naturel. Plus de doute pour le magistrat ! Il a donc tué la Thibaudière ! Et alors il conçoit la pensée de faire le silence le plus complet sur cette affaire. Le seul moyen d'y réussir c'est de gagner Labranche. Et alors il lui propose de l'argent. Mais il éprouve un refus catégorique. Que faire, pense alors La Pommeraie ? Il supplie à nouveau, dans l'intérêt de la *jeune veuve* qui sera heureuse de faire un voyage en Italie. Sur ce, Labranche ne résiste plus. Il accepte l'offre des 500 louis, satisfait de pouvoir aller au Capitole en si bonne compagnie.

La Pommeraie est satisfait. Depuis son crime, il n'aime plus Julie.

La jeune femme a tout entendu et elle n'a hâte d'aller voyager *avec son frère*, dit-elle, mais avec lui seul. Elle demande au juge de signer un rapport favorable. Celui-ci, après bien des difficultés, donne enfin sa parole. Quand Dorante survient, La Pommeraie pousse Julie dans ses appartements. Il reproche à l'avocat d'avoir conduit la jeune veuve chez lui ; il lui annonce qu'elle va partir en Italie avec Labranche, ce qui n'étonne pas peu Dorante qui se voit joué par son secrétaire. Et à la fin de la scène La Pommeraie est tout disposé à aller en Italie avec la belle. L'idée du voyage se gagne !

Le président ouvre la porte et arrête Dorante qui se préparait à aller surveiller son secrétaire. Solennellement, il annonce l'arrestation du coupable qui n'est autre, comme bien l'on pense, que le malheureux Corniquet. Il se dispose à l'interroger. Et on n'aura jamais vu pareil interrogatoire, d'une hilarité délirante, dans lequel le magistrat parle toujours en tirant les conséquences, sans permettre à l'accusé de prononcer un mot pour sa justification. Et, comme logique de raisonnement, je me contente de citer ce passage :

Le Président

Ainsi, malheureux, tu as assassiné un homme.

Corniquet

Mais je n'ai assassiné ni homme ni femme.

Le Président

Il faut cependant bien que ce soit l'un ou l'autre.

Corniquet

A moins que ce ne soit personne.

Le Président

C'est impossible, car il n'y aurait pas eu de meurtre.

Corniquet

Eh bien, il n'y a peut-être pas eu de meurtre.

Dorante

C'est plus impossible encore ; est-ce que Crispin ne s'est pas assuré de l'existence du crime ?

Le Président

Crispin ! il s'est seulement assuré de la personne du criminel.

Corniquet

Donc, Monsieur le président ?

Dorante

Donc, c'est vous qui êtes le criminel, puisque c'est vous qu'il a pris.

Qu'en pensez-vous de cette scène? n'est-elle pas la scène, la vraie scène à faire dont parle souvent M. Francisque Sarcey? N'est-elle pas assez moliéresque? Le débrouillard Dorante la termine en obtenant de La Pommeraie de signer le fameux rapport et en obtenant aussi le désistement de Corniquet.

Crispin et Labranche survenant, expliquent que le meurtre du Grand-Cerf était un faux bruit. Qu'il n'y a pas eu de meurtre, qu'il n'y a donc pas de coupable.

Tout est donc éclairé. Tout est donc pour le mieux dans le meilleur des mondes, comme aurait dit Fontenelle.

Ah! comme le dit Dorante, comme morale à tirer de cette comédie tout à la fois de mœurs et de caractères, c'est que *les apparences sont bien trompeuses et que les circonstances peuvent faire un grand criminel du plus innocent de tous les hommes.*

Cela se voit tous les jours, et sans rappeler l'affaire Calas, il serait facile d'indiquer les noms de condamnés qui n'étaient pas coupables et qui ont été reconnus comme tels. Cela a été de tout temps. Ne voyons-nous pas encore aujourd'hui les journaux citer des erreurs judiciaires?

Il est donc vrai de dire que la justice humaine n'est pas impeccable.

Et à la scène finale, les deux époux se retrouvent ensemble après avoir été séparés par un coup de canif dans le contrat.

Corniquet pousse un soupir de soulagement et il s'écrie : *Je suis content.*

Il pouvait l'être.

Cela dépend des goûts et des tempéraments. Il y aura toujours des Ménélas. Il y aura toujours des Sganarelle.

Il n'y a plus rien à dire puisque Corniquet est content.

Un critique écrit que le *Conseiller rapporteur* pèche d'un bout à l'autre par l'invraisemblance des détails, la faiblesse de l'intrigue et par-dessus tout par l'absence complète de véritable force comique.

A mon avis, cette appréciation pourrait être fondée, s'il se fût agi d'une peinture de mœurs contemporaines. Mais là n'est pas le cas, l'auteur nous a prévenu. Elle date du temps de Lesage, cette pièce... Alors la critique tombe.

Il est aisé toujours de blâmer. Mais cela ne suffit pas. Il faut aussi être juste.

L'invraisemblance des détails n'existe pas si on se reporte au temps où Delavigne fait passer sa pièce. Pour s'en convaincre il suffit de lire des comédies de la même époque.

Dire qu'il y a de la faiblesse dans l'intrigue, cela n'est pas non plus bien exact. Il suffit de lire l'analyse qui précède pour avoir la preuve du contraire.

Quant à l'absence complète de véritable force comique, en lisant les scènes principales de l'œuvre, il est facile de voir que cette véritable force comique que le critique que je viens de citer semble méconnaître, existe bel et bien et que même on serait plutôt fondé à reconnaître de la charge, et du gros rire gaulois que nous trouvons dans Rabelais et dans Molière.

XX

Charles VI.

Charles VI, opéra en cinq actes en société avec M. G. Delavigne, a été représenté pour la première fois à Paris, sur le théâtre de l'Académie royale de musique, le 13 mars 1843. Musique d'Halévy.

Les interprètes étaient : G. Duprez (le Dauphin), Barroilhet (Charles VI), Levasseur (Raymond), Canaple (Bedfort), Massol (l'homme de la forêt), F. Prévot (Tanguy Duchâtel), Poultier (Gontran), Octave (Dunois), Mᵐᵉ Stolz (Odette), Mᵐᵉ Donis Gras (Isabeau de Bavière).

Divertissements de Mazilier. Décors de Philastre, et Cambon, Sechan, Dutertre et Desplechin.

La chanson nationale, *Guerre aux tyrans*, est devenue populaire. Le duo des Cartes, le sextuor du 4ᵉ acte, la chanson soldatesque avec accompagnement de tambour, comptent parmi les meilleures pages de la partition.

Une reprise de cet opéra avec changements, a eu lieu le 4 octobre 1847.

Le *premier* acte se passe dans une métairie ; le *second acte* dans un salon de l'hôtel Saint-Paul ; le *troisième acte* dans une tente devant la maison de Raymond ; le *quatrième acte* dans la chambre à coucher du roi ; le *cinquième acte* dans un site agreste au bord de la Seine.

« De tous les livrets modernes, écrit Larousse, celui de *Charles VI* « renferme le plus de remarquables vers; les situations en sont dra- « matiques et intéressantes. La musique de Halévy est pleine de beau- « tés de premier ordre. »

A l'origine, cet opéra a eu plus de cent représentations.

Est-il bien utile de faire l'analyse de cette œuvre ? Je ne le pense pas. Tout un chacun connaît les paroles et la musique de cet opéra qui est devenu populaire, de cette œuvre qui, ainsi que l'a écrit un critique, *fait le plus grand honneur à l'école française*.

C'est le plus bel éloge que l'on puisse en faire, tant à l'égard du livret qu'en ce qui concerne la partition.

La première représentation de *Charles VI* fut incertaine jusqu'au dernier moment.

A la répétition générale M. Duchâtel, ministre, a été singulièrement choqué de ce couplet répété en chœur au final du premier acte :

> Guerre aux tyrans! Poussons le cri de délivrance,
> Et la victoire y répondra.
> Guerre aux tyrans! jamais en France
> Jamais l'Anglais ne régnera.

M. le ministre signifia au directeur, au compositeur et aux poètes qu'ils eussent à changer ces paroles, sinon qu'il retirerait l'approbation donnée par ses propres bureaux.

Cette affaire *d'État* fut soumise au conseil des ministres dont faisait partie alors le maréchal Soult.

Le ministère comprit. Il céda.

Il y a dans la pièce imprimée ces vers chantés par Tanguy ou Tanneguy Duchâtel :

> Sur ce fer, devant Dieu, jurons,
> De n'avoir plus l'Anglais pour maître.

M. Duchâtel ou ses censeurs exigèrent le changement de ce dernier vers et on y a substitué ces mots :

> D'être affranchi du joug d'un maître.

La mise en scène fut très brillante.

Poultier chanta avec un charme infini, la chanson du cinquième acte. Mme Stolz chanta toute sa partie avec une vigueur et une puissance dramatique qu'on avait déjà admirées chez elle dans la *Favorite*, dans le *Freyschuts*, dans la *Reine de Chypre*.

L'opéra de *Charles VI*, j'allais l'oublier, a failli s'appeler *Odette* (jouée par Mme Stolz), mais malgré la condescendance qu'affectait l'Académie royale pour la prima dona, ce caprice n'a pas été satisfait, écrit un critique.

Voici comment ce même critique raconte la difficulté survenue à la dernière heure et qui devait empêcher la représentation.

« Il s'agissait d'un veto mis par la censure sur ces deux vers :

> Guerre aux tyrans! jamais en France,
> Jamais l'Anglais ne régnera.

« Il faut vous dire que dans la première copie du manuscrit il y avait : « *guerre aux Anglais* au lieu de *guerre aux tyrans;* mais que sur une

« observation partie du ministère de l'intérieur, l'auteur avait consenti
« à la modification qui a eu lieu. Cependant le mot anglais figurait
« encore dans le deuxième vers et c'était là un des tourments de la cen-
« sure. Dire que l'Anglais ne régnerait jamais en France, quelle audace !
« Les pourparlers recommencèrent et la chose dura jusqu'au jour de la
« représentation. Enfin de guerre lasse, M. Casimir Delavigne s'en est
« plaint à M. Guizot qui, après une résistance assez longue, a consenti à
« se mêler de l'affaire. Le bureau de censure a levé l'interdit et l'opéra
« a été joué. »

XXI

Mélusine. — Derniers chants.

En parlant de la scène capitale de cette œuvre, *Mélusine*, Delavigne
disait peu de temps avant de mourir : « Si j'avais fait cette scène, je
« serais mort. »

« Lorsque Casimir fut surpris par la mort, quatre actes de cette tra-
« gédie étaient terminés, mais malheureusement un acte et demi seule-
« ment était écrit » (1).

Ce qui est resté de *Mélusine* a été publié avec les *Derniers chants,
poèmes et ballades sur l'Italie* (2) par les soins du fils du poète.

Ces reliques poétiques ont été dédiées à la ville du Havre.

En voici la dédicace :

« C'est remplir le vœu de mon père que d'offrir un dernier ouvrage à
« la ville du Havre qu'il a tant aimée. Qu'elle veuille bien l'accepter
« comme une preuve de ma profonde reconnaissance pour l'hommage
« qu'elle a rendu à sa mémoire. »

D. CASIMIR DELAVIGNE.

Les derniers chants se composent des deux premiers chants de la
Ballerine, de celui de *Memmo*, de celui du *Prêtre*, de celui du *Miracle*,
des *Ballades*, de la *Brigantine*, de *Piétro*, de *La toilette de Constance*,
d'un *Conclave*, de neuf autres pièces de vers parmi lesquelles se trouve
Adieu à la Madeleine, propriété de campagne de Casimir Delavigne,
vendue par lui dans des circonstances particulières.

Piétro. — Ballade.

Le cœur de Piétro palpite d'amour pour Nanna :

> Nanna m'appelle.
> Elle est si belle,
> Je l'aime tant,

(1) Germain Delavigne.
(2) Janvier 1845.

répond toujours l'amoureux. Sa mère le supplie-t-elle de ne pas partir ? La mère le prévient-elle de la tempête qui sévit ? Son frère mort réclame-t-il une prière avant que lui aussi, n'aille le rejoindre dans la tombe ? Le glas funèbre se fait-il entendre ? Qu'importe à Piétro ! Il saute, il rit, il chante :

> Nanna m'appelle,
> Elle est si belle,
> Je l'aime tant.

Mais soudain, un cortège funèbre passe devant lui. C'est elle, l'adorée que l'on transporte au champ du repos. Alors Piétro,

> Pâlit, soupire
> Et puis expire
> En répétant:
> Nanna m'appelle,
> Elle est si belle,
> Je l'aime tant.

L'amoureux rejoint l'amoureuse dans l'éternité.

La Ballerine. — *Poème.* — *Les deux premiers chants.*

Ce poème devait se composer de quatre chants. Au moment de la mort de l'auteur, les deux premiers seuls étaient terminés, ainsi que l'indique une note en tête de la publication.

CHANT PREMIER. — *Nice.*

La jeune fille dit ingénuement aux passants :

> Engagez qui vous plaira
> Pour danser la tarentelle,
> Je suis un enfant, dit-elle,
> Mais cet enfant grandira.

Que lui importe que les pêcheurs suivent les pas de sa sœur aînée ? Elle aussi aura son heure. L'essaim ne bourdonne dans le verger que lorsque les myrtes sont en fleurs, la grenade n'est cueillie que lorsqu'elle est gonflée.

Patience donc.

Nice déjà a les dents blanches, le sein arrondi, la jambe belle,

> Les pieds mignons et l'œil noir,

les bras jolis.

Qu'attend-elle alors ? Elle va nous le dire :

> Vienne la Saint-Janvier et j'aurai, si je veux,
> Sur mes pas plus d'amoureux,
> Que les ans n'ont de dimanches.

Le rêve de Nice, n'est-il pas le rêve de toutes les jeunes filles ? Le poète n'a-t-il pas voilé leurs pensées dans ses vers ?

CHANT DEUXIÈME. — Nice est devenue la Ballerine,

> Qui fait fureur à San Carlo.

Et celle qui l'autre jour encore donnait sans compter des baisers,

> Offerts à tous sans intérêt,

maintenant

> N'en donnerait pas un pour tout l'or de l'Église,
> Quand un cardinal l'en prierait.

Aujourd'hui,

> ....elle aime,
> Elle ne donne et ne vend plus rien.

Elle aime le duc de San Severo.

> Je vous l'ai dit, elle aime et cette flamme
> A la pureté d'un beau jour,
> Le véritable amour est entré dans son âme,
> Et la pudeur avec l'amour.
> ....
> Elle est plus que charmante, elle est plus que fidèle,
> Elle est chaste avec son amant.

Combien il est regrettable que le poète n'ait pas achevé sa pensée ? Cette pièce aurait été un pendant à celle de *Memmo* dont je vais m'occuper après la *Grotte du Chien*.

La Grotte du Chien. — *Ballade.*

Le chien est le plus fidèle ami de l'homme. Eh bien, pour une piastre, on tuerait son plus fidèle ami. C'est là le sentiment qu'a voulu peindre le poète dans sa pièce. Ce chien se plaindra-t-il ? non, son maître n'est-il pas pour lui un ami ? Que lui demandera-t-il avant de mourir ? une dernière caresse.

Memmo. — *Poème*.

CHANT PREMIER. — *Le Chevrier*.

Memmo, c'est encore *Piètro amoureux.*
Nanna n'est plus l'amante cette fois, c'est Adda.

> Je t'aime Adda, je meurs pour toi.
> N'auras-tu pas pitié de moi.

Cette belle, entre toutes les belles, restera-t-elle insensible à la prière de son amant ? Toujours, elle. Il la voit le jour, il la voit la nuit :

> Si je rêve de toi, le feu court dans mes veines,
> Je m'éveille et mon œil t'admire où tu n'es pas.
> Je couvre de mes pleurs, je serre dans mes bras
> Ta vaine image en proie à mes caresses vaines.
> Ma bouche qui te cherche, et tremble de désir,
> Irrite en s'abusant l'ardeur qui me dévore
> Et s'entr'ouvre pour ressaisir
> Un bonheur qu'elle rêve encore.

Pour sa belle que ne ferait pas Memmo. Il donnerait son sang, son seul bien, une croix d'ébène, sa guitare. Il tuerait même son chien, sa chèvre.

Mais la cruelle semble ne pas l'entendre. Il se meurt le charmant chanteur, l'habile guitariste, le pauvre chevrier. Adda l'aura voulu.

CHANT DEUXIÈME. — C'est la réponse d'Adda.

> Va, chevrier, dans la campagne
> Chanter de buissons en buissons,
> Jamais fille de nos montagnes
> Ne se donna pour des chansons.

Elle, la fille d'un bandit dont le père a été mis en croix, qu'exige-t-elle de Memmo ? Que lui aussi soit un bandit. La force ne lui manque pas. Elle dit à l'amoureux :

> Le ciel est noir, la nuit profonde,
> Écoute et comprends si tu veux :
> Les trois soldats qui font la ronde
> Vont passer dans le chemin creux.
> Adieu si le terrain te glace.
> A revoir si tu suis leurs pas.
> Qu'un des trois reste sur la place.

Voilà le prix qu'elle donne à son amour.

CHANT TROISIÈME. — *Les Présages.*

Adda berçait son enfant dans ses bras
Et Memmo ne revenait pas.

Et Adda continuait à dire à son enfant :

Dors, cher petit, dors mon amour,
Et sois brave comme ton père.

Mais, l'enfant, lui, ne pouvait dormir.
Ah ! c'est que de mauvais présages hantaient son imagination.
Et le pauvre petit interrogeait sa mère :

Mère, entre Rome et Terracine,
Que fait mon père chaque nuit ?
L'air des marais tue à minuit
Et sur la route on assassine.

Et la mère continuait toujours à bercer son enfant. Mais lui continuait
à penser. Il voyait apparaître l'oiseau des morts, il entendait les aboie-
ments sinistres des chiens du berger, et voyait s'éteindre le cierge de
la Vierge que son père avait allumé avant de partir ; il entendait trois
coups de fusil, puis les plaintes d'un mourant.
L'enfant avait peur et disait à sa mère :
Mon Dieu ! Quand donc viendra le jour.
Mère, prions. J'ai peur ma mère.

Et la mère répondait à son enfant :

Dors, cher petit, dors mon amour,
Et sois brave comme ton père.

Le pauvre enfant s'endormit dans les bras de sa mère. Son père n'était
pas encore là.

CHANT QUATRIÈME. — *La mort du bandit.*

Les présages de l'enfant étaient vrais. Memmo était mort. Ses compagnons l'avaient rapporté dans l'antre.
Il est là, respirant encore, ce bandit qui souvent avait donné la mort
aux autres, se débattant contre cette mort même qui trouvait en lui ce
jour-là sa proie, disant à son mousquet :

Pour me venger dans une main plus sûre
Passe aujourd'hui

Un moine vient à passer :

> Avec respect on s'incline, on s'arrête.
> Il s'approche, guidé par un bandit.
> Sans résister, sans relever la tête
> Et pas à pas, de peur qu'on entendît
>   Sonner sa quête.
> Il fit tout bas plus d'un acte de foi
> On pense à Dieu quand on tremble pour soi.

Le prêtre va donc où le devoir l'appelle, devrait-il trouver la mort, en franchissant cet antre, tombeau de Cicéron, devenu un repaire de brigands.

Le bandit alors se confesse, fait son testament. A son Adda, il donne ses joyaux, sa croix au Saint Lieu, son mousquet à un bandit, sa bourse au moine, son âme à Dieu,

> S'il veut la prendre.

Adda est là maintenant. Elle a amené son fils. Memmo embrasse sa femme, embrasse son enfant. Dans l'âme du bandit, se révèlent des sentiments nobles et généreux. Et lui qui va mourir sourit encore à sa belle, la couvrant de baisers.

> Qu'ils sont doux dans une embuscade
> D'un bandit les baisers muets.
> . . . .
> Te souvient-il, ô ma belle compagne,
> De ce baiser donné sur la montagne
>   Par ton époux,
> Baiser d'amour, baiser de fiançailles,
> Il fut plus doux, plus ardent qu'aujourd'hui,
> Quand j'étouffais tes cris dans les broussailles.
> Un seul encor !... mais glacé... c'est celui
>   Des funérailles.

Et avant de rendre le dernier soupir, Memmo dit à Adda d'aimer un brave qui l'aimera et aimera l'enfant. Quant à son fils, qu'il suive son exemple, qu'il vive et qu'il meure « en bon chrétien ». Sa mère ne manquera pas de lui apprendre ce qu'il doit faire pour venger son père.

Memmo, le bandit, est mort après avoir été aimé.

> Un cardinal ne l'est pas davantage
> Par les neveux dont il meurt assisté.

Ce qui, entre parenthèses, n'est peut-être pas exact.

Salves d'adieu, retentissez dans l'air.
Couvrez la voix de son enfant qui crie.
Tonnez, mousquets!... Pour le ciel ou l'enfer
L'âme est partie.

Maintenant le bandit est devant Dieu qui lui pardonnera sans doute.
Et comme le prêtre, Dieu lui dira :

.... Mon fils qui n'a ses torts
Dans ce bas monde!

« Viens, tu es mon fils, tu t'es repenti.
Jésus, sur la croix, n'a-t-il pas pardonné au larron ?
Ceux qui sont plus éloignés du ciel en sont quelquefois plus près.

La toilette de Constance. — *Ballade.*

La jeune fille presse sa costumière :

Vite Anna ! vite au miroir
Plus vite Anna! l'heure avance
Et je vais au bal ce soir
Chez l'ambassadeur de France.

Et chez l'ambassadeur de France, quelqu'un l'attend : c'est celui
qu'elle aime.
Et Constance de renouveler son impatience :

Pressez-vous donc, si je tarde à partir
Laure avec lui peut danser la première.
Vite il brûle de me voir
Prends pitié de sa souffrance,
Vite Anna, je vais ce soir
Chez l'ambassadeur de France.

Et Anna fait pour le mieux pour plaire à sa jeune maitresse. Elle
se presse autant qu'elle peut; elle lui fait ses nœuds. place son saphyr;
elle lui met sa robe, son collier ; elle lui attache son bouquet.

Je suis à vous mon bon oncle, un instant.
Le Cardinal va monter en voiture.

Et déjà, dans son esprit, elle se voit dans les bras de son danseur.
dans le tourbillon enivrant de la valse.

Lorsque la valse en tournoyant
Un couple heureux qui s'unit, qui s'adore,
C'est comme un rêve où vos sens éperdus,

> Vos yeux mourants confondent les images,
> On croit glisser, voler sur les nuages.

Un dernier coup d'œil au miroir, puis elle va partir.
Mais, hélas ! une étincelle saute sur la robe de la jeune fille.
  Puis,

> L'horrible feu ronge avec volupté
> Ses bras, son sein, et l'entoure et s'élève
> Et sans pitié dévore sa beauté,
> Ses dix-huit ans, hélas ! et son doux rêve.

> Adieu bal, plaisir, amour,
> On se dit : Pauvre Constance !
> Et l'on dansa jusqu'au jour
> Chez l'ambassadeur de France

Cette pièce de vers rappelle un accident arrivé à une jeune fille du grand monde qui se préparait à aller au bal et qui, au dernier moment, fut victime, comme la Constance de Delavigne, de la proie des flammes.

Le poète s'est-il inspiré de ce tragique événement ? En tous les cas, il a écrit des vers saisissants de réalisme et susceptibles de faire revivre dans l'esprit de chacun un fait divers bien terrible qui, lorsqu'il se produit, ne manque pas d'émotionner ceux mêmes qui n'en sont pas témoins.

Si Delavigne eût vécu de nos jours, sans nul doute sa lyre eût été inspirée ces dernières années, par ce fait plus triste encore qui s'est passé dans une villa de Sainte-Adresse, si je ne me trompe, où une jeune fille qui dansait avec un valseur ne s'aperçut pas de suite qu'elle dansait... avec un cadavre.

La Toilette de Constance a été publiée dans le 2e volume des *Cent et une Nouvelles* en 1833. Elle a paru également dans la *Revue du Havre*, no 42, 10 novembre 1833.

Le Conclave.

> Taisez-vous, taisez-vous, le Conclave commence
> Tout est muet dans Rome ; au Vatican tout dort,
> Cessez, pieux concerts, cloches, faites silence,
> De Profundis.....le pape est mort.

Le Conclave est assemblé. Les princes de l'Église sont là tous réunis. Le sacrifice divin a été offert. Quel sera le nouveau pontife ?

C'est celui dont les mains s'ouvraient à l'indigence,
Dont le cœur n'a connu ni haine ni vengance,
Celui qui chaque soir, au pied du Roi des cieux,
Apportait pour offrande un jour irréprochable,
Le plus pur, le plus digne enfin, le plus semblable
Au Rédempteur divin.........................

Mais le Conclave balance. Son choix, quel sera-t-il aujourd'hui ? Ne sait-on pas qu'aujourd'hui,

Les sept péchés mortels ont porté la tiare.
Lequel choisira-t-on pour la porter encore ?

Les membres du Conclave ont des candidats, favoris des grandes puissances. Et Dieu pour qui est-il ? Ce qui fait dire au poète :

...................Mais Dieu qui vous écoute,
Il est pour la vertu dont vous ne parlez pas.

Le Conclave en vain s'est réuni. Le Pape n'est pas nommé.
La Mort apparaît à son tour. Elle aussi apporte son bulletin.

....Dans la tombe,
Le premier de vous tous qui descendra, c'est lui.

Le Prêtre. — Un autre poème composé de huit chants.

Le premier est intitulé l'*Enfant de Chœur*,

Ce lis qui fleurit solitaire
Dans le cloître des Célestins.

Loin du bruit du monde, toujours au milieu de ces objets sacrés qu'il a vus dès sa plus tendre enfance, admirateur passionné des pompes du culte, pratiquant fervent de ses devoirs religieux, il vit là dans ce couvent de moines, étranger à tout, ne connaissant rien de la vie.

Au chant suivant, l'enfant de chœur est devenu un jeune prêtre. Si l'amour de Dieu a parlé en lui un jour, les sens parlent aujourd'hui. Comme saint Antoine il est tenté par la femme. Mais, moins heureux que ce saint, il succombe...

Les remords l'accablent. De cet amour humain sont nés deux enfants. Il est à la fois père. Mais il a beau essayer de chasser la vision. Cette vision revient :

....Elle est là toujours belle et demi-voilée.
Il laisse choir son corps au pied d'un mausolée.

Il s'y couche éperdu pour y finir ses maux,
Pour y figer son sang dont l'ardeur est un crime,
Pour y glacer son cœur, sa vie; et, des tombeaux
La pierre qu'il réchauffe entre les bras s'anime.

Le poète implore pour le prêtre, celui qui a créé l'amour dans toute créature :

Au prêtre qui t'implore, accorde ton appui,
Toi qui voulus, grand Dieu, que toute créature
Obéit, hors lui seul, au cri de sa nature.
Dieu, prends pitié du prêtre, étouffe l'homme en lui.

CHANT TROISIÈME. — *Le Vendredi Saint.*

C'est le Vendredi saint, jour propice au recueillement, au repentir, anniversaire de la mort d'un Dieu, elle vient se prosterner à l'heure où le Grand Crucifié a rendu le dernier soupir. Au pied de son prêtre, elle avoue sa faute.

J'aime et celui que j'aime est prêtre comme toi.
. . . .
Il a ta voix celui que j'aime,
Il a ta ferveur en priant,
S'il sourit, sa grâce est la même;
Dans les yeux de celui que j'aime
Brille ton regard foudroyant;
En lui, c'est toi que je redoute,
C'est toi, qu'en l'écoutant, j'écoute
Toi que je vois en le voyant.

Elle tombe inanimée au pied de son amant.

Adrien pousse un cri, se lève
Et s'enfuit en la maudissant.

CHANT QUATRIÈME. — *La Veillée.*

Ici, nous assistons à une scène des plus dramatiques.

Celle qui a aimé Adrien, celle qu'il a maudite, se meurt, et on vient appeler le frère Adrien pour apporter les derniers secours de la religion à la moribonde.

Plus vite, elle se meurt; toi qui l'as pu maudire
Pourras-tu la sauver ?

A la suite se trouve cette strophe superbe, Rome vue la nuit :

> Oh ! qu'à cette heure solennelle,
> Rome est sublime dans la nuit,
> Qui ne l'a vue à minuit,
> N'a pas vu la ville éternelle.
> Que de grandeur ce calme ajoute à la beauté.
> Dans quel recueillement jusqu'au jour on prolonge
> L'inexprimable extase où son aspect vous plonge,
> Tout est silence, à moins que l'airain agité,
> Pour lui parler du Temps ne résonne dans l'ombre,
> Ou que les vents des nuits ne détachent un décombre
> De son éternité.

Bien qu'il eut précipité le pas, frère Adrien arrive trop tard, celle qu'il a aimée, celle qu'il a maudite n'est plus.

Devant ce cadavre, lui, le vrai coupable, le prêtre versa des larmes.

Accablé par la douleur, rongé par le remords, il dit :

> C'est ma faute. O mon Dieu, fais grâce
> A l'amie qui monte vers toi.
> Punis ma faute et que sur moi
> Tombe l'arrêt qui la menace.
> De la miséricorde ouvre-lui le trésor,
> Prends pour la racheter, mes veilles, mes tortures ;
> Prends mes pleurs, prends le sang qui sort de mes blessures ;
> Prends ce cœur qui voudrait s'unir à son essor ;
> Mes jours, mon avenir, mon éternité même :
> Prends tout ; vivante, ô Dieu, je l'aimais et je l'aime,
> Morte, je l'aime encor !

Il semble entendre la voix de celle qu'il aimait, de celle qu'il a maudite, répéter avec un dernier sourire :

> Tu m'aimais.

Non, non. il se trompe, la morte n'a pas parlé. Elle est dans l'Enfer. Le frère Adrien veut fuir. Cela lui est impossible... il reste, et ajoute le poëte :

> Anges, fermez les yeux.

CHANT CINQUIÈME. — *Le dernier jour du carnaval.*

Vingt ans se sont écoulés. Rome. ce jour-là, est dans l'allégresse. Un jeune homme, l'âme triste. reste indifférent à cette joie populaire. Que se passe-t-il donc ? O Rome. as-tu remporté une nouvelle victoire ? Est-ce un nouveau Cincinnatus, un nouveau Scipion, un nouveau Paul-Émile,

un nouveau descendant d'Octave que tu vas couronner de lauriers ?
Est-ce un pape qui va te bénir?

> Non ! ton héros, ton dictateur,
> Ton pontife triomphateur,
> Ton seul Dieu, c'est Polichinelle.
> Polichinelle en souverain.
> Rend ses décrets au Capitole.
> Rome a pour sceptre un tambourin
> Rome, la sainte Rome est folle.

O carnaval de Paris ! O carnaval de Venise ! pouvez-vous être comparés au carnaval romain ?

L'un se sent du froid, l'autre se sent de sa liberté perdue.

Et le jeune homme. qui avait vu défiler devant lui la mascarade, qui avait livré le soir la guerre au Moccolo. qui aurait voulu prendre part à tous ces plaisirs, s'en vint à la porte d'un monastère. et remet une lettre.

> Pour le frère Adrien.

CHANT SIXIÈME. —*La Lettre.*

C'est le fils qui, pour la dernière fois, écrit à son père ; c'est le fils que celui-ci croit mort et qui vit toujours ; c'est le fils qu'il a repoussé après l'avoir tant aimé ; c'est le fils qu'il devait soutenir ; c'est le fils qui est tombé dans le vice, qui a dissipé les biens de sa mère ; c'est le fils qui n'a eu personne à côté de lui pour lui donner le bon exemple, personne pour le guider ; c'est le fils respectueux des dernières volontés de celle qui lui a donné le jour. qui n'a pas trahi et ne trahira pas celui qui est son père ; c'est le fils qui réclame l'or, cet or qui vous fait vivre et qui semble devoir vous donner le bonheur ; c'est le fils qui, s'il ne voit pas sa demande admise, se laissera entraîner à commettre un crime pour en avoir de cet or ; c'est le fils qui, lorsqu'il frappera sa victime à minuit fera tressaillir son père ; c'est le fils qui, s'il est condamné pour cet acte, hantera de son souvenir l'esprit toujours agité de celui qui a été l'amant de sa mère ; c'est le fils où, à l'heure où le père viendra à disparaître d'ici-bas, sera tourmenté dans ses derniers moments par l'image de son enfant, une des victimes de son amour passager ; c'est le fils qui maudit son père :

> O mon père, soyez maudit.

Malédiction qui termine chaque strophe.

CHANT SEPTIÈME. — *Le Crime.*

Le frère Adrien veut empêcher son fils de commettre un acte criminel.

Il s'en vint donc à minuit, au lieu indiqué, apportant de l'or. En route, c'est à peine s'il peut marcher, l'esprit tourmenté de savoir s'i larrivera en temps. Et à cette heure, il éprouve la même torture que le jour où sa maîtresse était agonisante. Il implore Dieu. Et, dans sa croyance, après avoir eu la vision de celle qu'il aimait, arrivé au but, rendant grâce au Souverain Maître, il s'écrie :

> Il est sauvé : je te rends grâce,
> Mon Dieu, son bras n'a pas frappé,
> C'est ton espoir qui m'accompagne,
> Ta force a daigné m'assister.
> Et j'arrive au tombeau d'Ascagne,
> Encore à temps pour............

Le poète n'achève pas son récit. Le chant *huitième* nous dira ce qu'il en est advenu du fils et du père.

CHANT HUITIÈME. — *La Place du Peuple.*

> Encore à temps pour....... ....

recevoir de son fils, un coup de couteau. Et le frère Adrien

> ....Le fer dans le sein
> ....
> Voulut démentir l'assassin
> Qui vint se dénoncer lui-même.

On va conduire le criminel à l'échafaud. Et à côté de celui qui va mourir se trouve le frère Adrien

> A peine, il peut se soutenir,
> Plus pâle que ce misérable,
> On dirait qu'il est le coupable
> Et que c'est lui qu'on va punir,

excitant le condamné à bien mourir. Celui-ci écoutera-t-il la voix du prêtre, s'il n'écoute pas la voix de son père ?

> Au prêtre, à son père,
> Il vient de lui dire à voix basse,
> O mon père, soyez maudit.

Le criminel a satisfait à la justice des hommes.

Et maintenant

> La foule recule en s'ouvrant
> Pour deux corps qui traversent Rome,
> Pour un mort et pour un mourant,
> Le criminel et le saint homme.

La Villa Adrienne

Que reste-t-il de ce palais superbe habité par César Adrien ? Rien.
La terre sauvage croit maintenant sur ses ruines et les troupeaux viennent paître à l'entour.

La Fleur du Colisée, ressemble à la rose dont parle Malherbe dans ses stances à Des Perriers *sur la mort de sa fille.* Elle vit « l'espace d'un matin ».

> Tout passe et tant de grandeur
> Passera comme la fleur,
> Que nos lèvres ont baisée.

L'emblème de l'amour a disparu avec l'amour, si ce n'est même pas avant. Ainsi, il en est de toute chose, aussi bien de l'édifice que de l'amour. Tout disparaît dans ce monde. Tout se meurt. La plante s'en va, fanée. Le monument s'écroule. L'homme est couché dans un tombeau. Pour cela, il suffit de peu de temps :

> Vulnerant omnes, ultima necat.

Tout de ce qui est venu de Dieu revient à Dieu.

Un miracle. — *Poème.*

CHANT PREMIER. — *Le Retour du bal.*

Jamais artiste n'a peint une enfant plus belle que celle de Vanina ? La mère, restée veuve, n'a pas fait baptiser sa fille. Elle ne le fera que plus tard malgré ce que lui dit un cardinal romain. Pendant que la mère est au bal, l'enfant meurt Vanina se repent alors devant le baptistère :

> Hier encor, j'aurais pu la sauver,
> Et si mes bras, un jour devant sa perte,
> A l'eau céleste ici l'avaient offerte,
> Mon âme au moins saurait où la trouver.

Et la malheureuse femme se jette à genoux devant la Mère des Sept-douleurs à laquelle elle fait don de ses diamants et de la chevelure blonde de l'être adoré qui n'est plus :

> .... Et qu'il était sincère,
> Ce repentir si longtemps contenu.
> Ah ! cette mère aux genoux d'une mère
> Eut un langage à la terre inconnu.
> Qui lui dictait ce repentir si tendre ?
> Nul ne l'a su : mais ému de l'entendre
> Le marbre saint sembla gémir tout bas
> Et de la Vierge une larme divine
> Alla tomber sur la joue enfantine
> Du fils de Dieu qui dormait dans ses bras.

CHANT DEUXIÈME. — *Les Limbes.*

> Lieux qu'à peine vient éclairer
> Un jour qui sans rien colorer
> A chaque instant près d'expirer
> Jamais n'expire.

C'est là qu'il est allé l'enfant *au doux sourire*, l'enfant aux cheveux blonds, se souvenant du passé, de son berceau et de sa mère.

CHANT TROISIÈME. — *Jésus-Christ dans les limbes.*

Le divin Rédempteur s'en vint dans ces lieux de ténèbres. A son apparition, tous se réjouissent, lui forment une escorte et avec lui s'en vont au ciel. Un seul pourtant n'y entre pas, c'est l'enfant de Vanina. Qu'a-t-il donc fait le pauvre petit ?

CHANT QUATRIÈME. — *Le Retour de l'église.*

La mère pleure son enfant. Tout, sous ses pas le lui rappelle. Elle n'ose même pas ouvrir sa chambre où le cher être est encore dans son berceau. sans vie. Elle y entre pourtant, la mère infortunée. O miracle, que voit-elle ?

> Léa qu'elle pleurait, Léa morte la veille,
> Jouait dans son linceul souriante et vermeille.
> Léa plus belle encor, de ses fraîches couleurs,
> Sous les plis de ce blanc suaire,
> Ouvrit ses petits bras et lui tendit les fleurs
> De sa couronne mortuaire.

Une Étoile sur les lagunes, — qui continue son évolution à travers l'espace, sans s'arrêter à la recherche peut-être du bonheur, d'un autre astre, ses amours.

> Puis un an, puis un siècle passe,
> Puis encore un siècle et ton cours
> L'entraîne toujours dans l'espace,
> Loin de lui qui te fuit toujours.

Luis toujours, astre qui brille, éclaire les amoureux, ces chercheurs de bonheur si souvent déçus dans leur espérance.

Le Gondolier. — Gianetta n'est pas riche ; elle offre au bon gondolier un collier, un chapelet béni par un évêque. Elle est toute prête à chanter. Celui-ci refuse. Que veut-il donc ?

> Non, Gianetta, je veux plus,

répond invariablement le gondolier.

Enfin, il faut croire que la belle lui donna ce qu'il demandait, car sur l'autre rive la gondole aborda.

L'Âme du Purgatoire. — Il devait prier pour elle et lui n'a pas prié. La voilà encore captive dans ces tristes lieux où

> Les jours n'ont ni soir ni matin
> Et l'aiguille y tourne sans fin.

Mais pourquoi venir lui rappeler sa promesse, une autre ne l'a-t-elle pas remplacée dans son cœur ? Il ne priera pas. Elle retournera là d'où elle vient.

Cette poésie a été mise en musique par le compositeur Niedermeyer.

La Vache perdue.

> Reviens, Néra, reviens
> Ma vache, mon seul bien.

Quelque supplique que lui adresse son maître, Néra, *son seul bien*, ne revient pas. Elle reste sourde à l'appel. Il sera peut-être trop tard quand elle reviendra celle qui donnait le bien-être dans la demeure, qui a abandonné son étable.

Le Passage du mont Saint-Bernard. — La seule pièce de vers de ces chants consacrés à l'Italie où se trouve être mêlé le patriotisme, les autres, ainsi qu'on a pu le voir, étant consacrés à la religion ou à l'amour.

Elle semble être un cri de guerre poussé contre l'Italie, du haut de ces monts célèbres, par les soldats de Napoléon 1er :

> Les trois couleurs sont parvenues
> Au sommet du pic indompté
> Et font luire à travers les nues
> L'arc-en-ciel de la liberté
> Puisse-t-il, fidèle à sa gloire,
> Ne jamais pâlir dans l'histoire.

Épilogue. — Toutes les pièces de vers que je viens d'analyser ont été écrites en Italie.

Celle-ci, écrite à Paris, est comme un dernier adieu adressé par le poète à cette terre hospitalière, à ce beau ciel sans nuage.

Le poète se demande :

> D'où vient que loin de toi mon cœur ému ressent
> Ce doux mal que loin d'elle on sent pour sa patrie ?

Reverra-t-il cette terre, ce ciel ? sans doute que non.

Mais aujourd'hui, il vient de revivre ces jours de bonheur,

> .... Jamais oubliés mais passés pour jamais.

Eh oui, le poète, l'auteur dramatique, a remporté un triomphe. C'est l'Italie qui le lui a valu. *Marino Faliero*, cette tragédie vénitienne a été jouée à Paris.

Il dédie donc cette pièce à la terre italienne, au ciel italien.

> Ah ! qu'ai-je dit ? ces jours que je croyais perdus,
> Que je redemandais au soleil d'Italie,
> Un seul jour les vaut tous et me les a rendus.
> Ils brillent à mes yeux sur la France embellie.
> Celle de qui l'image accompagnait mes pas,
> Dans ce dernier palais des héros de Venise,
> Funèbre monument peuplé par le trépas
> Où l'immortalité sur la tombe est assise.
> Celle à qui j'ai juré de ranimer ses morts,
> Tremblante de ma crainte, heureuse de ma joie,
> Elle a vu le succès couronner mes efforts.
> Cette gloire est la sienne et je la lui renvoie.
> Oui, ces frémissements d'un plaisir douloureux,
> Ces cris des spectateurs, ces pleurs versés par eux ;
> Ce pouvoir d'exciter l'espoir ou les alarmes.

> D'emporter avec soi les cœurs dans son essor ;
> Ce triomphe enivrant a d'ineffables charmes ;
> Mais un de ces regards m'enivrait plus encor.
> Et j'aurais tout donné pour une de ses larmes.

Il y a lieu d'ajouter que cette pièce de vers fut composée le lendemain de la première représentation de *Marino Faliero* et envoyée comme dédicace.

Ces chants sur l'Italie sont admirables. Ils ont l'avantage de faire revivre des caractères, de peindre les richesses qui encombrent cette terre.

Lisez la *Brigantine*, *Pietro*, la *Ballerine*, *Memmo*, la *Toilette de Constance*, le *Gondolier*, c'est l'Italie amoureuse.

Lisez la *Grotte du Chien*, la *Vache perdue*, c'est une peinture de mœurs supplémentaire.

Lisez un *Conclave*, une *Ame du Purgatoire*, c'est l'Italie religieuse.

Lisez un *Prêtre*, un *Miracle*, c'est l'Italie à la fois religieuse et amoureuse.

Lisez la *Villa Adrienne*, c'est l'Italie ancienne, l'Italie disparue.

Lisez une *Étoile sur les lagunes*, c'est l'Italie et son ciel pendant la nuit, sans oublier le chant quatrième du *Prêtre*.

Lisez le *Passage du mont Saint-Bernard*, c'est l'Italie vaincue par ces géants, conduits par cet autre géant appelé Napoléon.

Lisez tout, et à chaque page vous rencontrerez cette Italie sublime, au ciel plus sublime encore, cette Italie amoureuse, pétrie de religion, criminelle, artistique, folle de plaisirs, cette Italie admirable par son site, supérieure par les arts, extravagante par ses mœurs, cette Italie volcanique tant par sa terre que par ses idées, trouvant le moyen de marier ensemble ce qui ne doit jamais être uni, c'est-à-dire la religion, le crime, l'amour, les plaisirs.

A la suite de ces chants sur l'Italie se trouvent deux pièces de vers : le *Maronnier d'Elisa*, *Adieu*.

Je ne m'arrêterai pas à la première et je passerai de suite à la seconde.

Le poète dit un dernier *Adieu à la Madeleine*, cette retraite champêtre dont je parlerai dans un autre chapitre, où l'auteur aurait voulu terminer ses jours.

> Adieu, chers témoins de ma peine :
> Forêt, jardins, flots que j'aimais.
> Adieu, ma fraiche Madeleine,
> Madeleine, adieu pour jamais.

Je pars, il le faut et je cède ;
Mais le cœur me saigne en partant
Qu'un plus riche qui te possède,
Soit heureux où nous l'étions tant.

Cette pièce a été mise en musique par Amédée de Beauplan sous le titre : *Adieux à la Madeleine*, mélodie. Paris, Benard, in-4°, 1884.

Mélusine. — *Tragédie inachevée.*

1er acte. — La scène est en Palestine en 1118.

Le premier acte se passe dans une salle gothique. Gontran appuyé sur une table, où une lampe brûle devant lui, dort quand Mélusine apparaît. Elle vient chercher un livre que Gontran lui a enlevé. Le Coran, l'Évangile sont sous sa main.

Deux écrits qu'ici-bas on ne lit qu'à genoux,
Oui, l'un est vrai pour eux et l'autre vrai pour nous ;
Mais, rien sous le soleil, n'est vrai pour tous les hommes.
Qu'est-ce donc que savoir ? c'est douter et nous sommes
Ramenés par le doute au besoin de savoir,
Cercle où tourne sans fin notre esprit sans pouvoir.

A ce moment, au dehors, l'orage éclate avec plus de violence. Gontran commence à parler à un personnage invisible. Il ordonne de dire aux vents de s'apaiser, aux eaux de rentrer dans leur nid, au tonnerre de ne plus gronder.

Mélusine se montre alors à Gontran, étonné de la voir. Il lui fait même le reproche d'être venue là. Que veut-elle ? l'épier encore sans doute? Et la jeune fille répond : je viens étudier. Personne ne doit rentrer ici maintenant, dit Gontran. Et il ordonne à Mélusine de sortir.

Celle-ci va pour obéir quand, revenant sur ses pas, elle lui demande : « Mais à qui donc parliez-vous tout à l'heure ? ».« Je rêvais, reprend Gon-« tran, si les éléments ont obéi à ma voix, c'est le hasard qui a fait tout ».

Mélusine éprouve quelque doute à ce sujet. Gontran essaie de la convaincre et lui dit :

.... Laissez les vulgaires esprits
Croire à ce merveilleux dont ils sont tous épris,
Que souvent d'un hasard l'homme fait un miracle !

Et Gontran se reproche d'avoir trop enseigné à la jeune fille qui, l'esprit tourmenté, croit un jour devenir reine, elle, la fille de Lusignan, que la mort a empêché de régner sur la Syrie. O combien est plus heureuse Mathilde, sa sœur ! Gontran ajoute :

> Imitez votre sœur : aucun soin ne tourmente,
> Le repos de ses nuits, le calme de ses jours ;
> Mathilde est plus heureuse et le sera toujours.

Que veut Mélusine ? l'accomplissement d'un rêve.

> . . . . Je rêvais cette joie infinie,
> De commander aux flots, de gouverner les airs,
> J'avais pour messager les vents et les éclairs,
> Les astres pour sujets, l'univers pour domaine,
> Et voyais en soufflant sur la grandeur humaine,
> Tout s'abaisser d'effroi devant ma volonté.
> Oui, j'ai de ce pouvoir rêvé l'immensité.

C'est là peut-être de la démence. Maintenant que la couronne de Jérusalem est veuve de son roi, elle voudrait pouvoir dire à cette couronne, véritable hochet des grandeurs humaines,

> Au front de ce héros tombe, car je le veux.

Quel est ce héros ? demande alors Gontran. Le plus digne, répond la jeune fille, qui va pour saisir le livre que veut lui cacher celui qui lui a servi de père.

Et Mélusine reproche à Gontran ses bienfaits :

> Vos bienfaits, où sont-ils ? que m'avez-vous appris ?
> L'ordre du temps, le sens d'un vain amas d'écrits,
> Les mouvements des cieux et la vertu des plantes,
> Quels bienfaits ? j'ai calmé des tortures brûlantes,
> J'ai guéri bien des maux et je ne puis guérir,
> Un mal dont les bienfaits me laisseront mourir.

Et Gontran à nouveau lui démontre son erreur :

> Ce pouvoir, c'est le fer dans les mains d'un enfant,
> C'est le feu ; c'est le fruit dont l'arbre de Sodome
> A notre bouche avide offre le doux fantôme.
> Vermeil, il brille aux yeux des plus beaux dons du ciel ;
> Au goût, ce fruit de mort n'est que cendre et que fiel.

Et cette scène prend fin à l'arrivée de Mathilde, qui croyait que sa sœur se trouvait en danger, en entendant le tonnerre.

Ah ! c'est que, continue Mathilde,

> . . . . Au monde,
> Pour toujours, comme moi, quand on va dire adieu,
> On entend dans ce bruit la grande voix de Dieu.
> Son nom, mon seul recours, s'échappa de ma bouche ;
> Sous le rameau béni qui protège ma couche,

> Mouillant mon front d'eau sainte et pliant les genoux,
> Je priai, chère sœur, non pour moi, mais pour vous ;
> Pour vous aussi, Gontran, pour la nature entière,
> Et le calme sembla renaître à ma prière.

Lorsque Mathilde demande où est Baudouin, Mélusine répond qu'elle espère que celui-ci est victorieux, car, quel héros défendrait sa cause s'il n'était pas là. Gontran répond : « N'y a-t-il pas Raymond ? N'y a-t-il pas Tancrède ? »

> Tancrède, ce géant de l'étendard sacré,
> Qu'on voit déjà vainqueur quand il dit : je vaincrai.
> . . . .
> Que jamais sous le ciel, au champ comme au tournois,
> Musulman ni chrétien n'a combattu deux fois.

Mélusine préfère Baudouin. Quant à Mathilde, elle n'a aucune préférence. Seule sa sœur est l'unique objet de son amour. Gontran reprend l'éloge de Tancrède, ce frère d'armes de Lusignan, qui

> Lui fit contre la mort un rempart de son bras.

Baudouin retournera en France.

Le son d'un cor retentit à la porte du château. C'est sans doute un pèlerin. Gontran se retire, emportant toujours avec lui ce livre qu'il veut cacher à Mélusine.

Alors se passe une scène entre les deux sœurs où Mathilde démontre à Mélusine que celle-ci est aimée de Baudouin. Elle n'en peut douter maintenant.

Surgit Baudouin revenant du combat sain et sauf, devançant les blessés que Mélusine voudra bien soigner, et les sauver,

> Ces débris expirants d'une sainte victoire.

Oh ! oui, s'empresse de répondre Mélusine.

> Qu'ils viennent ! à mes soins vos amis ont des droits,
> Comme vous au bandeau qui ceint le front des rois,
> La voix de vos égaux dont le conseil prononce,
> Cet exploit vous l'assure, il vous nomme, il annonce
> Que dans Jérusalem demain vous régnerez,
> Sur des sujets par vous vainqueurs ou délivrés.
> . . . .
> . . . . Demain
> Le sceptre que leurs vœux mettra dans votre main,
> Devancera la Croix et marchant à leur tête,
> Fera trembler l'hébreu et pâlir son prophète.

Non, répond Baudouin, la couronne appartient au frère du roi quand celui-ci est absent. Et en tous les cas, cet honneur appartiendrait plutôt à Tancrède, le plus illustre. Quant à lui, personnellement, la puissance royale ne le tente guère, dit-il.

> Elle n'est à mes yeux qu'un illustre esclavage,
> Puisqu'elle enchaînerait mes jours sur ce rivage.
> . . . .
> . . . . J'aime mieux
> Revenir au manoir où dorment mes aïeux.

Mélusine est surprise de cet aveu et essaie de faire revenir Baudouin sur sa décision. Baudouin lui-même s'y prête. Car en s'en allant, il laisserait sur ces rivages celle qu'il aime. Eh oui, il sera roi, que cela plaise à Tancrède ou ne lui plaise pas :

> Je suis ambitieux et je m'en glorifie.
> Je le suis par amour ; je veux régner, je veux,
> En leur donnant des lois, en triomphant pour eux,
> M'emparer d'un trésor plus cher qu'un diadème,
> Plus enivrant cent fois que la gloire elle-même,
> Et pour le conquérir puisqu'il faut être roi,
> Je le serai : demain, tout fléchira sous moi.

Et Mélusine, en le quittant lui donne son suffrage :

> A vous les vœux de tous, leur suffrage et le mien.

Mathilde reste seule avec Baudouin qui lui dit :

> . . . . Si leur choix me la donne,
> Savez-vous sur quel front je mettrai la couronne ?

Sur le vôtre, Mathilde, ajoute l'amoureux. La jeune fille ne peut y croire. Cette couronne est pour Mélusine. Quant à elle, n'a-t-elle pas prononcé ses vœux ? Si Mélusine n'a pas répondu de suite à l'amour de Baudouin, celui-ci ne doit pas désespérer. Et, en partant de cette salle, lieu de cet entretien, à Mathilde qui tombe sur un siège, il dit encore :

> . . . . Je serai roi pour que vous soyez reine.

Acte deuxième, 1re scène. — Mélusine poursuit Gontran pour qu'il lui livre ses secrets. Mélusine parle alors de Baudouin qu'elle aime maintenant, ce qui étonne Gontran.

Puis, elle revient à son idée première. Que ne peut-elle invoquer les esprits, lire ce livre, clef de tous les mystères !

> Jeter aux vents des nuits des formules terribles,
> Évoquer par leurs noms, les êtres invisibles !

Mais ce pouvoir coûte cher. Il coûte notre âme, répond Gontran.

Tancrède se présente, l'air courroucé. Lui qui n'a plus de rival ne vient-il pas d'apprendre que Baudouin réclame pour lui-même un sceptre auquel il n'a aucun droit. Qu'en pense Mélusine ? Qu'en pense Gontran ? Et tandis que Mélusine ne veut pas se prononcer, que Gontran fait de même, Tancrède continue à rappeler ses titres à cet honneur.

Cette œuvre inachevée, dans la pensée de Casimir Delavigne, devait servir de lien entre les Classiques et l'École romantique.

La Mort est venue et elle a emporté le rêve.

III

FÊTES AUXQUELLES CASIMIR DELAVIGNE

A PRÊTÉ SON GÉNÉREUX CONCOURS

I

Premières salles de spectacle au Havre. — La salle inaugurée par Casimir Delavigne.

La première salle de spectacle qui fut installée au Havre est celle qui fut bâtie rue de la Halle. On y jouait le dimanche.

Un soir, le public mécontent des acteurs, outré de la mise en scène, fit le sac de la salle. L'immeuble eut également à souffrir. Et ce fut le pauvre directeur qui se vit contraint de payer, comme on dit, les pots cassés. La Ville lui réclama une indemnité avant son départ.

En 1740, une autre salle fut construite dans la rue de Paris, près de l'église Notre-Dame, à l'endroit où se trouve actuellement l'établissement des Bains. Delanoue, directeur à Rouen, en obtint la direction.

Vers 1756, un nouveau théâtre, non municipal celui-là, fut construit à la hauteur de la place Richelieu actuelle, sous la direction de Guillaume Labis et de Marguerite de Breuil.

« Le 2 avril 1757, pendant un violent ouragan, cette salle de specta-
« cle, bâtie en planches, s'écroula en ensevelissant sous ses décombres
« les nombreux spectateurs qui assistaient à la représentation de la
« tragédie de *Samson* » (1). Une dizaine de personnes y trouvèrent la mort.

Le 31 octobre 1766, une autre salle de spectacle fut ouverte, rue des Remparts, dans les magasins Fouache.

Quelques années après, un négociant, Monsieur Isaïe Beaufils, « à la
« condition que les troupes venant au Havre ne pourraient jouer que
« dans sa salle; qu'on lui paierait 4,800 livres par campagne, et qu'enfin,
« lors des vacances, il pourrait la louer pour dépôt de marchandi-
« ses » (2), fut autorisé à donner en location une nouvelle salle de spec-
tacle, sur le derrière d'une maison, sise rue de la Halle, n° 8, qui fut exploitée jusqu'en 1790. On y avait accès par un passage appelé encore, il y a quelques années, l'*allée de la Comédie*.

(1) Vesque. *Histoire des théâtres du Havre*.
(2) Vesque.   d°

Cette salle, au dire de Mlle Marie Le Masson Le Golft (1), historien havrais, était élevée et passablement commode. Elle péchait pourtant par la décoration et l'éclairage, mais au moins on entendait l'opéra.

Le 16 octobre 1790, eut lieu l'inauguration d'une salle construite à la suite du pont de la Barre, à peu près où est aujourd'hui l'entrée du bassin de la Citadelle, qui pouvait contenir 1,200 spectateurs.

« C'était un véritable monument, dont la façade était surmontée de la « statue d'Apollon, entouré des neuf Muses ; autour de l'édifice, des bâti-« ments avaient été élevés pour loger le personnel, ouvrir des cafés, « des restaurants » (2).

Ce théâtre, que l'on a appelé le théâtre de la Citadelle, puis, à partir du 18 novembre 1793, théâtre de la République, pendant un certain temps, fut dirigé par Bourdon de la Neuville et Mlle Montausier, ensuite par Mme Bourdon de la Neuville qui en confia la direction, après le départ subit de son mari, tout en restant propriétaire de la salle.

Le 28 janvier 1810, à la suite du spectacle, cette salle devint la proie des flammes. Mme Bourdon et sa fille y trouvèrent la mort.

Longtemps on a cru à un acte de vengeance, et on a supposé que c'était après les assassinats de la propriétaire et de son enfant qu'une main criminelle avait mis le feu.

A partir du 20 septembre 1810, une petite salle, bâtie par M. Lemierre, dans le quartier d'Ingouville, 47, Grande-Rue, servit pendant quelque temps de théâtre.

Puis, pendant trois ans, une autre salle, située quai Lamblardie dans un magasin, et qui était surnommée : *le Théâtre aux fumiers*, servit encore de salle de spectacle.

Après la chute de l'Empire, ces salles rouvrirent : celle du quai Lamblardie, le 12 janvier 1815, et celle d'Ingouville, le 4 juillet de la même année.

A cette époque, M. Lemierre, le même qui était propriétaire de la salle d'Ingouville, fit construire à l'angle des rues de la Comédie et d'Orléans (cette dernière rue aujourd'hui appelée rue Victor-Hugo), une nouvelle salle pouvant contenir mille spectateurs.

Cette salle était bâtie avec des carcasses de vieux navires et autres mauvais matériaux couverts en plâtre et peintures intérieures.

L'administration par intérim fut confiée à M. Gouget, par M. Corréard, de Rouen.

Au commencement de 1820, un petit théâtre ouvrit dans le quartier

(1) Née le 25 octobre 1749, morte le 3 janvier 1826.
(2) VESQUE. *Histoire des théâtres du Havre.*

d'Ingouville, sous la direction de Mondchard dit Bobèche, bouffon des Menus-Plaisirs du Roi. Il fut exploité jusqu'au mois d'avril suivant.

En 1820, M. Vanhove, comédien du Roi et retraité du Théâtre Français, prit la direction du théâtre de la rue de la Comédie jusqu'en 1823, époque à laquelle Morel, directeur du théâtre de Rouen, lui succéda.

Deux raisons empêchèrent la municipalité de construire une salle véritablement convenable: la première, l'achat d'un terrain assez vaste et pas trop éloigné; la seconde, l'état des finances de la ville.

« Par ordonnance royale du 23 juillet 1817, l'administration de la
« marine fut autorisée à céder à la Ville, pour bâtir son théâtre, un ter-
« rain provenant du parc de la marine et des anciens jardins de l'inten-
« dance, et contenant 1.139 mètres de superficie. En échange, la Ville
« cédait à la marine 1.584 mètres d'un terrain dit l'ancienne *Mare aux*
« *mâts*, qu'elle avait acquis en 1778 de la princesse de Conti, pour y éta-
« blir un chantier de bois de chauffage. Ces terrains étaient bornés par
« la rue de Paris d'un côté et par la rue d'Orléans jusqu'à la hauteur
« de la rue de la Comédie (nord).

« Il fut stipulé, en outre, que les frais de démolition et de reconstruc-
« tion des bâtiments de la marine, occasionnés par le transfert, seraient
« au compte de la ville. Cette dépense était évaluée à 13.044 fr. (1). »

M. Labardye, architecte, fit les plans de cette salle nouvelle. M. Fossard du Thil fut chargé de la construction (26 août 1817). On avait évalué les dépenses à 500.000 fr. Elles arrivèrent au chiffre de un million deux cent soixante-quatorze francs soixante centimes, soit plus du double.

Le 19 octobre 1817, le duc d'Angoulême posa la première pierre de cet édifice.

Voici le texte du procès-verbal qui fut dressé à cette occasion :

Municipalité du Havre de Grâce.

Après l'incendie qui dans la nuit du XXIX au XXX janvier M.D.CCCX
consuma la salle de spectacle de cette ville qui était placée
sur le terrain des anciens remparts et fossés de la Citadelle
du Havre, à droite en entrant au quartier militaire.

Sous le règne
de
Louis XVIII
et à la suite de la paix qu'il avait rendu *(sic)* à la France,
cette nouvelle salle de spectacle
fut fondée, le XIX octobre M.D.CCC.XVII,

(1) VESQUE. *Histoire des théâtres du Havre*, p. 126-127, 1re partie.

dans la partie ouest de la nouvelle ville du Havre
en face et dans le prolongement de l'axe du bassin du Commerce,
d'après une délibération du Conseil municipal,
approuvée par ordonnance du Roi,
en date du XXIII juillet M.D.CCC.XVII,
pour être construite des deniers de la Ville.
Son Excellence Joseph-Louis Laisné
étant Ministre de l'Intérieur ;
Joseph-François, comte de Kergariou,
Préfet du département.
Arthur Foache,
Officier de l'ordre royal de la Légion d'Honneur,
Sous-préfet de l'Arrondissement du Havre.
La première pierre de cet édifice
a été posée
par S. A. Royale Louis-Antoine d'Artois,
Duc d'Angoulême,
Grand Amiral de France,
assisté de
Guillaume-Antoine Sery,
Chevalier de l'ordre Royal de la Légion d'Honneur,
Maire de cette ville.
Daniel Ancel et Prosper Eyriès,
Adjoints de cette mairie ;
Augustin Taveau,
Secrétaire en chef.
Jean-Baptiste-Auguste Labadye
de Paris,
Chevalier de l'ordre du Mérite du Lion de Holstein-Limbourg,
Architecte de cet édifice ;
Auguste Fossard-Duthil,
entrepreneur.
Le prix de l'adjudication a été de 322,486 francs 83 centimes (1).

L'ouverture eut lieu le 25 août 1823.

Le spectacle se composait du discours d'inauguration, des *Deux Ménages*, comédie en trois actes de Picard ; des *Héritiers Michau*, opéra comique en un acte de Plavard, musique de Boscher.

M. Paul, artiste de la troupe, récita le poème de Delavigne.

« Aussitôt le dernier vers prononcé, le public demanda l'auteur.

« Casimir était au fond d'une loge et, par modestie, il fait annoncer qu'il

« n'est pas présent. Le rideau tombe. Lorsque l'on veut commencer les

(1) Ce procès-verbal a été imprimé. La copie qui précède est conforme à l'exemplaire de la collection E. Seguin.

« *Deux Ménages* le même enthousiasme éclate. On demande que l'illus-
« tre poète se présente sur la scène. M. Begouen-Demeaux, maire du
« Havre, se rend alors près de Delavigne et à force de sollicitations le
« fait entrer dans la loge municipale où il le présente au public. L'ivresse
« est à son comble, les mains de 1,200 spectateurs battent à tout rom-
« pre. Ce fut un des jours les plus beaux de la carrière de notre conci-
« toyen. Les larmes coulaient de ses yeux : « *Jamais, dit-il, je n'ai été*
« *aussi heureux, car ici ce sont des mains havraises qui battent* » (1).

À la fin de la représentation, M. Begouen invita le poète à venir chez lui.

Le directeur de la nouvelle salle, M. Morel, le même qui dirigeait le théâtre de Rouen, ayant reçu à la fin de la solennité une couronne portant cette inscription : *A Casimir Delavigne,* s'empressa de la porter chez M. Begouen-Demeaux.

En la recevant, celui-ci s'empressa d'en ceindre le front du poète.

Cette couronne était tricolore. Quelle horreur ! On avise le parquet.

Le directeur est appelé chez le juge d'instruction et subit un interrogatoire.

— Vous avez assisté à l'ouverture du théâtre du Havre ?

— Oui, monsieur.

— On a jeté une couronne ?

— Oui, monsieur.

— Pour Casimir Delavigne ?

— Oui, monsieur.

— Cette couronne était tricolore?

— Oui, monsieur.

— Greffier, écrivez.

— Mais, monsieur, entendons-nous, si par tricolore, vous comprenez les couleurs de la Révolution, il est de mon devoir de vous détromper.

— Que voulez-vous dire ?

— Je veux dire que cette couronne était composée d'immortelles violettes, jaunes et blanches.

La réponse de ce directeur arrêta l'action de la justice.

Puisque, par suite des circonstances, j'ai été amené à faire un historique succinct des salles de spectacles du Havre, je crois devoir le compléter en disant que la salle inaugurée par Delavigne devait, elle aussi, devenir la proie des flammes, presque tout entière.

Le 29 avril 1843, vers une heure du matin, le feu s'y déclara. Le directeur Fortier, perdant toute sa présence d'esprit, se jeta d'une hauteur de vingt mètres. On ramassa un cadavre.

(1) Morlent.

Un théâtre provisoire fut installé au numéro 7 de la rue Molière.

Le 17 octobre 1844, on inaugura le théâtre actuel, bâti sur l'ancien emplacement de la salle incendiée. On conserva de l'ancien tout ce qui n'était pas devenu la proie des flammes. Le spectacle se composait de l'ouverture de la *Dame Blanche*, le troisième acte de *Don Juan d'Autriche* et *Lucie de Lamermoor*.

Le poète Ancelot fit lire, par l'artiste Alexandre, un discours en vers.

« L'extérieur subit peu de changement comme aspect, sauf que le « toit pointu en ardoise avait été remplacé par une couverture de métal « en forme de dôme et que sur la balustrade en pierre, on a placé les « six statues de la Poésie, Musique, Tragédie, Vaudeville et Danse. L'hor- « loge, au lieu d'être au comble, a été placée entre les fenêtres du petit « foyer avec ses cinq fenêtres, le péristyle à arcades avec ses grilles et « ses portes proviennent de l'ancienne salle. Le vestibule d'entrée ne « reçut de modification que dans l'emplacement des escaliers (1). »

A l'intérieur, peintures blanches, et filets or, tapisserie rouge. Les figures de la Tragédie, de l'Opéra, de la Comédie, du Drame et de la Danse, ornaient le plafond que l'on voit encore aujourd'hui. Sur les cartouches, les noms des principaux ouvrages lyriques et des compositeurs célèbres.

Depuis, certaines modifications ont été apportées à la salle pour la rapidité de l'évacuation.

Ces mesures ont été prises après l'incendie de l'Opéra-Comique.

(1) VESQUE. *Histoire des théâtres du Havre.*

II

La statue de Corneille, à Rouen.

La ville de Rouen devait élever une statue au grand Corneille.

Pour l'érection. il fallait trouver plus de quatre-vingts mille francs. On fit appel à toutes les bonnes volontés. On demanda un discours à Delavigne et celui-ci répondit : « C'est avec plaisir que j'apporterai mon « offrande pour honorer la mémoire de notre maître à tous. »

Le poète ne doutait pas que plusieurs théâtres de Paris tiendraient à honneur de concourir à cet hommage dû au Père de la Tragédie française. Et il promettait de faire des démarches pour y parvenir.

Casimir Delavigne, se sentant malade, craignit un moment de ne pouvoir tenir sa promesse. « Comptez sur tous mes efforts, écrivait-il, mais je « vous en supplie. ne prenez pour moi aucun engagement positif. Si je ne « pouvais pas faire le discours que vous me demandez, soyez assez bon « de ne pas accuser mon zèle, et croyez que j'en éprouverai moi-même un « chagrin véritable ».

Talma était mort. Lafon seul pouvait jouer le rôle d'Auguste. Un amateur consentit à jouer celui de Cinna, mais il manquait une Émélie.

Le grand chanteur Nourrit fut appelé aussi à prêter son concours dans la circonstance.

Ce fut avec une véritable joie que Delavigne annonça que le célèbre chanteur acceptait : « Ceux qui, comme lui, sont animés d'un véritable « amour de l'art. n'ont rien à refuser à Corneille. Il est disposé à nous « seconder de toute la puissance de son nom et de son talent. Cette « alliance de la déclamation et du chant ne pouvait être tentée sur le « théâtre quepar le plus grand artiste de notre scène lyrique. Il sera « heureux d'être agréable en quelque chose à la Ville de Rouen et de « payer son tribut à un poète dont il pourrait déclamer les vers comme « il chante la musique de Rossini et de Glück » (1).

---

(1) Lettre de C. Delavigne du 30 août 1820. Je crois que cette lettre est à la bibliothèque de Rouen.

Delavigne, on le voit, faisait tout le possible pour augmenter l'intérêt de cette solennité artistique.

Il avait vu Lafon qui avait consenti, « *avec une grâce parfaite* », à jouer le rôle d'Auguste. Il avait vu Nourrit qui avait accepté de grand cœur, de prêter son concours. Et lui, poète, avait mis la dernière main à son discours qui devait être récité par Lafon.

Il ne lui restait donc plus qu'à s'occuper de trouver une Émélie.

Madame Valmouzez, du Théâtre Français, le tira d'embarras.

Cette actrice, qui voulait, elle aussi, « *payer son tribut à Corneille* », offrit à l'auteur des *Vêpres Siciliennes* de jouer le rôle d'Émélie.

Le 19 septembre 1829, cette représentation solennelle eut lieu à la grande satisfaction des interprètes et des organisateurs, et au grand profit du but que l'on désirait atteindre.

IV

LA MORT DU POÈTE

LA STATUE DE CASIMIR DELAVIGNE
AU HAVRE

I

Mort de Casimir Delavigne. — Ses funérailles.

Au commencement de septembre, le *Journal du Havre* annonçait que la santé de M. C. Delavigne donnait depuis quelques jours de vives inquiétudes à ses amis.

Le 2 décembre 1843, le poète quittait Paris allant chercher dans le Midi de la France un peu de ce soleil réparateur, dont les rayons donnent et perpétuent la vie. Mais ses forces l'abandonnaient et elles ne lui permirent pas d'atteindre le terminus de son voyage.

Les médecins l'avaient autorisé à se rendre à Montpellier, ensuite à Nice, lui interdisant tout travail. Mais, disait le journal le *Constitutionnel*, ce poète a une habitude qui déroute sur ce point toutes les précautions ; il enfante et achève l'œuvre poétique dans sa tête sans rien écrire ; en lui, sous un calme apparent, l'esprit travaille et l'imagination fermente.

A Lyon, le 8 décembre, il se vit forcé de s'arrêter à l'hôtel de Provence. Un médecin fut mandé aussitôt. C'était le docteur Laborie. Hélas ! les secours de l'art sont inutiles. Le poète, atteint d'une phtisie pulmonaire arrivée à ce terme où cette maladie ne laisse aucun espoir, n'a plus que quelques heures à vivre.

Je laisse au frère le soin de parler des derniers moments de son frère :

« Conservant dans sa faiblesse, nous dit Germain, toute sa présence « d'esprit, il ne pouvait plus s'abuser lui-même, mais il cherchait à ras- « surer sa femme en lui répétant qu'il serait en état de partir le lende- « main. Une heure avant de succomber, il se faisait lire encore Guy « Mannering de Walter Scott, et sa femme, par une préoccupation trop « naturelle dans ces tristes moments, ayant passé une ou deux lignes, « il la pria de recommencer en lui faisant remarquer doucement qu'elle « s'était trompée. Cependant quelques minutes après, c'était le 11 dé- « cembre à neuf heures du soir, il parut cesser d'écouter la lecture et « posant sa tête sur sa main, murmura quelques vers à demi-voix. Puis

« se laissant doucement retomber sur son oreiller, il sembla s'endormir,
« mais il ne devait plus se réveiller. »

Le curé de la paroisse St-François vint à ses derniers moments.

Ainsi mourut le poète des *Messéniennes*, ayant à son chevet pour
recevoir son dernier soupir sa femme, son fils et sa vieille servante, la
bonne Babet.

Et tous trois, accablés par la douleur, reconduisirent à Paris les
dépouilles mortelles du grand homme que la France pleurait.

Le 20 décembre, les funérailles eurent lieu avec pompe. Toutes
les classes de la société y prirent part. Et ce fut à travers une foule
compacte que le cortège, composé de sommités littéraires, artistiques et
politiques, parmi lesquelles on remarquait notamment M. le baron de
Berthois, aide de camp du Roi, M. Liadières, officier d'ordonnance,
M. Villemain, ministre de l'Instruction publique, M. Dupin aîné, procureur général à la Cour de cassation, M. Béranger, l'Académie française,
la Commission des auteurs dramatiques, la Comédie française, etc., se
rendit d'abord à l'église de St-Vincent-de-Paul (1) et ensuite au Père-
Lachaise.

Le deuil était conduit par le fils du défunt, accompagné de ses oncles
et de ses autres parents. Les coins du poêle furent tenus par le comte
de Montalivet, intendant général de la liste civile, M. Victor Hugo,
directeur de l'Académie française, M. Melesville, vice-président de la
Société des auteurs dramatiques, et M. Samson, doyen des sociétaires de
la Comédie Française.

Les honneurs militaires furent rendus à l'officier de la Légion
d'honneur.

A l'église, pendant le service funèbre, un *Pie Jesu* composé par
M. Antony Elwart fut chanté par trois élèves du Conservatoire.

Et ce jour-là, à ces funérailles, devant ce cercueil qui renfermait les
restes mortels de celui qui eut l'honneur, avant Victor Hugo même,
d'être surnommé le poète national de la France, on entendit la voix de
l'auteur d'*Hernani*, Frédéric Soulié, M. Tissot, M. Samson, le représentant de la Ville du Havre prononcèrent des discours. Le représentant de
la Pologne reconnaissante, qui n'oubliait pas celui qui avait pris part à
ses douleurs, à son long martyre, à la défense de sa liberté, prit également la parole. Tous les cœurs éprouvèrent une émotion sincère, une
indicible sensation, quand ils virent ce représentant de la Pologne meurtrie jeter sur ce cercueil un peu de cette terre de la nation martyre
comme gage de son amour, comme souvenir, comme un dernier hom-

(1) La maison du poète était située rue Bergère, n° 2.

mage, comme un dernier adieu à cet enfant d'une autre patrie qui avait compati à ses maux.

Et maintenant le poète de la Liberté repose sous la terre de sa patrie et sous celle de cette autre patrie qui la réclame comme un de ses enfants, de cette autre nation qui, comme la France, a été la patrie des martyrs de la Liberté. Digne hommage rendu à la mémoire du Poète ! Souvenir du cœur !

Plus tard, à la mort du grand Tribun que la France pleure encore, l'Alsace captive s'est souvenue elle aussi et a jeté sur ce nouveau cercueil un peu de sa terre, dernier hommage à celui qui, lui aussi, avait relevé les courages abattus, à l'heure où tous désespéraient.

Cela a été l'apothéose du poète national, du chantre de la Liberté.

Cela a été l'apothéose du grand orateur, de Gambetta.

II

Après les Funérailles.

La Ville de Paris vota la concession à perpétuité au Père-Lachaise d'un terrain pour l'érection d'un monument à la mémoire du poète.

Le roi ordonna que le portrait et le buste de Delavigne seraient placés dans les galeries de Versailles.

La Ville du Havre lui érigea une statue, le 9 août 1852.

Les sociétaires de la Comédie Française décidèrent que son buste serait placé au foyer.

L'académie de Rouen, au mois de mai 1844, mit au concours son éloge. Le prix consistait en une médaille d'or de 500 francs.

Un buste de bronze fut placé dans la cour d'honneur du lycée Henri IV, où Delavigne avait fait ses études.

En 1883, la Société havraise d'études diverses mit au concours l'éloge du poète.

Et le 4 avril 1893, la Ville du Havre a fêté le Centenaire de Casimir Delavigne.

A ces hommages rendus à la mémoire du regretté poète, il y a lieu aussi de faire mention de ce que le gouvernement d'alors, fit à l'égard de la veuve et de l'orphelin.

M. le ministre de l'Intérieur accorda, sur les fonds des encouragements publics, une allocation de 1.500 francs à la veuve.

M. le ministre de l'Instruction publique accorda, sur les fonds des Beaux-Arts, une autre allocation de 1.500 francs à la veuve.

Une bourse au collège Henri IV fut accordée au fils du poète, Albert Casimir Delavigne.

III

Érection de la statue de Casimir Delavigne au Havre.

Une quinzaine de jours après la mort de Casimir Delavigne, le Conseil municipal du Havre se réunissait. Dans le procès-verbal de la séance du 27 décembre 1843, il est écrit qu'un des membres de cette assemblée fit allusion à la perte que venait de faire la France. En voici le texte :

« Un des membres de l'assemblée demande qu'avant de se séparer,
« le Conseil veuille bien examiner s'il ne conviendrait pas, comme on
« l'a fait pour Bernardin de Saint-Pierre, de voter l'érection d'une statue
« en l'honneur de ce grand poète que la France vient de perdre, notre
« compatriote Casimir Delavigne.

« M. le maire répond que si l'état des finances l'eût permis, il aurait
« été le premier à proposer au Conseil de voter des fonds pour les frais
« de cette statue ; mais comme il n'existe au budget aucune somme dont
« on puisse disposer pour faire face à cette dépense, il pense que l'on
« pourrait dès à présent voter l'érection de cette statue, qui serait exé-
« cutée dès que les finances de la Ville le permettraient.

« Ce magistrat ajoute que dès à présent la Ville peut offrir un hom-
« mage convenable à la mémoire de Casimir Delavigne en donnant son
« nom glorieux au quai de la Barre sur lequel était située la maison où
« il est né, le 5 avril 1793 (1).

« Un autre membre fait observer que la statue de Casimir Delavigne
« serait très convenablement placée au-devant du Musée-bibliothèque
« actuellement en construction, et parallèlement à celle qui a été pré-
« cédemment votée en l'honneur de Bernardin de Saint-Pierre (2).

« Le Conseil, applaudissant à cette dernière proposition, décide à
« l'unanimité et par acclamation, qu'une statue sera érigée en cette
« ville en l'honneur de Casimir Delavigne et qu'elle sera placée en avant

(1) Casimir Delavigne est né le 4 avril. (Voir l'acte de naissance à la fin de l'ouvrage.)
(2) Le projet de l'érection de la statue de Bernardin de Saint-Pierre remonte à 1838. L'initiative en était due à quelques Havrais. Une commission provisoire fut formée. Elle se composait de M. Guérin, ancien capitaine au long cours ; M. Lacorne, courtier maritime ; J.-B. Dorey, négociant ; Lemetiel, propriétaire, et Boissière, propriétaire, remplissant les fonctions de secrétaire.

« du Musée-bibliothèque et que, pour faire face à la dépense, une sous-
« cription, à la tête de laquelle chacun des membres du conseil déclare
« s'inscrire pour cinquante francs, sera ouverte à la mairie. »

« Il décide en même temps que le quai de la Barre sur lequel est
« située la maison où Casimir Delavigne a vu le jour, portera son nom. »

Une somme de 5,420 fr. 65 centimes dans laquelle figurait le produit
d'une représentation donnée au Théâtre Français et d'un concert donné
par la Société philharmonique du Havre, fut rapidement recueillie.

Le grand statuaire David d'Angers écrivit à cette occasion à M. le Maire
du Havre la lettre suivante :

M. LE MAIRE,

« J'ai été heureux d'apprendre la décision du conseil municipal de
« votre ville à l'égard de l'érection d'un monument à la mémoire de
« Casimir Delavigne et j'applaudis pour ma part à l'idée de placer sa
« statue et celle de Bernardin de Saint-Pierre à l'entrée principale de la
« Bibliothèque. Elles formeront un glorieux frontispice à ce monument
« dépositaire des connaissances humaines.

« Casimir Delavigne fut mon ami et mon collègue à l'Institut ; lors de
« l'apparition des *Messéniennes*, je fis son buste en marbre et le lui
« offris comme marque de ma sympathique admiration. Je viens main-
« tenant, Monsieur le Maire, vous offrir le modèle de sa statue pour ma
« part de souscription et je vous renouvelle mon offre pour celle de
« Bernardin de Saint-Pierre. Je serais heureux que les habitants du Havre
« voulussent bien accepter mon hommage à leur illustre compatriote.

« Plein d'admiration pour l'auteur de *Paul et Virginie*, Casimir
« Delavigne, après avoir connu ma composition, comptait écrire quel-
« ques pages à ce sujet, mais sa mort prématurée n'a pas permis qu'il
« en fût ainsi.

« D'après l'emplacement destiné à ces statues, elles n'auraient pas
« besoin d'avoir plus de 6 pieds 1/2 à 7 pieds de proportion ; les frais
« de fonte ne seraient donc pas très élevés. Il serait facile de former à
« Paris une sous-commission pour réunir les fonds des souscripteurs.
« Le Théâtre Français, le Vaudeville, dirigé par M. Ancelot, donneront
« assurément une représentation pour cet objet, et je crois que si, comme
« à Rouen pour Corneille, on présentait chez chaque habitant de la ville,
« une liste de souscription, on aurait bien vite réuni la somme néces-
« saire à la réalisation de cet acte de justice. »

« Veuillez, M. le Maire, etc.

DAVID D'ANGERS.

Paris, 9 janvier 1844.

Dans sa séance du 16 février suivant, le Conseil municipal accepta avec empressement l'offre si désintéressée du grand statuaire.

Une commission fut formée à Paris. Elle se composait de MM. Vatout, député président ; Mermilliod, Vitet, députés de l'arrondissement du Havre; Boursy, du Havre, directeur général des contributions indirectes ; Scribe, de l'Académie française; Eyriès, de l'Institut; Delapalme, avocat général à la Cour de cassation ; David, de l'Institut ; J. Janin, rédacteur du journal des *Débats* ; Isabelle, architecte du gouvernement; de Wailly, proviseur du collège Henri IV.

Au nombre des souscripteurs se trouvaient le roi Louis Philippe pour 600 fr., la Reine pour 200 fr., S. A. R. Madame pour 200 fr., la duchesse d'Orléans pour 200 fr., le duc de Nemours pour 100 fr., le prince de Joinville pour 1,000 fr., la Comédie Française pour 500 fr., les sous-directeurs, chefs et employés de l'administration centrale des contributions indirectes, 464 fr.

Le conseil municipal du Havre, dans sa séance du 30 mai 1844, vota une somme de 2,000 fr.

Le total de la souscription, tant à Paris qu'au Havre, s'éleva à la somme de 14,420 fr. 65 cent.

Un marché fut signé le 8 janvier 1848 avec MM. Eck et Durand, fondeurs, qui s'engagèrent à livrer la statue de Casimir Delavigne pour le 12 juillet. Mais les événements politiques en arrêtèrent l'exécution. Le conseil municipal vota dans sa séance du 2 avril 1849 une nouvelle somme de 2,000 fr. Le 8 août 1849, les fondeurs étaient prêts à livrer leur bronze qui pesait 2,000 kilog. et qui fut transporté au Havre au mois de septembre. La statue jusqu'à son érection fut placée dans le musée. Le piédestal en marbre de Lunel provenait de la marbrerie Seguin.

Le conseil municipal nomma une commission, composée de MM. Balthazard, Marie et Toussaint qui fut chargée d'élaborer le programme de la fête et vota une somme de 1,500 fr. à cet effet.

Le lundi 9 août 1852 la cérémonie eut lieu.

Les autorités civiles et militaires et les nombreux invités se réunirent au Grand-Théâtre.

Le cortège se forma.

En tête, un piquet de gendarmes à cheval, suivi des musiques du 2e de ligne et de la Douane. Les sapeurs-pompiers formaient la haie.

Dans le cortège, on remarquait M. A. de Musset, M. Ancelot représentant l'Académie française, M. Michel Chevalier, de l'académie des sciences morales et politiques; M. Lemaistre, maire; M. Leroy, préfet du département; M. Franck Carré, premier président de la Cour de Rouen; M. Duval, procureur général près la même Cour : M. Chevreau, sous-

préfet du Havre ; M. le comte Lafite de Pellepore, allié de B. de Saint-Pierre ;
M. Delavigne fils, M. Germain Delavigne, la députation de l'Académie de
Rouen composée de MM. Leroy, Girardin et Deschamps, de celle de
l'Académie de Caen composée de MM. Travers et Puiseux ; M. Mallet,
recteur d'Académie ; M. Corneille, inspecteur honoraire de l'Université,
un descendant du grand Corneille ; M. Lizot, président du tribunal civil
de Rouen ; M. Prevost Paradol, élève de l'École normale et auteur de
l'éloge de Bernardin de Saint-Pierre, couronné par l'Académie française, etc., etc., la société des Études diverses du Havre et de nombreuses délégations civiles, religieuses et militaires.

Des tribunes avaient été élevées et les membres du cortège y prirent
place.

Le maire du Havre, après avoir donné le signal de découvrir les statues, ce qui fut fait aux applaudissements de la foule, prononça quelques
mots de circonstance et donna la parole à M. Alfred de Musset, à
M. Michel Chevalier, qui prononcèrent des discours, à M. Ancelot qui
récita un dithyrambe en l'honneur des deux Havrais illustres dont on
pouvait voir maintenent les statues érigées. M. de Salvandy de l'Académie française, ne put prononcer le discours qu'il avait mission de faire.
M. de Pellepore dit ensuite quelques mots en l'honneur de Bernardin
de Saint-Pierre. Une cantate, paroles de M. F... du Havre, musique de
M. Lebourgeois, professeur de piano au Havre, fut exécutée. M. Travers
de l'Académie de Caen et M. Millet-Saint-Pierre de la Société Havraise
d'Études diverses ne purent prononcer, à cause du mauvais temps, les
discours qu'ils avaient préparés.

Le soir, un banquet réunissait dans la salle du Musée 130 convives.
Le Maire, le Préfet, M. Michel Chevalier portèrent divers toasts et
M. Ancelot récita à nouveau son dithyrambe.

La Ville avait pour la circonstance été pavoisée. Les édifices munici-
paux, les maisons où étaient nés Bernardin de Saint-Pierre et Casimir
Delavigne, et de nombreuses maisons particulières furent illuminées.
Et la foule vint nombreuse contempler les maisons natales des deux
grands hommes (1).

Le Havre, ce jour-là avait rendu un hommage mérité à l'auteur des
Messéniennes et à l'auteur de *Paul et Virginie*.

Une médaille commémorative de cette cérémonie fut remise aux
invités de la fête.

(1) *Précis historiques sur les statues de Bernardin de Saint-Pierre et de Casimir-
Delavigne érigées au Havre le 9 août 1852*, par **Victor-Amand Toussaint**. Havre,
Carpentier et Cⁱᵉ, 1853. 1 vol. in-8°.

Ces statues ont été transférées sur la place Gambetta à l'occasion du centenaire du poète. C'était un projet qui avait été déjà soumis au Conseil municipal en 1867. M. Platel, alors architecte de la Ville, en dressa même un plan.

M. Vesque, dans un article paru dans le *Courrier du Havre*, au mois d'octobre 1892, l'avait rappelé.

Le 14 décembre suivant, le Conseil municipal reprit ce projet et ordonna l'exécution de ce travail.

A la fin de janvier 1893, on commença les travaux exigés pour le transfert de ces statues, qui furent achevés pour le 4 avril.

Je noterai pour mémoire, que ce déplacement des deux bronzes, valut à deux auteurs havrais, MM. Albert Réné et Albert Fox, un grand succès à la salle des Folies-Bergère du Havre. En effet, les librettistes y firent allusion dans leur grande revue locale en sept tableaux, *Oh ! Aïe ! Aïe !* qu'ils firent jouer le 22 décembre 1892.

M. Vesque dont je viens de rappeler un des articles, a été le promoteur des fêtes du Centenaire. En effet, c'est après lecture d'un de ses articles paru le 4 avril 1891, que ces fêtes furent décidées et que la Société Havraise d'Études diverses en prit l'initiative.

M. Vesque a été également le promoteur de l'érection du buste de Delavigne au foyer du Grand-Théâtre du Havre.

La Ville du Havre a d'autres centenaires à célébrer. Le plus prochain, c'est celui du poète Ancelot — 9 janvier 1794 — *qui n'a pas encore sa statue*. Il serait temps d'y penser (1).

Il s'agit d'une question purement littéraire qui a son intérêt puisqu'en somme, c'est un hommage mérité à rendre à la mémoire d'un autre grand poète qui si, par malheur pour lui, n'a pas partagé les opinions politiques de ses adversaires, n'en a pas moins illustré les lettes françaises et honoré sa ville natale.

C'est à ce point de vue qu'il faut se placer.

La Ville du Havre n'oubliera pas Ancelot, pas plus qu'elle n'a oublié Casimir Delavigne, pas plus qu'elle n'oubliera ses autres enfants illustres.

(1) M. Vesque a également rappelé ce centenaire.

V

L'HOMME

I

L'homme de lettres. — L'académicien.

Casimir Delavigne n'avait qu'une préoccupation, celle de l'homme de lettres.

Être libre, être son maître. Et tout ce qui pouvait mettre une entrave à cette vie de cénobite de la poésie, il l'avait en aversion. Il pensait ce qu'il écrivait lui-même :

> Que le littérateur se tienne dans sa sphère,
> Qu'il vise à l'Institut, mais non au ministère.

C'est ce qui faisait dire à Victor Hugo : « Peu d'écrivains ont mieux « accompli leur mission que Casimir Delavigne ; peu d'existences ont « été aussi bien occupées malgré la souffrance du corps, aussi bien rem- « plies malgré la brièveté des jours. »

Aussi notre poète ne brigua-t-il pas les suffrages des électeurs, bien qu'il y eut été convié par ses amis, les chefs du parti libéral de l'épo- que, le général Foy, Manuel, Stanislas de Girardin ; bien que sa ville natale le Havre, puis, la ville d'Évreux lui aient offert de les représen- ter à la Chambre, bien qu'il eût été homme à défendre les intérêts sacrés de la France, au sein du parlement, non seulement par son patriotisme, mais encore par son éloquence, par son caractère et par la droiture de son jugement ?

Mais il pensait qu'un homme, quel que soit son talent, même son génie ne pouvait se partager : « Non, non, disait-il, les lettres, comme la poli- « tique, exigent un homme tout entier ». Casimir Delavigne avait peut- être raison si on se rappelle Lamartine ; Casimir Delavigne avait peut- être tort si on se rappelle Victor Hugo et d'autres écrivains qui de nos jours encore cumulent les fonctions de représentant du peuple.

Il n'est pas donné à tous de pouvoir résister à la tentation de doubles honneurs, de doubles titres de gloire. Quelquefois même ceux qui, ainsi que Casimir Delavigne, auraient l'intention de s'effacer pour faire place à d'autres se trouvent être forcés, par les circonstances mêmes, de sorte qu'il ne faut pas jeter la pierre contre ceux que la mauvaise fortune a desservis.

Casimir Delavigne a eu assez de fermeté de caractère pour ne pas se laisser séduire et pour ne pas se laisser enrégimenter dans la politique, là où il aurait pu certainement briller, mais où il aurait pu trouver, comme le poète des *Harmonies*, une déception.

Aux lauriers qu'aurait pu lui conférer la politique, il préféra les lauriers d'amant des muses et de l'auteur dramatique. Il préféra briguer les suffrages de l'Académie française, et voir ainsi son œuvre littéraire recevoir la consécration qui lui était due.

Et c'est avec juste raison que Frédéric Soulié pouvait dire devant le cercueil du poète : « Mais il est un côté de cette belle et pure existence
« à laquelle, nous surtout, nous devons tout notre respect et toute
« notre admiration. Assurément, messieurs, nous sommes fiers, dans
« les positions les plus hautes du pouvoir, des hommes qui n'ont
« dû qu'à leur plume le rang élevé qu'ils occupent, car l'éclat de la
« récompense accordée à quelques-uns, a rejailli sur tous, mais peut-
« être sommes-nous encore plus fiers lorsqu'un homme comme Casimir
« Delavigne entouré de l'estime de tous les partis, protégé par la popu-
« larité de sa gloire et par des sympathies royales, a cru que c'était assez
« de la palme littéraire pour couronner tant de travaux et tant de succès.

« Un plus noble hommage pouvait-il être rendu à la littérature par
« un homme plus digne de le lui rendre, et ne nous a-t-il pas tous
« honorés en plaçant si haut le culte de l'art auquel nous nous sommes
« consacrés ? »

Ah ! quant à parvenir à l'Académie française, cela était chose difficile, d'autant plus difficile que cette docte assemblée n'a pas toujours été imbue des principes mêmes qui auraient dû la guider. La question religieuse, la question politique ont bien souvent prévalu sur la question littéraire. Ce qui fait qu'elle a compté dans son sein d'illustres inconnus et que de nombreux génies, à commencer par Molière, manquent à sa gloire.

Elle s'en souvient parfois. Mais parfois aussi il est trop tard. Alors elle se contente d'exprimer ses regrets :

> Rien ne manquait à sa gloire
> Il manquait à la nôtre ;

Voltaire qui fut de l'Académie française, en parlant de cette assemblée, disait : « L'Académie française est un corps où on reçoit les gens
« titrés, des hommes en place, des prélats, des gens de robe, des méde-
« cins, des géomètres, et même des gens de lettres. »

Des écrivains des plus illustres n'eurent pas l'honneur de posséder un fauteuil à l'Académie. En dehors de Molière, on peut citer notamment Descartes, Pascal, Larochefoucauld, Bayle, Regnard, Vauvenargues, Le Sage, J.-J. Rousseau, Diderot, André Chénier, Beaumarchais, Paul-Louis Courrier, Balzac, Lamennais, Alexandre Dumas, Théophile Gautier.

Casimir Delavigne n'eut pas trop à se plaindre de la grande assemblée littéraire.

Deux fois, on le fit attendre.

A la première, il avait contre lui l'évêque d'Hermopolis, Frayssinous.

A la seconde, l'archevêque de Paris, Monseigneur de Quelen. De sorte que l'auteur de l'*École des Vieillards*, qui écrivait alors cette œuvre dans le but de présenter un nouveau titre à sa nomination, était à se demander s'il se représenterait une troisième fois.

Et dans une spirituelle réplique, il répondit : « Ce serait inutile, car « sans doute, on m'opposerait le pape. »

Peut-être du reste, de mémoire d'académicien, pareille circonstance ne s'est produite et ne se produira pas.

Enfin la troisième fois, le poète qui n'avait pour concurrent ni un évêque, ni un archevêque, ni un pape, fut élu par vingt-sept voix sur vingt-huit votants. Le marquis de Valori obtint une voix.

L'Académie, cette fois, semblait vouloir réparer et dignement d'avoir fait attendre à sa porte le poète qui aurait dû y entrer sans faire antichambre.

La réception eut lieu le 7 juillet 1825 (1) en même temps que celle de M. Droz qui succédait à M. de Lacretelle.

M. Villemain devait souhaiter la bienvenue au nouvel académicien. Mais malade, il dut céder cet honneur à un autre, M. Auger.

L'affluence des spectateurs fut extraordinaire.

M. le prince de Salerne, accompagné du duc, de la duchesse et de Mlle d'Orléans, y assistèrent.

M. Andrieux récita une pièce de vers sur la *Perfectibilité* qui obtint un assentiment général.

Le jour de son entrée à l'Académie, Casimir Delavigne, suivant l'usage, prononça l'éloge de son prédécesseur, M. le comte Ferrand.

Dans son discours, il s'occupa seulement de l'homme de lettres :

(1) Le fauteuil académique de C. Delavigne porte le n° 7. Il avait été occupé par Serizay, mort en 1675 ; Pelisson, mort en 1695 ; Fénelon, mort en 1745 ; G. Deboze, mort en 1753 ; le prince de Clermont-Bourbon-Condé, mort en 1771 ; Belloy (Pierre-Laurent Buirette de), mort en 1775 ; Duras, mort en 1794 ; Cambacérès, mort en 1824 exclu ; Ferrand, mort en 1825.

« L'éloge de sa politique n'appartient pas à cette tribune. C'est l'homme
« de lettres que vos suffrages m'appellent à remplacer; qu'un plus élo-
« quent parle de ses actions, je vous entretiendrai de ses ouvrages. »

Ce discours est pour son auteur une occasion de faire l'éloge de la
littérature. Il y résume la pensée de tous les ciseleurs de rimes. Il fait
l'apologie du théâtre où l'écrivain peut emporter tant de triomphes et
où il peut avoir tant de déceptions. Il émet cette idée : *l'écrivain doit
être lui-même. Il ne doit pas être le chevalier servant d'un autre et
ne pas suivre le panache de cet autre pour parvenir à la célébrité. Le
véritable écrivain doit conserver son originalité propre, être lui et
non un autre. Il peut toutefois s'inspirer des idées d'autrui, mais il
doit avoir soin de conserver toute son indépendance dans l'art
d'écrire, toute sa personnalité.*

« Quel que soit le parti littéraire qui nous adopte ou nous rejette,
« s'écrie le poète des *Messéniennes*, cherchons le vrai en évitant la
« barbarie, sans confondre la liberté avec la licence, obéissons aux
« besoins d'un sujet dont le développement nous emporte, mais ne nous
« attachons pas au char d'un écrivain fameux pour nous faire traîner à
« la réputation sous sa livrée. Ce qui est vrai en lui est faux en nous;
« ce qui le jette hors des rangs nous confond avec la foule. Soyons
« nous-mêmes, nos idées et nos sentiments sauront se revêtir en nais-
« sant de couleurs inusitées et voilà l'originalité véritable. Celle que
« l'on cherche ailleurs n'est qu'une imitation inutile plus ou moins
« docile, que la pâle copie ou la caricature bizarre de l'originalité d'au-
« trui. N'oublions pas surtout que le premier devoir de l'écrivain est
« le respect pour la langue. Chez tous les peuples, elle a ses qualités
« comme ses défauts qui la distinguent, et voulût-on la corriger ou
« l'enrichir, on ne peut lui faire violence sans dénaturer son caractère
« national. La langue française si rigoureuse dans ses aversions, enne-
« mie impitoyable de toute obscurité est la plus universelle et la plus
« calomniée; elle n'admet, il faut l'avouer, que les hardiesses qui se
« cachent; elle n'accepte que les dons qu'on lui déguise ; mais Corneille
« et Racine ont prouvé qu'au théâtre il n'est point de hauteurs inacces-
« sibles pour elle, point d'humbles familiarités où elle ne puisse des-
« cendre ; et la plus singulière des innovations et la création de toutes
« la plus sublime et la plus inattendue serait encore d'écrire comme
« eux.

« Aussi, Messieurs, la pureté du langage et la candeur dans l'expres-
« sion de la pensée donnent aux ouvrages de l'esprit un charme qui en
« établit d'abord les beautés originales et cette vérité qui les fait vivre
« toujours ».

Ne vous semble-t-il pas que ce discours, véritable profession de foi littéraire, soit la préface de cette autre préface, que quelques années plus tard Victor Hugo devait écrire en tête de son *Cromwell*? Dans ses paroles. Delavigne ne prévoyait-il pas toute une rénovation littéraire à laquelle l'esprit humain allait prendre part? Il s'apercevait déjà que l'évolution de la pensée allait se produire et essayer de refondre sur de nouvelles bases, les principes primordiaux de la conception des œuvres. Il le voyait si bien qu'il avait peur de voir s'écrouler dans un moment d'oubli, dans un égarement regrettable, tous les efforts des siècles vers cet idéal du beau auquel il semblait qu'on fût parvenu. Avec d'autres admirateurs des classiques, il criait : Gare! Mais en poussant ce cri, il paraissait consentir à laisser l'esprit humain libre d'innover, pourvu qu'il ne tombât pas dans l'absurde; il avait peur que cet esprit humain en s'avançant trop, éprouvât un échec qui eût porté alors une atteinte redoutable à la gloire du passé.

Casimir Delavigne avait l'âme trop haute, l'intelligence trop grande pour ne pas s'écrier avec l'auteur anglais : *Excelsior*.

Il avait l'âme trop haute, l'intelligence trop grande pour essayer d'empêcher l'éclosion complète de cette rénovation qui commençait à se faire jour dans notre littérature.

Il comprenait qu'il ne fallait pas rester comme un cheval fatigué après une longue course à piétiner sur place, qu'il fallait avancer toujours dans le chemin si vaste de la pensée, mais qu'il fallait aussi modérer son allure, de manière à ne pas culbuter en voulant franchir les obstacles, puisqu'il s'agissait de conquérir pas à pas, degré par degré, le terrain que la littérature avait perdu depuis le jour où la France entière, électrisée pour ainsi dire par les victoires prodigieuses de Bonaparte consul et de Bonaparte empereur, pensait davantage à la gloire des conquêtes guerrières qu'à celles de la poésie et des arts, subissant cet élan patriotique qui battait dans tous les cœurs, alors enivrés par les triomphes qui se succédaient de jour en jour du nord au midi de l'Europe et même au delà.

Il n'était pas homme à crier haro sur le baudet. Il n'était pas de ceux-là qui « restaient fermes à leur poste, mais se bouchaient les
« oreilles et les yeux pour ne pas entendre, pour ne point lire, ne com-
« prenant rien aux tentatives des écrivains et des artistes, s'imaginant
« que tout était perdu parce que l'on cherchait d'autres formes que
« celles qu'ils aimaient » et qui « dans ce grand mouvement de rénova-
« tion intellectuelle, ne voyaient qu'une invasion de barbares par laquelle
« toute civilisation allait être broyée (1) ».

(1) Maxime Ducamp.

Et dans la péroraison de son discours, Casimir Delavigne ne désespère pas de voir bientôt la France reconquérir sa grandeur littéraire grâce à la protection du Roi, de l'État, dirions-nous aujourd'hui.

Alfred de Vigny émettait la même pensée quand il demandait qu'on vienne au secours du poète, qu'on lui donne au moins « une mansarde et du pain. »

D'autres écrivains ont aussi réclamé cette protection.

L'auteur des *Messéniennes*, plus heureux que certains a eu le bonheur rare d'être protégé et de pouvoir se livrer tout entier à son goût naturel, faire des vers.

Il n'en a pas été de même de Théophile Gautier, qui a été obligé de peiner nuit et jour en faisant de la critique théâtrale qui lui rapportait environ six mille francs par an, alors qu'elle aurait dû lui en rapporter quarante mille suivant le dire d'Émile de Girardin qui traitait d'imbécile l'auteur de *Mademoiselle de Maupin*.

Et le plus beau c'est que cette place de critique, Gautier faillit la perdre un jour. Il avait écrit au sujet de la mort de certains hommes de lettres et de certains artistes, cette phrase dans un de ses articles :
« Voilà Chaudesaigues, un poète devenu critique faute de pain, comme
« nous tous, qui tombe l'autre jour sur la première page de son feuil-
« leton. »

Cette phrase fit bondir Émile de Girardin, directeur de la *Presse*, qui écrivit séance tenante à son auteur une lettre dans laquelle on lisait cette phrase : « Qui ne regarde que le but et ne voit pas le point de
« départ, compte pour rien la distance placée entre les deux extrémi-
« tés, c'est l'erreur dans laquelle tombent les envieux. »

Traiter d'envieux ce pauvre « Théo » c'était là un comble, familièrement parlant. Car qui ne sait que l'auteur des *Émaux et Camées* était l'homme le meilleur du monde, qu'il avait un cœur d'or comme Casimir Delavigne en avait un.

Ce que personne n'ignore, Girardin ne l'ignorait pas non plus. Mais il y a des natures qui ne comprennent pas que puisqu'elles possèdent, d'autres comme elles pourraient bien posséder également afin de pouvoir, elles aussi, parvenir à mettre à exécution les projets qu'elles ont en tête, surtout quand il s'agit comme dans l'espèce de laisser à la postérité des chefs-d'œuvre inoubliables, soit en vers, soit en prose.

Ce coup de plume de Girardin fit sauter sur lui-même ce bon *Théo*. Il haussa les épaules et un sourire moqueur, sourire qui en disait beaucoup, parcourut un instant son visage. Il ressentit profondément dans son cœur l'outrage qui lui était fait. Il disait à son ami Maxime Ducamp auquel j'emprunte cette anecdote : « Je n'ai pour toute réponse

« qu'à donner ma démission de rédacteur de la *Presse*, mais je ne le
« peux pas; je subis l'outrage et cela seul affirme que j'ai eu raison de
« dire que faute de pain, le poète est réduit à des travaux qui lui sont
« antipathiques ; non je ne peux pas jeter mon feuilleton au nez de
« Girardin, car je n'ai que cela pour vivre et d'autres en vivent auprès
« de moi. »

Et, ajoute M. Maxime Ducamp : « Il n'était pas seul dans son
« existence et la famille se pressait autour de lui. Il supportait des
« charges lourdes et lancinantes que bien d'autres eussent répudiées,
« qu'il avait acceptées sans faiblir et qu'il ne renia jamais, que ceci soit
« dit à son perpétuel honneur. »

Casimir Delavigne, je l'ai déjà dit, n'a pas eu à supporter trop les
tyrannies de l'existence. Des mains généreuses se sont tendues vers
lui. Mais il eut un ennemi implacable, plus terrible encore qui le
suivait chaque jour, la maladie.

O heureux les hommes qui jouissent des bienfaits de la fortune!
plus heureux encore ceux dont la santé leur permet de supporter
courageusement les vicissitudes de la vie !

Laquelle de ces deux souffrances, de la souffrance morale et de la
souffrance physique est la plus cruelle ?

Théophile Gautier a été un martyr de l'une, Casimir Delavigne a été
un martyr de l'autre.

Combien pourrait-on en citer aussi qui ont eu à supporter tout à la
fois ces deux souffrances? Par exemple Gilbert, Moreau qui vont mourir
dans un lit d'hôpital ! souffrances terribles *qui réduisent l'âme à ne
savoir plus que devenir*, pour employer l'expression sublime de
Sainte Thérèse.

Heureux ceux-là qui vivent sans souci de l'avenir et voient leur
vie se terminer par une douce mort qui est pour eux le premier pas
vers l'Éternité ?

L'épitaphe inscrite sur le tombeau de Malherbe, due au poète
Gombeau :

> L'Apollon de nos jours, Malherbe ici repose,
> Il a vécu longtemps sans se louer du sort ;
> En quel siècle ! Passant, je n'en dis autre chose,
> Il est mort pauvre, — et moi je vis comme il est mort.

a de tout temps été exacte.

Un de nos poètes contemporains, un des fils de cette belle Normandie,
Albert Glatigny, semble avoir traduit la pensée qui court de par le
monde à l'égard du poète quand il écrivait son *Art poétique de Thérèse*.

. . . .
Tu me demandes d'un ton enjoué
Me voyant noircir tant de feuilles blanches,
Si je travaillais pour un avoué ?

Non, les avoués, ma chère petite,
De ce travail-là seraient mécontents
Et sauraient purger leur maison bien vite
D'un être qu'on voit perdre ainsi son temps

Car ce que j'écris, on le considère
Autant qu'un liard qui n'a plus de cours ;
Sa valeur encore est plus secondaire,
C'est une chanson faite pour des sourds.

J'exerce un métier rude et difficile :
Lorsqu'on le veut bien faire ce métier
On se voit partout traiter d'imbécile,
On ne trouve plus à se marier.

Et ceux-là pour qui justement j'apprête
Ces amours chantés avec tant d'éclat,
Disent en hochant gravement la tête :
« Ça n'est pas utile au bien de l'État ».

Cette conclusion, qu'en pensez-vous ? N'est-elle pas admirablement spirituelle ? Ne peint-elle pas le dénigrement pour ainsi dire habituel qui tombe sur nos poètes mêmes les plus illustres ?

Casimir Delavigne n'a pas échappé à cela. Il n'a pas été traité d'*imbécile*, comme Théophile Gautier, mais peu s'en est fallu ; — on a été pour lui un peu plus parlementaire et il a trouvé à se marier.

Dans un sens, notre poète a été quelque peu privilégié.

J'ai déjà dit comment Delavigne considérait le rôle de l'homme de lettres, je crois devoir compléter ma pensée et en même temps terminer ce chapitre en citant un critique havrais, un contemporain du poète, qui fut loin d'être tendre pour son compatriote : « M. Delavigne est « aussi honnête homme qu'il est honnête écrivain. On ne le voit pas se « mêler au commerce honteux où se déshonore et se perd la littérature « de notre temps. Il ne plaide point contre un directeur, contre un « libraire, contre un journaliste. Il ne sait ce que c'est qu'un feuilleton « qu'on vend jusqu'à dix fois, qu'une lettre qu'on publie pour se « rappeler à la foule, qu'une réclame où l'on se donne comme victime « d'un accident qui n'a point eu lieu. Son nom n'est écrit qu'au bas de « ses œuvres et il ne se grave que dans le cœur de ceux qui l'ap- « prochent. »

Cette appréciation est parfaitement exacte, mais malheureusement, elle est gâtée par la seconde partie de cette dernière phrase : « Son « nom..... ne se grave que dans le cœur de ceux qui l'approchent. »

Le critique alors devient injuste. Il oublie sans doute — car je mets cela sur le compte de l'oubli — que le nom de Casimir Delavigne a été pendant longtemps sur toutes les lèvres depuis le jour où sa lyre de patriote s'est fait entendre par ses chants des *Messéniennes*, et qu'il reste dans tous les cœurs.

La France a fêté l'homme, elle a fêté le poète, elle a fêté le citoyen.

Et aujourd'hui, à l'heure où l'on va bientôt célébrer le Centenaire de ce ciseleur de rimes, les descendants des contemporains de Delavigne s'apprêtent à leur tour à rendre hommage à celui qui fut un des grands poètes de notre dix-neuvième siècle.

La critique a pu être sévère, mais elle tombe vaincue devant la volonté manifestement exprimée de la France qui ne veut pas renier et ne reniera jamais son enfant qui, un jour, à l'heure où elle désespérait, lui a rendu l'espérance.

Ce digne fils de la France est digne de sa mère.

Et, comme l'a si bien dit M. de Salvandy : « Son nom restera l'un des « plus brillants d'un grand mouvement littéraire qui fait partie d'une « époque mémorable de nos annales que la France ne consentira pas à « répudier. »

II

Les sources de son inspiration.

En analysant les *Messéniennes*, j'ai fait remarquer que le poète avait été inspiré par les malheurs qui fondaient sur la France.

Un passage d'une chronique de notre histoire lui fait entrevoir le sujet des *Vêpres Siciliennes*.

Sous l'impression que lui cause la lecture de ce petit chef-d'œuvre de M. Xavier de Maistre, le *Lépreux de la Cité d'Aoste*, Casimir Delavigne conçut l'idée de donner au théâtre une œuvre en rapport avec ce sujet.

« Je voudrais offrir au théâtre le tableau d'un être injustement frappé « d'une lèpre morale, luttant contre sa destinée, et je voudrais en « même temps que mon sujet me permît de déployer tout le luxe de la « poésie orientale », disait-il à son frère.

De cette association d'idées, naquit le *Paria*.

Le sujet de sa comédie, l'*École des Vieillards*, il l'a trouvé dans sa famille même. Et c'est bien à tort que M. Aristide Guilbert, dans l'*Histoire des Villes de France*, insinue que Delavigne a puisé le sujet et le titre même de son œuvre dans une comédie écrite par un poète, né à Tréguier, en Bretagne.

Notre poète n'a jamais été un plagiaire, pas plus dans cette circonstance que dans une autre.

Ici, c'est dans la vie de sa famille même qu'il a trouvé un sujet de comédie.

Une autre fois, il le trouvera dans une lecture, comme nous venons de le voir pour le *Paria*.

Son imagination est assez forte pour ne pas être obligé d'aller demander à autrui un sujet d'inspiration.

D'Italie, il rapporta le plan d'une nouvelle tragédie, *Marino Faliero* dont il avait eu l'idée un jour qu'il se trouvait à Venise, au Palais-Ducal.

L'histoire de France lui suggéra d'écrire cette fameuse tragédie de *Louis XI*, en cherchant un rôle pour le grand Talma.

Les hommes de génie se comprennent et Talma, lui, avait compris que Casimir Delavigne était de force à pouvoir lui tracer un rôle extraordinaire dans la tragédie. Il supplia le poète d'en trouver un.

Le poète chercha et il trouva. *Eureka !* aurait-il pu s'écrier avec Archimède.

Parmi les rois de France qui ont pris tour à tour le pouvoir, il y en a un dont la vie fut une lutte perpétuelle. De lui, on peut dire qu'il fut un génie de ruse, qui se défiait même de lui-même. Ses actions empreintes de mobiles plus ou moins louables le faisaient redouter même de ceux qui le servaient, et quand il prenait une détermination, il n'était pas rare de le voir s'y décider dans l'espérance de ne pas tenir sa promesse. Il jouait avec lui-même pour pouvoir mieux jouer avec les autres. De là, dans cette tête royale, le remords inévitable qui pourchasse ceux qui commettent des actions indignes, ceux qui ont toujours peur de voir leurs actes révélés un jour ou l'autre, et qui ont peur d'avoir à en rendre compte, sachant fort bien qu'ils ne sauraient en sortir avec honneur. Et du premier jour jusqu'au dernier, ils se trouvent être en proie à des tourments qui ne les quittent jamais. La mort même pour eux au lieu d'être une délivrance, n'est qu'un supplice plus effroyable à ajouter aux autres. Ils vivent dans la crainte et ils meurent dans la crainte. Leur vie est un délire. Ils vont toujours, ne s'arrêtant jamais malgré les cris de leur conscience qui leur reproche leurs actes. La réprobation publique persiste toujours à les suivre. Il est vrai que dans le sein de Dieu, ils espèrent trouver un soulagement à leur souffrance morale, mais c'est là peine perdue. Dieu retire sa face et les abandonne complètement à leur sort, Dieu les laisse se ronger dans leur douleur, et c'est à peine s'ils trouvent dans leur esprit le moyen d'inventer des pratiques religieuses qui puissent mettre un terme à cette souffrance de l'âme qui les mine davantage encore que la souffrance physique. Un tel caractère était bien fait pour tenter l'imagination du poète, pour tenter les qualités du grand tragédien.

Et tous deux, unis dans la même pensée, espéraient trouver dans ce sujet l'élément nécessaire pour satisfaire à la fois la poétique de l'auteur et le génie de l'interprète.

Talma avait hâte de voir cette œuvre terminée, œuvre qu'il considérait devoir être le couronnement de sa vie de tragédien et la consécration absolue de son talent, de son génie.

Il pressait donc le poète de composer son œuvre. Mais le poète était atteint d'une maladie incurable qui paralysait sa bonne volonté.

Aussitôt sa pièce de l'*École des Vieillards* reçue, il s'était remis à travailler, cherchant dans l'étude un soulagement à ses maux. Mais c'était là vouloir abuser de ses forces. Il se vit contraint à regret de quitter la France et d'aller demander à l'Italie de nouvelles forces pour reconstituer la santé qui l'abandonnait peu à peu.

En arrivant dans ce pays, il avait déjà composé le premier acte de son *Louis XI*. Il y apprit la mort de son ami, du grand tragédien Talma, celui-là même qui lui avait demandé d'écrire cette œuvre d'impérissable mémoire et qui devait pour ainsi dire tresser une couronne immortelle au poète et à l'interprète.

Adieu le rêve ! La mort était devenue la maîtresse.

Pourquoi maintenant écrire ? Talma, le génie de l'œuvre, n'était plus là.

Casimir Delavigne le pensa et il abandonna son projet.

La Mort lui avait enlevé une partie de lui-même, et sur le tombeau qui venait de s'ouvrir, il laissa tomber sa pensée et ses espérances.

Le génie était absorbé par une douleur profonde.

Convaincu dès lors de son impuissance, n'ayant plus à côté de lui ce quelqu'un qui devait être l'âme même de l'œuvre, qui devait donner la vie à cette œuvre, le poète était anéanti.

Le *Richard III* de Shakespeare et surtout le tableau des *Enfants d'Édouard*, inspireront le poète et lui dicteront cette autre tragédie, *Les Enfants d'Édouard*. Et au grand peintre, Delavigne dédiera sa pièce.

Une autre version, en ce qui concerne la conception de cette œuvre, a été donnée. On dit que ce fut le roi lui-même qui en avait donné l'idée au poète (1).

Être poète, sentir dans son cœur toutes les vibrations de la Lyre, être impuissant à les transcrire, la maladie étant là paralysant toute conception poétique, c'était pour Casimir Delavigne une cruelle épreuve à supporter.

Pourtant, il fallait bien se soumettre aux volontés, aux caprices de cette torture physique qui engendrait une torture morale plus pénible encore pour l'homme de génie.

Et son frère, ce bon Germain, qui suivait avec anxiété les progrès du mal que souffrait Casimir, faisait tout ce qu'il pouvait pour relever l'espèce d'abattement où celui-ci se trouvait plongé :

— Mets de côté les vers, lui disait-il. Fais de la prose. Ce sera du nouveau pour toi.

— Mais un sujet, répliquait le poète.

— Il y en a partout.

(1) Voir : *Recueil de la Société Havraise d'Études diverses*, années 1880-81-82-83, p. 356.

— Tiens.

Et prenant un livre au hasard, dans la bibliothèque, un volume de l'*Histoire d'Espagne* de Ferreras, et l'ouvrant à la première page venue, Germain lut à son frère ce passage :

« Le roi Don Philippe voulant réformer les grands abus qui s'étaient
« introduits dans le royaume pendant son absence, convoqua à cet
« effet les États à Tolède. L'empereur, son père, lui avait extrêmement
« recommandé Don Juan d'Autriche qu'il avait eu, comme je l'ai dit,
« d'une dame allemande, et qui était élevé à Villa-Garcia de Campos,
« sous l'habit de paysan, sans qu'on lui eût fait connaître qui il était.
« Résolu de s'acquitter de cette obligation, le roi partit pour le monas-
« tère de la Espina et manda à Quexada de lui amener en ce lieu
« Don Juan d'Autriche afin de le reconnaître. Quexada obéit. Et quel-
« ques-uns assurent que le roi s'attendrit à la vue de Don Juan en se
« rappelant la mémoire de son père et lui apprit à qui il devait le
« jour. »

Deux jours après cette lecture, Casimir Delavigne avait tracé le plan de sa comédie de *Don Juan d'Autriche* qu'il écrivit en prose, suivant le conseil de son frère, au moment où la maladie ne le faisait pas trop souffrir.

Pour écrire sa comédie *La Popularité*, il fut guidé par cette pen-sée : « Je voudrais, disait-il, non seulement faire une comédie remar-
« quable, mais encore une action utile, en mettant sous les yeux du
« spectateur le danger de l'exagération, même dans les hommes de
« bonne foi, et au milieu d'une intrigue simple, mais intéressante,
« offrir en quelque sorte la théorie du devoir. »

Il aimait, nous dit son frère, beaucoup à relire une ancienne tra-duction du *Romancero*, c'est là qu'il puisa l'idée de *La Fille du Cid*.

Le Sage lui a inspiré le *Conseiller rapporteur*.

Quant à *Mélusine*, titre que le poète a donné à cette pièce inachevée, il tient de la légende. C'était une magicienne ou fée, célèbre dans les romans français de la Chevalerie et dans les traditions du Poitou, une descendante d'Elenas, roi d'Albanie. Elle épousa Raymondin, comte de Poitou, et devint la tige des maisons de Lusignan et par suite de Jéru-salem et de Chypre, de Luxembourg et de Bohême. Tous les samedis, raconte encore la légende, elle était changée en serpent pour avoir donné elle-même la mort à son père. Son mari l'ayant un jour aperçue dans sa métamorphose, l'enferma dans un souterrain de son château de Lusignan où elle serait restée emprisonnée.

III

Son mode de composition.

Le dernier chapitre « *Les sources de son inspiration* », serait incomplet si je n'indiquais pas la manière de travailler du poète.

Il est d'autant plus essentiel de le faire, que Casimir Delavigne avec Ancelot sont peut-être les seuls de nos auteurs dramatiques qui aient employé ce mode de composition.

On va en juger.

« Casimir avait un mode de travail qui lui était particulier. Quand « après de longues méditations, il avait arrêté un plan d'une manière « définitive, il l'écrivait, mais ensuite il composait son ouvrage entier « sans en écrire un seul mot. Lorsqu'un acte était fini, il me le récitait. « Si je lui adressais quelques observations critiques, il faisait des cor- « rections et par une disposition particulière de sa mémoire, le vers « condamné s'effaçait et il était remplacé par un vers nouveau sans « qu'il y eût jamais erreur ou confusion. Aussi les manuscrits qui nous « restent de lui ne portent-ils presqu'aucune rature. Je l'engageais « souvent à renoncer à une méthode qui me paraissait devoir le fati- « guer, mais il me répondait toujours qu'il n'en éprouvait aucun « inconvénient et qu'il y trouvait un grand avantage, celui de pouvoir « se représenter à tout moment l'ensemble de son ouvrage et d'éviter « ainsi des répétitions dans les mots et dans les formes de style (1). »

Il n'y a guère que pour sa comédie *des Comédiens*, je crois, que Casimir Delavigne n'a pas procédé de la sorte.

J'ajouterai, en outre, pour compléter ces renseignements, que, de même que Molière lisait ses pièces à ses acteurs, surtout à sa servante, Delavigne récitait les siennes à sa famille, à Babet, qui lui servit de mère, à ses amis, pour connaître leur impression.

Combien était différent le mode de composition de Scribe ?

Cet auteur dramatique, pour écrire son œuvre, se trouvait obligé

____

(1) Germain Delavigne

d'installer, devant son bureau, un petit théâtre d'enfant sur lequel il plaçait des marionnettes. De sorte qu'il suivait avec ces joujoux l'entrée et la sortie de ses personnages.

Mais, un jour, par suite d'un oubli, un de ces personnages qu'il avait fait mourir dans une scène, reparlait tout à coup dans les scènes suivantes. Son personnage était ressuscité tout comme Rocambole. Scribe en rit le premier lui-même et s'empressa de remettre dans la tombe celui qui en était sorti. Il fallait pour cela seulement retirer la marionnette et d'un coup de plume biffer une partie de ce qu'il avait écrit.

Ceci me donne l'occasion de faire allusion à une conférence faite à la fin de mars ou au commencement d'avril 1886, au Cercle artistique et littéraire de Bruxelles, par M. Abraham Dreyfus : *Comment se fait une pièce de théâtre ?*

Le conférencier, pour traiter son sujet, eut l'originalité de demander à la majeure partie de nos grands auteurs dramatiques contemporains, le secret de leur manière de faire. Tout un chacun s'empressa de répondre et c'est avec les lettres qu'il avait reçues et dont il donna lecture au public que le sujet fut traité. Il fut traité sans l'être, car aucune solution précise ne fut donnée. Ces lettres étaient fort charmantes, très spirituelles. Il faudrait les transcrire toutes. Je ne ferai donc qu'en citer quelques passages et je renverrai pour les lire à la *Revue politique et littéraire* d'avril 1886.

M. Alexandre Dumas fils répondait :

« ..... Vous voulez que je vous dise comment on fait une pièce et je
« vous dis et plutôt j'essaie de vous dire ce qu'il faut mettre dedans.

« Eh bien, mon cher ami, si vous voulez que je sois très franc, je vous
« avouerai que je ne sais pas comment on fait une pièce. Un jour, il y a
« longtemps de cela, je sortais à peine du collège, j'adressai la même
« question à mon père. Il me répondit : C'est bien simple : le premier
« acte clair, le dernier acte court et de l'intérêt partout. »

« Le procédé est bien simple en effet.

« Il ne reste plus qu'à savoir s'en servir, c'est là que la difficulté
« commence.

« Je crois que tous ceux auxquels vous demanderez comment ils
« font des pièces, s'ils savent vraiment en faire, vous répondront qu'ils
« ne savent pas comment ils les font. C'est un peu comme si vous
« demandiez à Roméo comment il a fait pour être amoureux de
« Juliette et pour se faire aimer d'elle ; il vous répondrait qu'il ne le
« sait pas et que cela s'est fait tout seul. »

Émile Augier répondait :

« Vous me demandez la recette pour la fabrication des comédies ;
« je ne la connais pas ; mais je suppose qu'elle doit un peu ressem-
« bler à celle que le sergent donne au conscrit pour la fabrication du
« canon :

« Tu prends un trou et tu mets du cuivre autour. Si ce n'est pas la
« seule, c'est au moins la plus usitée. Peut-être y en aurait-il une
« autre qui consisterait à prendre du cuivre, à faire un trou au milieu
« et à pratiquer une lumière au bout.

« Dans les canons, cela s'appelle l'âme. Comment cela s'appellera-t-il
« dans une œuvre dramatique ! Trouvez-lui un autre nom si celui-là
« ne vous plaît pas.

« Imbibez votre cinquième acte de douces larmes et saupoudrez les
« quatre autres de traits d'esprit. »

Victorien Sardou répondait :

« Il n'est pas si facile de vous répondre que vous le pensez. Il n'y a
« pas qu'une façon de faire une pièce de théâtre. Et chacun a la sienne,
« suivant son tempérament, sa nature d'esprit et sa méthode de travail.
« Que si vous me demandez qu'elle est la mienne, je vous répondrai
« que cela ne se formule pas comme la recette du canard à la rouen-
« naise ou de la poularde au gros sel. Ce n'est pas cinquante lignes,
« mais deux, trois cents et, cela fait, je ne vous aurai dit que ma façon
« de travailler qui n'a rien de général et qui ne prétend pas être la
« meilleure. C'est celle qui m'est naturelle. Voilà tout, vous la trouverez
« indiquée en partie dans la préface que j'ai écrite à Lapommeraye à
« propos de *Fedora*. »

Labiche répondait :

« Chacun fait selon son inspiration et son tempérament. Les uns
« chantent la note gaie ; Les autres éprouvent plus de plaisir à faire
« pleurer.

« J'ai donc une idée, ou je pense en avoir une. Je prends une main
« de papier blanc, du papier de fil, je ne trouve rien sur un autre et
« j'écris sur la première page :

PLAN

« J'entends par *plan* la succession développée, scène par scène, de
« toute la pièce, depuis son commencement jusqu'à sa fin.

« Pour faire une pièce gaie, il faut avoir un bon estomac.

« La gaieté est dans l'estomac. »

Legouvé écrivait :

« Vous me demandez comment se fait une pièce de théâtre.

« En commençant par la fin.

« Tout autre est le roman...................................

« Une pièce de théâtre est un voyage en chemin de fer par le train
« rapide. Douze lieues à l'heure et de temps en temps dix minutes
« d'arrêt pour les entr'actes: et si la locomotive cesse de siffler, il (le
« public) la siffle. »

J'arrête ici ces citations que je n'ai faites que dans l'intention d'établir
un parallèle avec la méthode de composition de Casimir Delavigne.
Aucune ne s'y rapporte. Et suivant moi, la méthode de notre poète
est en tout point supérieure. Elle est réellement géniale puisque c'est
dans son cerveau même qu'il conservait secret, le produit de son imagination, jusqu'au jour où son œuvre complètement achevée suivant
son cœur et selon son esprit, il l'écrivait sur le papier.

Peut-être a-t-il emporté dans la paix du tombeau, la genèse d'autres
chefs-d'œuvre qui aurait été pour sa gloire, la preuve éclatante de la
plus rare des conceptions. Ce que je me permettrai d'appeler la
conception géniale.

Il me semble que l'on a oublié de faire attention à ce don pour ainsi
dire sacré que possédait notre poète. Et cette phrase écrite à son sujet :
« Casimir Delavigne est toujours sur le point d'avoir du génie »,
me parait être d'une injustice frappante faite à sa mémoire. Ce faisant,
on a méconnu la supériorité incontestable de Casimir Delavigne, sur ses
contemporains et peut-être même sur ses devanciers en littérature. Et
qui sait ? Peut-être alors se serait-on plu à accorder une place plus
grande au poète ? Peut-être aurait-il balancé la gloire des Victor Hugo,
des Lamartine, des Musset ? C'est là un point sur lequel je me permets
d'appeler l'attention de la postérité qui pourra le trancher avec justice.

Car, c'est là évidemment un phénomène dans la conformation intellectuelle d'un être humain.

Il y a aussi à remarquer une différence entre ce mode particulier et
celui employé par certains grands romanciers.

« Walter Scott, le grand Walter Scott, s'asseyait le matin à sa table,
« prenait un cahier de papier et y écrivait : *Chapitre premier*. Il posait
« ses personnages, et indiquait la situation : puis situation et person-
« nages se tiraient d'affaire comme ils pouvaient ; c'était à eux à se
« créer eux-mêmes par la logique des faits et des caractères. »

« Eugène Sue m'a souvent dit qu'il lui était impossible de faire un
« plan. Cela le glaçait. Son imagination avait besoin d'imprévu ; pour
« surprendre il fallait qu'il fût surpris lui-même. Il lui est arrivé plus
« d'une fois de jeter à la fin d'un feuilleton les personnages dans une
« situation inexplicable dont lui-même ne savait pas l'issue. »

« Georges Sand commençait souvent un roman sur la foi d'une

« phrase, d'une page, d'un paysage. Ce n'était pas elle qui conduisait sa
« plume ; c'était sa plume qui la conduisait. Elle débutait avec l'idée
« de faire un volume, elle en faisait dix. Elle voulait un dénouement
« heureux ; elle aboutissait à un suicide » (1).

Qui donc nous livrera ce secret de ces divers genres de la conception humaine ?

La science, un jour, dira peut-être son mot, à moins que, s'avouant impuissante, elle ne nous laisse qu'une espérance, la trouver dans le sein de celui qui préside aux destinées des hommes et des choses.

La science humaine parviendra peut-être à résoudre définitivement les phénomènes des corps, mais parviendra-t-elle à résoudre ceux de l'esprit ?

(1) Legouvé.

IV

Sa vie intime. — Ses amis.

Pour peindre un homme, son caractère, son talent, son génie, son rôle, son influence, ses aptitudes, ses succès, ses déboires, il faut quelquefois entrer dans des petits détails qui paraissent avoir peu d'importance au premier abord, mais qui n'en ont pas moins leur utilité.

On s'y trouve pour ainsi dire forcé et d'autant plus que si l'on ne parlait pas de ceux qui l'ont approché de plus près, on se verrait involontairement dans la nécessité d'oublier parfois de faire connaître cet homme sous une de ses principales qualités.

Justement, les qualités principales de Casimir Delavigne ont été sa bonté, son désintéressement.

Et si je ne m'y arrêtais pas un instant, je manquerais peut-être de faire ressortir les qualités méritoires de ce cœur, toujours à la disposition d'autrui, toujours plein de nobles et généreuses pensées.

Combien de fois, Casimir, cet amant de l'humanité, est-il venu secourir de cruelles infortunes ?

Combien de fois l'a-t-on vu faire des démarches pour ses protégés ?

Combien de fois a-t-il vidé sa bourse dans les mains des malheureux alors même qu'il était au Lycée, à cette heure où la bourse est généralement plate ?

Combien de fois s'est-il donné corps et âme pour être utile à ceux qui réclamaient son appui, généreux et désintéressé ?

Si, ceux qui avaient recours à lui, lui en étaient reconnaissants, lui aussi marquait sa reconnaissance à l'égard de ceux qui, à son début dans la littérature étaient venus lui donner la main pour gravir peu à peu les marches qui devaient le conduire à la renommée.

« Je suis heureux, disait-il souvent à son père, d'avoir trouvé à mon
« début dans la carrière tant d'hommes distingués qui veulent bien me
« donner leurs conseils, et qui prennent à mon succès autant d'intérêt
« que moi-même. Si je réussis, c'est une dette que j'acquitterai plus tard
« lorsque des jeunes gens viendront me consulter à mon tour. »

« Il ignorait la haine, nous dit un contemporain, excepté par les coups

« que, depuis la naissance de l'École romantique, elle essayait de lui
« porter. Il s'isola un peu trop à la fin de sa carrière, non seulement
« sa popularité, mais sa personne en souffrit car il aurait désarmé tous
« ceux de ses ennemis qui l'auraient approché. »

D'autres en dehors d'Andrieux, du comte Français, de Picard qui furent ses premiers protecteurs et ses premiers amis après Scribe, recherchèrent l'amitié du doux poète.

C'est ainsi qu'on a vu M. Stanislas Girardin, préfet de la Seine-Inférieure, l'inviter à venir dans sa propriété d'Ermenonville, et qu'on verra le baron Pasquier devenir son bienfaiteur.

Des *Vêpres Siciliennes* datera son amitié avec M. Droz, membre du comité de lecture du théâtre de l'Odéon, ami de Picard et d'Andrieux, et qui, dans différentes circonstances, prêta son concours au poète pour vaincre les difficultés suscitées par certains comédiens envers notre jeune auteur dramatique qui conservait toujours sa timidité native.

J'ai dit qu'il aimait à rendre service aux autres et qu'aucune démarche ne lui coûtait.

En voici un exemple parmi beaucoup d'autres que je pourrais citer :

Un jeune poète, du nom de Fontan, qui connaissait Casimir Delavigne et auquel celui-ci avait généreusement prêté son appui, avait écrit dans le journal l'*Album*, un article satirique contre le roi Charles X et ses ministres, ayant pour titre le *Mouton enragé*. Pour ce fait, il fut condamné à cinq ans de prison, et le gérant du journal, Magallon, entendit prononcer contre lui la même peine. On conduisit le journaliste de prison en prison et enfin dans la Maison centrale de Poissy. Là, Fontan, désespéré, se souvint de l'auteur des *Vêpres Siciliennes*. Celui-ci s'en vint chez M. de Montbel, alors ministre de l'intérieur, qui le renvoya à M. Mangin, préfet de police.

Ce dernier, comme tout fonctionnaire, fort de son autorité, répondit :
« Nous sommes forts, M. Delavigne, nous ne craignons rien, il faut que
« justice se fasse. »

— « C'est précisément parce que vous êtes forts que vous pouvez vous
« montrer humains, en ne confondant pas un homme de lettres avec
« des voleurs », répondit Casimir.

Ce que le poète des *Messéniennes* n'avait pu obtenir de bonne grâce, les événements politiques se chargèrent de le faire.

1830 rendit aux condamnés pour délits de presse la liberté, et par suite à Fontan.

A la même époque, Casimir Delavigne se maria avec Mlle Elisa de Courtin (1) qu'il avait connue en Italie. Mlle de Courtin avait été élève

(1) Morte en 1863. — Elle avait été dame d'honneur de la reine Hortense.

de Mme Campan. Elle descendait en ligne collatérale de l'abbé Courtin, poëte du XVIIIe siècle (1).

De cette union naquit un fils (2).

A l'anecdote que je viens de raconter sur Fontan, on me permettra d'en ajouter une autre.

Le jour de la première représentation de *La Popularité* fut marqué comme étant une bonne journée pour Delavigne. Comme Horace, il la marqua d'un caillou blanc.

Le matin, il reçut la visite d'une descendante du grand Corneille qui venait solliciter le poëte pour la tirer d'un embarras où elle se trouvait.

La petite-nièce de l'auteur du *Cid* avait obtenu des pouvoirs publics un bureau de papier timbré pour lequel il y avait lieu, au préalable, de verser une somme de cinq cents francs à titre de caution. Or cette somme, l'héritière d'un grand nom ne la possédait pas, et elle se voyait à la veille d'être obligée de renoncer au bénéfice d'une situation qui l'aurait mise à l'abri de l'infortune.

Casimir Delavigne écrivit séance tenante une lettre en faveur de sa protégée : « C'est un soldat qui, le jour d'une bataille, vient réclamer « vos bontés en faveur de la petite-fille de son général ».

Le prince répondit aussitôt à cet appel. Ce qui permit au poëte de dire : « Si je ne réussis pas ce soir, j'aurai fait du moins une bonne action. »

La pièce eut du succès.

Corneille semblait avoir voulu être de la fête et avoir voulu ceindre le front d'un de ses enfants les plus illustres (3).

Delavigne avait de nombreux entretiens avec le roi Louis-Philippe, avec lequel il se promenait familièrement : « Je vois souvent le Roi, « disait-il à un de ses amis, c'est un puits de science, de raison et « d'instruction ; il prend quelque plaisir à se promener familièrement « avec moi dans ses belles galeries et j'en trouve un infini à l'écouter, « car c'est tout profit pour moi que ses conversations.

« — Mais ne faites-vous que l'écouter ?

« — Oh ! non, j'ai mon tour. Nous discutons, mais nous ne sommes « pas d'accord sur tous les points, mais le Roi ne me garde pas rancune « et nous nous quittons bons amis.

(1) L'abbé François de Courtin (1659-1739) fit partie de la joyeuse société du *Temple* qui eut pour membres, le Prieur de Vendôme, La Fare, Chaulieu, Voltaire, J.-B. Rousseau, etc. Suivant l'auteur de la *Henriade*, l'abbé jouissait d'une réputation d'excellent convive et de causeur remarquable. Il a laissé de nombreuses poésies. Cinq de ses épitres ont été publiées avec les œuvres de Chaulieu.

(2) Mort à Paris, le 12 avril 1876.

(3) Delavigne obtint la libération d'un jeune conscrit.

Molière ne s'asseyait-il pas à la table de Louis XIV ?

Un armateur du Havre, M. Mazurier, eut la pensée de donner à un de ses navires, le nom de Casimir Delavigne.

Le poète lui écrivit :

« Je ne puis que trop vous remercier de l'aimable pensée que vous
« avez eue pour moi et j'accepte avec reconnaissance l'honneur que
« vous voulez bien me faire. Puisse le nom que vous avez choisi être
« un gage de bonheur pour le navire qui va le porter. Croyez que
« mes vœux accompagneront dans sa course le nouveau Casimir et
« que je prendrai une part bien vive à la joie que nous causera son
« retour.

« CASIMIR DELAVIGNE.

« Paris, 7 janvier 1835. »

Cet hommage rendu au poète de son vivant, dit assez quelle estime on avait pour lui.

Jamais peut-être, en pareille circonstance, une telle marque de sympathie n'a été rendue à un homme illustre.

Quand il y avait chez le poète une réunion de famille, une réception quelconque, « Madame Delavigne, femme d'un caractère plein de
« douceur et d'une force d'âme admirable, d'un esprit et d'un juge-
« ment dignes de son époux, avec des yeux d'une suavité angélique,
« faisait les honneurs du salon ».

Là, on y rencontrait des bienfaiteurs et des amis du poète dont j'ai parlé déjà, Liadières, Gudin, Brascassat, Dantan, l'acteur Samson qui, notamment, un soir, après la représentation de *La Popularité* fit une joyeuse chanson.

Casimir Delavigne, a dit Victor Hugo, aimait son champ, son jardin, sa maison, sa retraite, le soleil d'avril sur ses roses, le soleil d'août sur ses treilles.

Les grands écrivains, les poètes, ont toujours de par le monde un coin de terre de prédilection, un coin de terre où ils voudraient vivre toujours, où ils voudraient mourir.

C'est Ferney pour Voltaire.

C'est Montbards pour Buffon.

C'est Ermenonville pour Rousseau.

C'est Saint-Point pour Lamartine.

Ce fut la Madeleine pour Casimir Delavigne.

Cette propriété de campagne, sous les frais ombrages de laquelle, depuis 1824, il allait se reposer, était située près de Vernon, sur un coteau dominant les replis et les iles de la Seine, avec des jardins qui descendaient jusqu'au fleuve.

Scribe lui offrit son habitation de Montalais. Puis, ce fut M. de Lopes qui lui offrit l'hospitalité dans son château de Saint-Just, près de Vernon, d'où il pouvait apercevoir cette terre qui était si chère au poète, et qu'il avait vendue à un Rouennais, M. de Périer.

Un jour, lui et son frère Germain furent invités par M. l'abbé Bazire, maitre de pension, à déjeuner en compagnie de trois prêtres au nombre desquels se trouvait M. le chanoine Boïeldieu, oncle du compositeur de la *Dame Blanche*.

« Ce qui m'ennuie le plus à traiter, disait ce dernier, qui avait la « réputation d'excellent prédicateur, c'est la Passion de Notre Seigneur « Jésus-Christ.

« Comment ne pas se répéter dans un pareil sujet ?

« Oh ! fit Casimir, il y a encore de bien belles choses à dire là-dessus. « Si je faisais un discours sur la Passion, je voudrais ne pas laisser « un œil sec, mais il faudrait que le sermon fût prêché par Talma. »

Puis il dit à M. Bazire :

— Comment va la pension ?

— Assez bien, mais elle irait encore mieux si, au lieu de s'occuper spécialement de leurs élèves, mes professeurs ne s'avisaient aussi de faire des tragédies. Vos succès leur ont tourné la tête.

— Comment des tragédies, dit Germain, des poètes tragiques ?

— Dans cette enceinte même *des*, c'est trop peut-être, répliqua l'abbé Bazire, mais un du moins et, puisque nous sommes au dessert, je puis bien, sans indiscrétion, attendu que la pièce est imprimée, vous donner le plaisir de faire connaissance avec des vers du cru.

Germain s'esclaffait avec le bon curé.

Casimir seul ne riait pas et blâmait son frère d'être aussi moqueur à l'égard de ces essais poétiques.

Germain se mit alors à faire l'éloge de son frère.

Et Casimir répliqua :

« Ces succès, tu devrais en avoir la meilleure part. Pensez, messieurs, « que ce bon Germain fait au moins la moitié de la besogne. Il lit pour « moi pour m'épargner l'ennui des recherches. Il fait souvent les croquis « de mes ouvrages et si je vaux quelque chose, comme il se plaît à « vous le dire, eh ! mon Dieu, n'est-ce pas à lui que je dois cela ? »

Ah ! que ceci ne nous étonne pas. Casimir aimait beaucoup son frère, de même qu'il chérissait tous les membres de sa famille. Il l'aimait et celui-ci le lui rendait bien. Il l'aimait comme Pierre Corneille aimait son frère.

Il n'est pas rare de voir dans l'histoire de la littérature, une amitié réelle unir deux êtres combattant tous les deux pour la même cause, soit qu'ils soient parents, soit qu'ils soient amis. Dans ces derniers temps, ne peut-on pas citer l'amitié des frères de Goncourt, l'amitié de Flaubert et de Louis Bouilhet ? Et quand l'un d'eux s'en va, l'autre qui reste seul, pense ou écrit comme le fit un jour l'auteur de *Madame Bovary*, en apprenant la mort de son fidèle ami, le poète de *Melenis* et de la *Conjuration d'Amboise* : « C'est pour moi, une perte irrépa-« rable, j'ai enterré hier ma conscience littéraire, mon cerveau, ma « boussole. » Puis : « en perdant mon pauvre Bouilhet, disait Flaubert « à Georges Sand, j'ai perdu mon accoucheur littéraire, celui qui « voyait dans ma pensée plus clairement que moi-même. Sa mort « m'a laissé un vide dont je m'aperçois chaque jour davantage ».

Si Casimir aimait ainsi son frère, comment n'aurait-il pas aimé ses amis ? Comment n'aurait-il pas été aimé par eux ? Ah ! c'est que ces derniers, ceux de la première heure comme ceux qui avaient recherché son amitié depuis, savaient bien que le poète possédait un caractère supérieur. C'est ce qui faisait dire à l'un d'entre eux : « Ce qui le faisait « le plus aimer encore, c'était la tolérance de son esprit et de son « cœur. » Comme je l'ai déjà écrit, Casimir ne savait pas ce que c'était que la haine. Et ignorant la haine, il savait ainsi conserver ses amis. Au Havre, il avait ses amis d'enfance, Raoul Chaussé, Roquer, qu'il n'a jamais oubliés. Et comme dit Duclos : « Quand j'ai voulu juger du carac-« tère d'un homme que je n'avais pas eu le temps d'étudier, je me suis « toujours informé s'il avait conservé ses anciens amis. Il est rare que « cette règle-là nous trompe. »

Certainement, elle ne saurait nous tromper pour Delavigne.

Le jour des funérailles du poète, Frédéric Soulié disait : « Si je voulais « vous dire les nobles qualités de l'homme privé, il faudrait vous racon-« ter tous les jours de cette vie si honorablement remplie, il faudrait « faire parler la reconnaissance de tous ceux qu'il a aimés ; il faudrait « rappeler sur sa tombe les sacrifices généreux dont sa vertu délicate « et modeste ne voulait pas entendre parler durant sa vie.

« Jamais son bon accueil, jamais ses conseils si éclairés, jamais sa « constante protection n'ont manqué aux jeunes efforts de ceux qui « allaient réclamer de lui des lumières et du courage pour entrer dans « la carrière qu'il avait si glorieusement parcourue. C'est ainsi que voilà « déjà plus de quinze ans, il accueillit mes premiers essais avec la plus « noble et la plus touchante bienveillance, et si j'ose faire parler ma « reconnaissance personnelle, c'est que je suis sûr qu'en disant ce qu'il « a été pour moi, je ne fais que dire ce qu'il a été pour beaucoup « d'entre nous.

« Il semblait que Dieu dût une plus longue vie à celui dont la vie était
« un si noble exemple. N'a-t-il pas bien rempli sa carrière celui sur la
« tombe duquel on peut écrire : *Il fut grand et il fut bon.* »

Cette dernière phrase qui aurait pu être gravée sur le tombeau de
Casimir Delavigne, j'ai tenu à cœur de la mettre en tête de cette *Étude
biographique et littéraire*, non seulement parce qu'elle est l'expression même de la reconnaissance d'un ami, mais encore parce qu'elle
est l'appréciation d'un contemporain.

Cette phrase a de plus l'avantage de caractériser l'homme et son
œuvre.

L'amour de Casimir Delavigne pour les siens, son amitié pour ceux
qui l'approchèrent de près, son affection pour ceux qui avaient
recours à lui, ne s'arrêtaient pas à ceux-là. Il avait l'âme plus grande
encore, il avait « *l'enthousiame de la pitié, la passion de la bonté* ».
Cet enthousiasme, cette passion, son cœur avait besoin de les épancher
sur l'humanité souffrante, « sur ses frères de douleur, sur tous les pri-
« sonniers de cette terre sur tous les hommes », comme aurait dit
Alfred de Vigny.

Comme le chantre d'Eloa, Casimir Delavigne aurait pu écrire : « Vingt
« fois par heure je me dis : Ceux que j'aime sont-ils contents ? Je pense
« à celui-là, à celle-ci que j'aime, à cette personne qui pleure : Vingt
« fois par heure, je fais le tour de mon cœur. »

Comme le chantre d'Eloa, Casimir Delavigne aurait pu écrire : « Il
« m'est arrivé de passer des jours et des nuits à me tourmenter extrè-
« mement de ce que devaient souffrir les personnes qui ne m'étaient
« nullement intimes et que je n'aimais pas particulièrement. Mais un
« instinct involontaire me force à leur faire du bien sans le leur laisser
« connaître. C'était l'enthousiasme de la pitié, la passion de la bonté,
« que je sentais en mon cœur. »

Ce ne fut que sur le tard de sa vie qu'Alfred de Vigny avait éprouvé
ce revirement dans son âme : « Sa compassion avait été jadis aux héros
« de la souffrance, aux martyrs fameux du génie de l'amour, de l'hon-
« neur, à Moïse, à Roland, à Chatterton, à Chénier, etc. » (1).

Il avait une femme. Et celle-ci ne répondit pas à son amour. En ceci,
il fut moins heureux que cet autre poète, Louis Bouilhet.

Le désespoir du poète fut grand. Il écrivit la *Colère de Samson*. Avec
l'Ecclésiaste il put dire : « La femme est plus amère que la mort et ses
« bras sont comme des chaînes. » Et son scepticisme lui fit formuler
cette pensée : « L'espérance est la plus grande de nos folies et la source
« de toutes nos lâchetés. »

(1) Un biographe d'Alfred de Vigny.

Mais ce scepticisme ne dura pas dans son âme et bientôt, ainsi que je l'ai dit plus haut, il éprouva dans son cœur un irrésistible élan d'amour non pas pour quelques-uns comme jadis, mais pour tous ceux qui souffrent de corps ou d'âme, pour l'humanité entière.

Son amour avait grandi. Pour opérer ce changement chez Alfred de Vigny, il avait fallu que le poète de *Moïse* passât par le scepticisme.

Nous ne trouvons pas cette lutte de la passion, de l'amour chez Casimir Delavigne. Le poète des *Messéniennes* aima, aima toujours. Jamais le doute ne vint en lui, jamais le désespoir ne vint troubler son incommensurable amour pour les siens et pour l'humanité.

J'ai tenu à faire ce parallèle à cette époque d'égoïsme où le *Moi* est pour ainsi dire la règle fondamentale de la vie de chacun, à cette époque où on parle beaucoup de liberté, d'égalité, de fraternité, où ces mots sont écrits sur tous les murs et ne semblent pas incrustés dans tous les cœurs, à cette époque où ces mots sont de simples inscriptions dont on paraît ignorer la divine signification.

Des hommes se sont trouvés parfois qui en ont compris la sublimité. Ils ne se sont pas contentés de les prononcer du bout des lèvres. Leurs cœurs les ont fait entendre. Casimir Delavigne a été un de ces hommes-là.

La liste serait trop longue de ceux, orateurs ou poètes, qui ont demandé pour la grande famille humaine, la Liberté, l'Égalité, la Fraternité. Il suffit de constater ici que le poète des *Messéniennes*, par ses œuvres, par sa vie, a coopéré à la grande œuvre de l'union des cœurs, à cette grande œuvre dont nous ne voyons pas l'accomplissement, malgré dix-neuf siècles de lutte. Il est vrai de dire que pour atteindre le but de cette pacification humaine, tout vient apporter des entraves à ce sublime problème émanant d'un Dieu, repris et défendu par des âmes généreuses dont les appels chaleureux sont restés jusqu'alors sans succès, l'homme semblant par plaisir vouloir être son propre ennemi.

V

Casimir Delavigne. — Ancelot et Morlent.

Entre Casimir Delavigne et Ancelot, il y a une certaine ressemblance.
Tous deux poètes, tous deux nés dans la même ville, ils eurent le même procédé de travail. Ils composèrent leurs œuvres de mémoire.

Ces deux poètes ne se fréquentaient pas. Morlent, qui était l'ami de l'un et de l'autre, en explique la cause : « Leur éloignement, dit-il, eut « pour cause, non une antipathie personnelle, mais la différence de leur « position sociale et leur opinion politique. C'étaient là de vrais obs- « tacles à une liaison. Casimir n'était pas en faveur sous les gouver- « nants de la Restauration, Ancelot n'aimait guère la Révolution de Juillet « qui avait renversé sa *marmite*, comme il disait plaisamment. Cepen- « dant, s'il y avait de part et d'autre cet éloignement tacite dont nous « venons de parler, il n'y avait pas de haine dans ces deux nobles cœurs. »

Cette appréciation est exacte. S'il y avait eu inimitié entre eux, Casimir Delavigne n'aurait pas donné à Ancelot sa voix à l'Académie française le 7 janvier 1841, le jour où Victor Hugo fut élu par 17 voix contre 15, et l'auteur de *Fiesque* n'aurait pas composé sa pièce de vers en l'honneur de Bernardin de-Saint-Pierre et de Casimir Delavigne lors de l'inauguration des statues de ces deux illustrations havraises (1).

Sur la tombe d'Ancelot, M. Patin s'écriait en parlant des deux célèbres poètes havrais :

« Ils avaient paru ensemble au moment où s'interrompait l'Empire, « où recommençait l'antique royauté, à la veille d'une de ces rénova- « tions littéraires qui suivent les révolutions politiques, quand notre « poésie se reposait encore avec sécurité dans des formes consacrées par « la tradition de deux grands siècles. Ces formes, qu'un long usage avait « glorieusement vieillies, l'auteur des *Vêpres Siciliennes*, et tout aussitôt « l'auteur de *Louis IX*, leur rendirent par une rivalité féconde en « œuvres brillantes et applaudies, par des succès répétés qui semblaient « s'appeler et se répondre, une jeunesse nouvelle. »

M. Patin fait aussi observer avec juste raison, que chacun de nos deux poètes était revendiqué avec orgueil par un des partis qui divisaient l'État, tandis qu'ils se rencontraient pacifiquement au sein de la même école littéraire.

(1) Voir le chapitre : Inauguration de la statue de C. Delavigne.

Je complète la pensée de M. Patin par cette phrase d'un concitoyen de nos deux poëtes, d'un ami d'Ancelot : « Si, dans les deux camps où « au gré de leurs opinions politiques, les partis les avait placés, le nom « du vainqueur était différent, c'était toujours dans l'un ou dans « l'autre le nom d'un enfant du Havre qui était proclamé. »

L'amitié de Morlent pour Casimir Delavigne est connue.

Dans un ouvrage paru à Beaune, en 1891, dû à la plume de M. Louis Fournier, homme de lettres, cette amitié a été rappelée ainsi que l'amitié d'Ancelot (1).

L'auteur fait remarquer avec juste raison « qu'après la mort de « Casimir Delavigne, Morlent a beaucoup contribué à l'érection au « Havre d'un monument destiné à perpétuer le souvenir d'un des plus « illustres enfants de la Cité ».

Et à l'appui de son appréciation, il cite une lettre *de l'archiviste conservateur de la bibliothèque du Havre*, adressée au célèbre critique Jules Janin et dans laquelle je remarque cette phrase justificative : « Nous vous devons encore de la reconnaissance à un autre titre, c'est « d'avoir bien voulu sur l'invitation pressante de M. Germain Delavigne « *et de moi-même*, accepter la noble tâche de faire partie de la com- « mission parisienne. »

Nous devons rendre hommage à la mémoire de Morlent d'avoir été un des promoteurs de l'érection de la statue du poète des *Messéniennes*, dont j'ai eu l'occasion de parler dans un chapitre précédent.

Trois lettres de Casimir Delavigne à Morlent se trouvent à la bibliothèque du Havre : l'une est datée du 1er novembre 1831, les deux autres n'ont pas de date (2).

Je n'en citerai qu'une très courte, car il me semble qu'elle terminera heureusement ces deux derniers chapitres que j'ai consacrés à l'amitié de Casimir Delavigne vis-à-vis de ceux qui s'adressaient à lui.

« Mon cher Monsieur,

« Soyez assez bon pour me venir voir lundi ou mardi dans la matinée. « Nous causerons de vos affaires ; croyez toujours au bien ardent désir « que j'ai de vous être utile.

« Agréez, je vous prie, l'assurance de mon dévouement.

« Casimir Delavigne. »

(1) Joseph Morlent, né à Beaune, bibliothécaire de la ville du Havre, avec portrait, 1793-1861. — 1 vol. in-8º. Beaune, imprimerie Henri Lambert fils, 1891.

Cet ouvrage n'a été tiré qu'à 60 exemplaires : papier de Chine, 2 ; papier du Japon, 0 ; papier vergé, 48. L'éditeur en possède encore quelques exemplaires.

(2) La bibliothèque de Rouen possède deux lettres de C. Delavigne.

VI

Ses goûts. — Ses idées.

Casimir Delavigne n'aimait pas la réclame ; cette réclame dont se sont servis et se servent encore certains écrivains aujourd'hui. Il en avait horreur. Il était homme de lettres. Il ne voulait pas passer pour un charlatan. Il se confinait dans sa sphère, ne demandant qu'une chose au monde, être libre.

Il haïssait du plus profond de son cœur tout ce qui avait pour base l'ostentation, l'outrecuidance, tout ce qui enfin avait pour but d'essayer d'élever l'homme, en ne faisant que de le rabaisser aux yeux de tous ceux qui comprennent que là où se trouve le talent, le génie, il n'y a pas besoin de l'annoncer à son de trompe. Les esprits ne sont-ils pas là, prêts à juger ? Est-il besoin de forcer l'admiration ?

Les manœuvres de ce genre, il les considérait, — Alfred de Vigny était du même avis, « comme un tréteau autour d'une statue, comme « une baraque auprès d'un temple ».

On ne donnera pas tort à nos deux poètes.

Casimir Delavigne aimait la vie silencieuse et retirée, à côté de sa femme et de son enfant.

Un de ses biographes a écrit : « Casimir Delavigne n'aimait pas le « ridicule de quelque façon qu'il se revêtit ; il avait d'ailleurs un pro- « fond dédain pour l'illustration d'étalage et de carreaux de vitre. »

Jamais, il n'avait consenti, au grand désespoir du caricaturiste Dantan, à lui laisser mettre son portrait dans le musée grotesque que publiait en ce temps-là cet artiste.

Veut-on connaître l'opinion du poète sur l'Angleterre ?

« La France, disait-il, c'est Rome. Londres, c'est Carthage. »

Après la représentation de *Térésa*, de Dumas, Planche écrivait : *la Tragédie est morte et le Drame commence.* On venait de jouer précédemment *Louis XI*. Et Casimir Delavigne émit cette opinion sur le grand romancier : « C'est mauvais ce que fait Dumas, mais cela « empêche de trouver bon ce que je fais. »

Disons que Delavigne était un adversaire de V. Hugo. Le jour où, pour la première fois, le poète des *Feuilles d'Automne* posa sa candidature académique, il chargea Alexandre Dumas de voir le poète des *Messéniennes*.

C. Delavigne, dit l'auteur des *Mousquetaires*, refusa obstinément sa voix à V. Hugo et cela avec une véhémence et une volonté dont je l'eusse cru incapable, surtout vis-à-vis de moi qu'il aimait beaucoup. Ni instances, ni supplications, ni raisonnements ne purent, je ne dirai pas le convaincre, mais le vaincre. ..... Pourquoi cette antipathie, je ne l'ai jamais su. Ce n'était pas à cause de la différence des écoles, je n'étais pas — il s'en fallait du tout au tout — de l'école de Casimir et il m'offrait à moi cette voix qu'il refusait à Hugo.

VII

Portrait de Delavigne.

Je laisse la parole à un contemporain de Delavigne :

« Je le vois encore. Il sortait certainement de travailler. Il avait
« quelque chose d'un peu théâtral que je lui ai revu trois ou quatre
« fois depuis; ses cheveux noirs et raides étaient dans leur désordre
« habituel quoique laissant à découvert un beau front large et proé-
« minent; ses yeux, d'un bleu limpide, jetaient de véritables éclairs ;
« ses narines se gonflaient; ses joues s'animaient, vers les pommettes
« un peu saillantes, de cette petite rougeur qui donna, dès longtemps
« à sa famille, de l'inquiétude pour sa poitrine. Sa bouche grande et si
« pleine d'expression, semblait passer tour à tour du sourire le plus
« bienveillant et le plus doux au sourire de l'ironie, pour prendre ainsi
« celui de la finesse. Les impressions par lesquelles il venait de passer
« le suivaient encore. Casimir avait habituellement une physionomie
« un peu bourgeoise, mais spirituelle, animée, un peu méditative, dis-
« traite par l'usage qu'il s'était fait de garder, du premier au dernier
« mot, son œuvre dans sa tête, avant de l'écrire, sans que cette distrac-
« tion, exempte d'apprêts, lui enlevât rien de son air d'accueil et de
« bonté. La petite vérole avait un peu grossi ses traits et lui avait en
« même temps ravi ce qu'on appelle la beauté, et toutefois l'expression
« et l'ensemble de son visage plaisaient singulièrement. Le visage, en
« effet, était tout esprit, grâce et bienveillance. Casimir était sobre de
« gestes et les grands airs, les airs qui sentent l'homme réduit faute de
« fonds à s'imposer un extérieur pompeux, ne lui convenaient nulle-
« ment, il les dédaignait. Quand le démon de la poésie le dominait,
« toujours à cause de la simplicité et de la modestie de ses goûts, il se
« souciait peu de se montrer en cet état et se gardait bien de faire en
« public étalage d'inspiration. »

Un autre poète, Alfred de Vigny, a écrit, en parlant de lui-même :
« Je marche lentement à travers les rues parce que tout mon corps
« écoute mon cerveau qui parle sans interruption. »

Il a écrit encore : « Mon cerveau, toujours mobile, travaille et tourbil-
« lonne, sous mon front immortel, avec une vitesse effrayante. Des
« mondes passent devant mes yeux, entre un mot qu'on me dit et le
« mot que je réponds ».

Il a écrit aussi : « La voix de ma pensée se fait entendre si haut en
« moi, que le bruit de la vie extérieure ne l'étouffe pas ; le travail de
« mon âme parle fort et toujours. »

Delavigne aurait pu écrire la même chose en parlant de lui-même.

M. de Salvandy a fait un portrait fort remarquable de Casimir
Delavigne. J'y renvoie le lecteur, ne voulant pas abuser des citations (1).

(1) Voir Discours de M. de Salvandy lors de l'inauguration de la statue de
C. Delavigne.

VIII

Casimir Delavigne fonctionnaire.

On se rappelle que Casimir Delavigne avait, en sortant du lycée, eu le bonheur de rencontrer un bienfaiteur dans M. le comte Français, et que celui-ci lui avait donné un emploi dans ses bureaux.

L'Empire tombant, Casimir perdit sa place.

Notre poète eut le bonheur de rencontrer un autre admirateur de son talent, M. le baron Pasquier, garde des sceaux, chancelier de France.

Celui-ci fut enthousiasmé à la lecture des premières *Messéniennes*. Il fit venir le poète, le combla d'éloges et le nomma bibliothécaire de la Chancellerie.

Le baron Pasquier a raconté un jour à Alfred de Vigny, cette anecdote sur Casimir Delavigne :

« Ce fut moi, dit-il à l'auteur de *Chatterton*, qui eut le bonheur de
« lui ouvrir la carrière. Peu après Waterloo (je vous le raconte, non
« pour moi, mais parce que cela fait honneur à Louis XVIII), je venais
« de recevoir une de ses *Messéniennes*. Le roi aimait parler poésie
« après ses affaires. Je mis ces vers dans ma poche et après la poli-
« tique, je lui dis :

« Voici une pièce de vers que je reçois d'un jeune homme et que
« je ne juge pas, mais sur laquelle je demande au roi son avis. Ils sont
« assurément d'une couleur d'opinion un peu vive; mais le roi a un
« esprit si indépendant, qu'il n'y a peut-être qu'à lui que j'oserais les
« faire voir. »

« C'est très beau ! me dit le roi. Eh bien, dans quelle position est-il ?
« Ne pouvez-vous pas trouver quelque chose pour lui.

« J'offris de rétablir une bibliothèque tombée en désuétude, le roi y
« consentit et je la lui fis donner. »

Alfred de Vigny répondit : Monsieur, vous voulez bien m'en parler en souvenir du roi Louis XVIII; j'en parlerai souvent en souvenir de vous.

Ce poète a tenu sa promesse. Et c'est dans ses *Visites Académiques*, que j'ai trouvé cette anecdote :

A la fin d'avril 1825, le roi, sur le rapport de M. le vicomte de la Rochefoucauld, chargé du département des Beaux-Arts au ministère de la Maison du Roi, accorda à M. Casimir Delavigne une pension de 1.200 francs sur la liste civile.

Le poète écrivit au roi pour refuser sa pension. Sa lettre, dit un biographe, est un chef-d'œuvre de fermeté respectueuse, de courage et de dignité.

Il y eut un changement de ministère. Et la place occupée par Delavigne fut supprimée.

« Casimir fut promptement dédommagé de cette petite persécution, dont le public s'irrita plus que lui-même (1).

« Le tonnerre est tombé sur votre maison, je vous offre un appartement dans la mienne, s'empressa d'écrire au poète, le duc d'Orléans. »

C'est ainsi que Casimir se trouva devenir le bibliothécaire du Palais Royal et qu'il put dès lors consacrer son temps à son plaisir favori. En changeant de bibliothèque, il n'y perdit pas, il y gagna plus de liberté. Là, il acheva d'écrire sa seconde comédie, l'*École des Vieillards*.

Louis Philippe montant sur le trône, le nomma bibliothécaire du Palais de Fontainebleau.

Par arrêté rendu par le ministre de l'intérieur (août 1830), il fut formé une commission chargée d'examiner l'état actuel des théâtres, tant sous le rapport de la législation que sous celui de l'administration littéraire et financière. Cette commission avait pour mission également de proposer au ministre, les mesures qui lui paraîtraient utiles et convenables à ce sujet. Elle était composée de : M. Étienne, membre de la Chambre des députés, président; MM. Jars, membre de la Chambre des députés; Casimir Delavigne, membre de l'Académie française; D'Haubersaërt, maître des requêtes; Dupuis, jeune avocat ; Moreau, rédacteur du *Courrier Français*, secrétaire.

Par ordonnance royale en date du 17 septembre 1830, M. Casimir Delavigne fut nommé en remplacement de M. Bérenger, démissionnaire, membre de la commission chargée de présenter un projet de loi sur les conditions et les formes, d'après lesquelles les honneurs du Panthéon pourraient êtres décernés aux grands hommes qui auraient mérité de la Patrie.

C'est à cette même époque, que se rapporte l'anecdote suivante, qui fait grand honneur à la mémoire du poète :

(1) Germain Delavigne.

Dans un banquet offert au général Lafayette par MM. les officiers de la 10ᵉ légion, le 16 septembre 1830, un toast fut porté par M. le colonel Lemercier à l'auteur de la *Parisienne, au poète citoyen* qui se trouvait parmi les convives.

On regretta que M. Delavigne n'ait pas donné lecture d'une œuvre nouvelle que les circonstances lui avaient inspirée et qu'il voulait retoucher encore.

M. Dabadie chanta la *Parisienne,* la *Marseillaise* et le *Vieux drapeau.*

Casimir Delavigne était officier de la Légion d'honneur.

IX

Casimir Delavigne et ses Critiques.

En analysant les œuvres du poète, j'ai indiqué certaines critiques qui avaient été fournies pour et contre elles.

Il y a peut-être intérêt à indiquer les noms de ceux qui notamment se sont plu à apprécier les œuvres.

Chacun sait que Victor Hugo a été feuilletonniste dramatique et qu'il n'y a pas un genre de littérature qu'il n'ait abordé.

En 1829, à vingt-sept ans, c'est lui qui fait le feuilleton dramatique au *Conservateur littéraire*.

Dans ce journal, il a consciencieusement analysé les pièces de Casimir Delavigne, d'Eugène Scribe, de Pierre Lebrun, de Brifaut, de Viennet, de Népomucène Lemercier.

Il consacra l'un de ses premiers feuilletons aux *Vêpres Siciliennes*. Il défendit cette œuvre contre les menées et les factions des royalistes ultra.

« C'est une chose étrange, écrivait-il, et digne de notre siècle vraiment
« unique que de voir l'esprit de parti s'emparer des banquettes d'un
« théâtre comme il assiège les tribunes des Chambres. La scène litté
« raire a acquis presqu'autant d'importance que la scène politique. Le
« public, aveugle au matin, prête aux paroles des acteurs tout le poids
« qu'elles devraient avoir si elles sortaient de la bouche de ceux qu'ils
« représentent. Il semble ne voir dans nos comédiens que de grands
« personnages, de même qu'il ne voit dans nos grands personnages
« que des comédiens. »

Le critique Bert consacra un de ses articles à cette œuvre.

Le critique Duviquet écrivit notamment sur le *Paria*, sur *Louis XI*, sur les *Enfants d'Edouard*; Dumoulin sur la *Vie des Comédiens*; Etienne sur l'*Ecole des Vieillards*.

Théophile Gautier, Jules Janin, A. Cochut, Gustave Planche, et les autres critiques de l'époque n'ont pas manqué de donner leur avis sur l'œuvre du poète, sans oublier les critiques actuels.

Pour être complet, il faudrait donc ouvrir les feuilletons de tous les journaux de cette époque prodigieuse en hardiesse littéraire, et continuer ses recherches jusqu'à nos jours.

Casimir Delavigne, fidèle admirateur des œuvres des classiques, d'un naturel prudent, ne voulut pas se lancer en avant de cette réforme littéraire ; il préféra suivre les maîtres, Corneille, Molière, Racine ; ne méconnaissant pas non plus la valeur des tentatives nouvelles, il fut un habile défenseur et l'un des derniers champions des classiques, et cela parce qu'il comprenait fort bien que l'on ne devait pas toujours tourner dans le même cercle. Il subit donc les critiques, ne s'en fâcha nullement.

Aux attaques qui lui étaient décochées de part et d'autre, Casimir Delavigne eut l'habileté de ne pas répondre. Il avait raison.

A Théophile Gautier, qui ne fut pas toujours tendre pour notre poète, j'emprunterai cette phrase qui sera la plus belle réponse à faire à ses adversaires : « Au théâtre, M. C. Delavigne a réussi sans encombre. « La chute lui est inconnue. Quand on marche sur le grand chemin, « il est rare qu'on tombe. »

X

**Casimir Delavigne. — Les règles d'Aristote. — Le Romantisme.
Les comtemporains. — Un dernier mot.**

Dans notre littérature, l'unité de temps et l'unité de lieu ont été imposées comme principe pour les œuvres théâtrales. On a attribué à Aristote ces règles. Et on s'est aperçu plus tard que le célèbre Grec n'avait jamais eu la pensée de les établir.

Au XVIIe siècle, il s'est trouvé un homme qui fut un grand ministre, mais qui ne fut pas un grand littérateur, qui s'avisa le premier à imposer la durée de vingt-quatre heures pour toute action théâtrale. Cet homme, ce grand ministre fut le cardinal de Richelieu.

Les uns prétendent que ce fut dans le *Sophonisbe* de Mairet, les autres dans l'*Amour tyrannique* de Scudéri, que cette règle de l'unité de temps fut définitivement consacrée.

Auparavant, on n'en tenait pas compte. *La Force du sang* de Hardy, le *Josias* de Messer Philone, notamment, renferment un espace de trente ans.

Nos grands auteurs, même Corneille ne l'ont pas toujours appliquée.

Les *Mairet* et les *Desmarets* firent triompher l'opinion du cardinal ministre. Il fallut la Révolution que devait opérer en 1830 le Romantisme pour renverser définitivement cette règle qui n'avait pas sa raison d'être.

Quant à l'*unité de lieu*, certains auteurs ont trouvé le moyen de la respecter et de l'élucider à la fois.

On lit dans l'histoire du poète Sibus (Recueil de Serey, prose, 2e volume): « Je vais faire faire, dit un des interlocuteurs, tout le tour du « monde dans un navire à mon principal personnage, de sorte que suivant « la définition qu'Aristote donne du lieu : *Locus est superficies corporis* « *ambientes*, il se trouve que n'ayant point sorti du vaisseau, il n'a pas « par conséquent changé de lieu. »

C'est sans doute en s'inspirant de cette idée que Népomucène Lemercier, le même qui s'est écrié en parlant du poète des *Odes et Ballades*,

Avec impunité les Hugo font des vers,

a violé cette règle dans son *Christophe Colomb*, puisque le navire où se passe la scène fait plusieurs centaines de lieues en pleine mer, et l'a respectée puisque tous les personnages ne franchissent pas le bâbord et le tribord du vaisseau.

Il en est de même dans *Tyr et Sidon* de Schelandre.

Claveret que l'on pouvait surnommer un romantique au XVIIe siècle et qui a publié en 1639 : le *Ravissement de Proserpine*, écrivait dans son avertissement ceci : « La scène est au ciel, en la Sicile et aux enfers « où l'imagination du lecteur se peut représenter une espèce d'unité de « lieu, les concevant comme une ligne perpendiculaire du ciel aux en- « fers. »

Comme on le voit, l'adversaire opiniâtre des idées de Richelieu ne manquait pas d'esprit.

Victor Hugo vint enfin.

En réalité, le *Maître* affirma le principe de la liberté littéraire dans une nouvelle édition des *Odes* suivies des *Ballades*.

Il écrivait alors : « On entend tous les jours à propos de productions « littéraires parler de la dignité de tel genre, des convenances de tel « autre, des limites de celui-ci, des latitudes de celui-là.

« L'auteur de ce livre a le malheur de ne rien comprendre à tout cela. « Il y cherche des choses et ne voit que des mots ; il lui semble que ce « qui est réellement beau est vrai partout, que la seule distinction véritable « dans les œuvres de l'esprit est celle du bon et du mauvais. »

C'était la première bataille livrée contre ceux qui depuis la Révolution essayaient de produire des œuvres moulées dans les mêmes formes, sans idées nouvelles, sans jamais atteindre leurs devanciers.

Et ceux-là, qui suivaient cette nouvelle manière étaient considérés comme des fous.

« Le Romantisme écrivait à cette époque l'académicien Duvergier de « Hauranne, n'est pas un ridicule, c'est une maladie comme le somnam- « bulisme ou l'épilepsie. Un romantique est un homme dont l'esprit « commence à s'aliéner. Il faut le plaindre, lui parler raison, le ramener « peu à peu ; mais on ne peut en faire le sujet d'une comédie, c'est tout « au plus celui d'une thèse de médecine. »

Le Romantisme, c'était le libéralisme en littérature, c'était la liberté dans l'art.

Ce mouvement littéraire avait été préparé depuis longtemps déjà puisqu'il remonte au dix-septième siècle.

Avant nous, les littératures étrangères profitèrent de ces nouvelles idées émises dès le siècle de Louis XIV ; Gœthe, Lessing, Schiller, Byron avaient été des premiers à réagir.

En France, peu de temps après, Châteaubriand écrivait *le Génie du Christianisme*, *Atala*, *Réné*, la *Traduction du Paradis perdu*, *les Martyrs* ; Mme de Staël nous faisait connaître les Grands Poètes d'outre-Rhin. Lamartine écrivait ses *Méditations*, et Musset allait faire entendre sa lyre, de même que Théophile Gautier.

L'histoire eut aussi ses écrivains, Michelet, Augustin Thierry. Le roman compta pour la nouvelle École, Balzac et Georges Sand.

« Les générations actuelles doivent se figurer difficilement l'effer-
« vescence des esprits à cette époque, a écrit Théophile Gautier, dans
« son *Histoire du Romantisme* ; il s'opérait un mouvement pareil à
« celui de la Renaissance. Une sève de vie nouvelle circulait ample-
« ment. Tout germait, tout bourgeonnait, tout éclatait à la fois. Des
« parfums se dégageaient des fleurs : l'air grisait, on était fou de lyrisme
« et d'art. Il semblait qu'on vint de retrouver le grand secret perdu, et
« cela était vrai, on avait retrouvé la Poésie. »

Un grand acteur, le plus célèbre du siècle, le grand Talma, coopéra par son art à ce grand mouvement. Il s'adressa à Victor Hugo, comme il s'était adressé à Casimir Delavigne. Chez ces deux poètes différents l'un et l'autre, il apercevait le génie capable de faire de grandes choses et de comprendre le sien. Talma a inspiré les deux poètes, à l'un il a fait écrire *Louis XI*, à l'autre il a fait écrire *Cromwell*.

Le grand tragédien mourut avant l'achèvement de ces œuvres, écrites pour lui spécialement.

Ce jour-là, les deux poètes perdaient une partie d'eux-mêmes.

Le poète Malherbe a vécu sous quatre rois.

Delavigne a commencé à vivre à l'heure où le grand combat du droit, de la justice, de la liberté se livrait.

Delavigne a assisté à l'écroulement d'un empire et de trois royautés.

Tout cela a disparu.

Tout cela, c'est l'histoire d'un demi-siècle de grandeur. C'est l'histoire d'une conquête. C'est l'histoire d'un grand peuple qui lutte pour sa liberté de penser et d'agir. C'est l'histoire de tous ceux qui ont voulu apporter une pierre à l'édifice sacré de la Patrie libre.

Casimir a apporté cette pierre à l'édifice.

Il a jeté sur ses contemporains le tranquille regard que l'histoire jette sur le passé. Il a su se maintenir au-dessus du trouble, inébran-

lable, austère et bienveillant, sachant être tout à la fois irrité comme homme et calme comme poète (1).

Il a été le *pro patria poeta* (2).

Il a été un des témoins de ce grand cataclysme des hommes, des choses, des idées. de ce grand combat entre la vie et la mort, entre les ténèbres et la lumière, *mors et vita duello, conflixere mirando,* grand combat, qui a englobé l'universalité des pensées.

De ce combat, est sortie la Rhétorique moderne.

Avant Casimir Delavigne, André Chénier s'était écrié :

> Sur des pensers nouveaux, faisons des vers antiques.

Et comme on l'a fait observer judicieusement, *ce poète avait fait des vers nouveaux sur des pensées très nouvelles* (3).

Après l'auteur de la *Jeune Captive,* Delavigne prononça son discours de réception à l'Académie française.

A peu près à la même époque, Victor Hugo, le grand chef, écrivait ces vers, qui résument la pensée géniale de sa préface de Cromwell :

> Je fis souffler un vent révolutionnaire,
> Je mis un bonnet rouge au vieux dictionnaire.
> Plus de mots, sénateur, plus de mots, roturier.
> Je fis une tempête au fond de l'encrier.

Ce fut contre cette tempête que le poète des *Vêpres Siciliennes,* lui l'homme prudent par excellence, ennemi de toutes discordes, voulut réagir en écrivant ses œuvres, dans lesquelles l'ancien goût prédomine. dans la crainte que la littérature française ne subisse un échec dont elle aurait eu, selon lui, du mal à se relever.

Pas plus que la nation, la littérature ne peut périr. Les hommes passent. Les générations passent. La marche progressive de l'une et de l'autre se continue de siècle en siècle, sans que pour cela ce qui est littérature, cette œuvre du genre humain, s'écroule. Tout subsiste au temps. Les réformes suivent les réformes, qu'elles soient politiques ou littéraires, n'importe. C'est de cette lutte perpétuelle que jaillit la lumière, cette lumière qui brille toujours, qui ne saurait s'éteindre, qui grandit toujours, qui ne saurait être éclipsée. C'est l'intelligence, c'est la pensée, c'est l'idéal, c'est le bien. c'est le beau, c'est le grand, c'est le sublime, c'est l'ascension séculaire vers le droit immortel dont a parlé Michelet.

(1) Victor Hugo.
(2) Agrippa d'Aubigné.
(3) Paul Bourget.

Les grandes âmes y visent toujours, et dans ce siècle qui approche à la fin de sa carrière, les grandes âmes n'ont pas manqué. Mutuellement, elles ont tenté tous les efforts pour atteindre le but le plus noble auquel puisse espérer l'humanité entière, le droit en dehors duquel tout n'est rien et par là, rendre l'humanité meilleure.

Pour indiquer l'influence que Casimir Delavigne a pu avoir sur ses contemporains et sur les littérateurs qui les ont suivis dans cette marche ascensionnelle vers la vérité, il faudrait entreprendre l'histoire littéraire de tout un siècle d'idées, d'événements, origines et causes de la vie séculaire d'un peuple, cherchant à établir sur des bases inébranlables, la liberté dans les lettres, dans les arts et dans la pensée.

En n'admettant pas toutes les idées qui prenaient jour, il ne fut pourtant pas un adversaire opiniâtre. Il avait trop de bon sens pour cela. *Mélusine*, cette œuvre dont il a emporté le secret dans la tombe, devait-être le trait d'union entre lui et le romantisme.

Je ne crois pas être téméraire en disant que Delavigne, s'il avait vécu, aurait fini par faire de nombreuses concessions à cette littérature nouvelle. Il y aurait été amené par la force même des choses.

Il était royaliste par opinion politique et aussi par reconnaissance.

Il était républicain d'idées, de sentiments et de cœur.

En 1870, comme M. Thiers, comme tous les hommes de bon sens, il se serait rallié à la République. Comme l'auteur du *Consulat et de l'Empire*, il aurait pensé que la République était alors le seul gouvernement possible en France. Il y serait peut-être venu tard, mais il y serait venu, car il aimait sa patrie. Il avait pleuré avec elle en 1815. Il aurait pleuré avec elle pendant l'*Année terrible*. Pour elle, il aurait écrit de nouvelles *Messéniennes*. Pour elle, il aurait jeté le cri d'espérance. Sa vieillesse aurait été respectée par tous, même par ses adversaires. Ce que la France a fait pour la vieillesse de Victor Hugo, elle l'aurait fait pour Casimir Delavigne.

Du reste, de son vivant, n'avait-il pas eu tout entière la reconnaissance de tous, en recevant ce titre de *Poète-Citoyen ?*

La postérité voudrait-elle lui retirer ce titre d'honneur ?

Non.

L'homme de cette époque qui a le mieux partagé les idées de Delavigne sur la révolution littéraire qui s'est produite en 1830, — je ne crois pas me tromper en le disant — est celui dont on a dit qu'il était le plus français, *comme aussi le plus achevé de nos contemporains*, Béranger.

N'a-t-il pas écrit dans une de ses chansons :

> Redoutons l'anglomanie,
> Elle a déjà gâté tout ;
> N'allons pas en Germanie
> Chercher des règles de goût.

N'a-t-il pas dit : *les Latins et les Grecs mêmes ne doivent pas être des modèles, ce sont des flambeaux ?*

Il a applaudi le Romantisme, mais *en blâmant un peu*, pour me servir d'une de ses expressions.

Delavigne a fait la même chose. Il a applaudi et il a blâmé un peu. Et en cela, il s'est montré tel qu'il était. Son naturel réservé avait horreur du tapage. « Après un succès nouveau proclamé devant « l'élite du public parisien, il échappait modestement aux ova- « tions bruyantes, aux félicitations empressées des acteurs, des amis, « de cette foule de gens qui, dans la solennité d'un pareil jour, « tiennent à honneur de serrer affectueusement la main à l'auteur « couronné. Ce qu'il lui fallait après tout ce bruit, toute cette eni- « vrante fumée, c'était un mot de son père, de ses frères, un sourire « de sa sœur, un embrassement de sa mère et de sa nourrice qui, par « respect, se tenait toujours cachée derrière les grands-parents. « Casimir appréciait tellement ces bonheurs là, que pour le faire « ressemblant, c'est toujours chez lui qu'il faut le peindre (1). »

Tel il était avec sa famille, tel il était avec ses contemporains qui l'ont très bien jugé.

Et la parole de l'un d'entre eux, Frédéric Soulié, tous l'ont répétée :

Il fut grand et il fut bon.

Si Delavigne a été bien jugé, il faut avouer aussi qu'il a bien jugé les autres.

J'en donnerai un seul exemple. C. Delavigne a prononcé aux funé- railles de Picard, le 2 janvier 1829, un discours dans lequel je remarque notamment cette appréciation qui part du cœur.

» Moi, j'ai tout reçu et je n'ai rien donné. Je fus du nombre de ces « jeunes écrivains, qui, dès leurs premiers pas sont venus réclamer « son appui. La foule était grande, car sa bonté n'attirait pas moins que « ses ouvrages...... Oui, nous avons trouvé en lui une protection pater- « nelle, il nous a soutenus dans nos jours de découragement et dans les « dégoûts inséparables d'une carrière qui commence ; il nous a éclai- « rés de ses avis ; il s'est tourmenté de nos espérances et de nos « craintes ; à travers les obstacles, il nous a conduits comme par la

______
(1) Un contemporain de Delavigne.

« main à de premiers succès qu'il a sentis aussi vivement que nous-
« mêmes. »

C'est par ce trait que je désirais finir pour montrer une fois de plus
que Casimir Delavigne avait une grande âme, qu'il avait un grand cœur,
qu'il était reconnaissant, qu'il était bon.

Eh oui, il était bon, il était grand ce poète qui ne fut pas le poète des
femmes comme Lamartine, ce poète qui ne fut pas le poète des jeunes
gens comme Victor Hugo, ce poète de talent qui est parvenu au génie
grâce à la constance de ses efforts, grâce à son chauvinisme, à son
libéralisme, à son amour de la patrie qu'il a chanté avec tout son
cœur et toute son âme.

Sans attendre ni chercher la popularité, la popularité vint à lui parce
qu'il écoutait l'opinion publique et que c'était elle qui inspirait ses
vers.

La valeur de Casimir Delavigne, commande donc la vénération et la
sympathie.

C'était un cœur simple et tendre, un esprit droit et sûr, d'une loyauté
irréprochable, aimant l'art pour l'art, ne sachant pas ce que c'était que
de transiger avec ses idées, se servant de sa plume non pour la rendre
esclave d'un parti ou d'une coterie quelconque, mais pour défendre
par elle, la grande cause de la liberté universelle. Car on peut dire de
lui, comme des grands penseurs, comme des grands génies dont la
renommée ne s'étend pas seulement à la nation qui les a vus naître,
mais qui remplissent l'univers de leurs souvenirs seulement, que sa
Patrie était non la France, mais qu'elle était partout où se mourait la
Liberté :

> Ma patrie est partout où meurt la liberté ! (1)

Dans toute l'acception du mot, dans toute la force du terme, par sa
vie, par ses œuvres, il a été l'homme d'honneur que Molière, *le grand
philosophe du Théâtre*, comme l'appelle M. Claretie, a peint dans une
de ses immortelles comédies.

Accomplir son devoir, tel a été le principe de la vie de Casimir
Delavigne, l'amour de l'humanité, sa pensée, ses œuvres, le produit de
son rêve de réformateur, de chercheur du bien, du bon, du juste.

Victor Hugo a dit vrai, quand, en prononçant l'éloge funèbre du
poète, il s'écriait avec la conviction sincère de rendre justice à la
mémoire de ce poète qui disparaissait de ce monde, laissant à la

(1) Armand Sylvestre.

postérité, sa vie à admirer, son exemple à suivre, ses écrits à méditer :

« Deux fois poète, doué tout ensemble de la puissance lyrique et de
« la puissance dramatique, il avait tout connu, tout obtenu, tout
« éprouvé, tout traversé, la popularité, les applaudissements, l'accla-
« mation de la foule, les triomphes du théâtre, toujours si éclatants,
« toujours si contestés. Comme toutes les intelligences supérieures, il
« avait l'œil constamment ouvert sur un but sérieux, il avait senti cette
« vérité que le talent est un devoir ; il comprenait profondément et avec
« le sentiment de la responsabilité, la haute fonction que la pensée
« exerce parmi les hommes, que le poète remplit parmi les esprits. La
« fibre populaire vibrait en lui, il aimait le peuple dont il avait les
« instincts de ce magnifique avenir de travail et de concorde qui attend
« l'humanité. »

En terminant, qu'on me permette d'exprimer un désir, de conserver
une espérance.

Si quelques-uns refusent de considérer Casimir Delavigne comme un
poète de premier ordre, de le placer à côté ou immédiatement après
les trois génies du siècle qui s'appellent Victor Hugo, Lamartine, Alfred
de Musset, s'ils ne veulent pas faire partager la même gloire au poète
lyrique des *Messéniennes*, au poète dramatique des *Vêpres Siciliennes*,
du *Paria*, de *Louis XI* et des *Enfants d'Édouard*, au poète comique
de la *Comédie des Comédiens* et de l'*École des Vieillards*, au prosateur
admirable de *Don Juan d'Autriche*, a celui qui a su par son talent, par
son génie — on peut sans crainte dire cela — perpétuer l'art tragique
de l'auteur du *Cid* et l'art comique de l'auteur du *Misanthrophe*, qui a
été à la fois leur élève et leur émule, refusant de revenir encore sur
leur jugement, dicté peut-être par parti pris, fondé sur des critiques
auxquelles les divisions d'école ne sont pas étrangères, auxquelles
l'ingratitude, l'injustice ont leur part sans doute, — critique, ingratitude,
injustice dont de tout temps ont été victimes les talents et encore plus
les génies, à commencer par Homère et à s'arrêter à Victor Hugo — les
Zoïle ayant toujours existé, — qu'ils se rappellent au moins, ceux-là,
que Casimir Delavigne a été un poète patriote, un fervent ami de la
liberté, le chantre de nos douleurs et de nos victoires, qu'il a aimé la
famille, la Patrie et que là où régnait en maître le malheur, il cherchait à apporter un soulagement à tant de souffrances et à tant de
misères ; qu'ils se rappellent au moins l'homme de cœur si leur
esprit se refuse à couronner de lauriers mérités, l'immortel poète qui
a fait vibrer sa lyre pour le grand honneur et la grande gloire de la
France.

A ceux que ces lignes ne sauraient parvenir à convaincre, qu'ils me permettent de leur rappeler que de Casimir Delavigne, on a pu dire :

Il fut grand et il fut bon.

On ne peut en dire autant de tous les hommes.

La plupart de ses contemporains et les plus illustres, ont tenu à reconnaître sa valeur. On a pu en juger par les citations que j'ai eu le grand bonheur de faire, apportant ainsi un appui réel à ces pages.

Et tous les contemporains de Casimir Delavigne, à commencer par Victor Hugo lui-même, celui qui a été surnommé le *Maître*, se seraient donc trompés?

Oh! non. cela est impossible.

La postérité ne voudrait pas commettre une injustice à l'égard d'un des plus illustres poètes du XIX\ siècle, à l'égard de celui qui aurait pu s'écrier, lui aussi :

> .... Je suis celui qui hâte l'heure
> De ce grand lendemain, l'humanité meilleure (1).

C'est cette pensée sublime qui ressortira de la lecture ou de la représentation des œuvres de Casimir Delavigne.

Puisse cette étude littéraire, rallier des admirateurs au poète dont les cendres devraient êtres transportées au temple de nos gloires nationales. le Panthéon, dont les principales pièces devraient être jouées fréquemment sur nos grands théâtres et dont les œuvres devraient se trouver dans les bibliothèques de tous ceux qui cherchent et admirent le beau, de tous ceux qui ont soif de justice.

Le spectateur, après avoir vu jouer, et le lecteur après avoir lu, ne méconnaîtront certainement pas le cher et doux poète qui a fait entendre sa voix pour le grand honneur et la grande gloire de la France, je le répète et qui, ce faisant a servi sa patrie. a servi l'humanité.

Et tous deux diront en parlant de Casimir Delavigne : « *Il est mon ami. Il est toujours suivant mon cœur, s'il n'est pas selon mon esprit* » (2).

Dans une étude sur Schiller. un philosophe contemporain, M. Jules Simon. critiquant l'abus des détails trop recherchés par les Allemands, dans la Vie des Grands hommes, a dit : « les événements un peu important. « tants et les pensées les plus habituelles. sont tout ce qu'il faut relever

(1) Victor Hugo.
(2) Victor Hugo.

« dans la biographie d'un homme célèbre, si l'on veut comprendre son
« rôle dans le monde et le caractère de son génie. »

Pour écrire cette étude littéraire, je me suis inspiré de cette pensée.
Je me suis inspiré aussi de nos autres grands maîtres de l'Université
et surtout de la méthode de M. Feugère, l'un des plus éminents, l'un
des plus brillants lauréats de l'Académie française et de celle de
cet autre universitaire, M. Geruzez.

Cet écrit se trouvait pour ainsi dire terminé, quand j'ai eu l'occasion
de lire une notice biographique sur Casimir Delavigne, écrite par
M. P. Diard, un écrivain qui assurément connaît l'œuvre de notre
Poète (1).

J'y remarque cette phrase : « mais malgré tous les efforts on ne fera
« pas qu'il (Casimir Delavigne) ne soit presqu'un oublié — pas au
« Havre bien entendu — et que ses œuvres pour la plupart ne soient
« pour ainsi dire figées dans le vieux moule classique où il a cru
« devoir les couler et dont il a été un des derniers à se servir ».

Je comprends cette crainte, je l'ai partagée. On l'a vu plus haut.

Mais malgré tout, j'ai confiance.

J'ai confiance. Car la gloire est toujours la gloire.

Les grands génies qui l'ont obtenue, soit de leur vivant — et Casimir
Delavigne l'a obtenue alors — soit après leur mort, vivent immortelle-
ment dans le cœur de tous ceux qui pensent comme André Chénier :

> Trois mille ans ont passé sur la cendre d'Homère,
> Et, depuis trois mille ans, Homère respecté,
> Est jeune encore de gloire et d'immortalité.

*La gloire de Corneille ne préjudicie pas à la gloire de Victor Hugo
La gloire de l'auteur d'*Hernani *ne préjudicie pas à la gloire de l'auteur du Cid.*

*Leur gloire est toute personnelle. Il en sera de même pour Casimir
Delavigne.*

On a pu oublier un instant l'auteur de tant de chefs-d'œuvre, celui
qui est *mort jeune encore, mais dont la vie a été bien remplie.* Son
nom revivra d'âge en âge comme les noms des hommes dont la vie et
les œuvres ont été les interprètes fidèles des sentiments généreux de
leur cœur.

Un poète rouennais, Théodore Lebreton a dit :

> .... Le poète est immortel.

(1) *Almanach illustré du Courrier du Havre*, 1893.

Il a dit vrai.

> Le nom grandit quand l'homme tombe.

a dit Victor Hugo.

Et de son côté, le critique Jules Janin a écrit ces mots, en parlant de Casimir Delavigne : *Son nom ne peut pas mourir.*

La vie si noble et si bien remplie de Casimir Delavigne est le meilleur exemple que puisse laisser un homme : *Aimer sa famille, aimer sa ville natale, aimer sa patrie, aimer la Liberté, l'Égalité, la Fraternité.*

C'est, en ayant sous les yeux de tels souvenirs que l'on apprend à élever son âme; que l'on apprend à mieux aimer et à mieux servir la France et la République, et qu'il sera donné à tout un chacun d'apporter une pierre à l'édifice de la Patrie libre, ce qui permettra peut-être de réaliser le rêve de V. Hugo, hâter l'heure

> De ce grand lendemain, l'humanité meilleure.

VI

DOCUMENTS ET NOTES COMPLÉMENTAIRES

I

Documents.

I. — Acte de naissance de Casimir Delavigne (1).

Ce jourd'huy, vendredy, cinq avril mil sept cent quatre-vingt-treize, l'an second de la République française, en la salle de la maison commune de la ville du Havre de grâce, devant nous, Louis Pernin, officier municipal, faisant pour l'absence de l'officier public du troisième arrondissement de la dite ville, a été présenté un enfant mâle, que le citoyen Louis-Augustin-Anselme Delavigne, négociant, nous a déclaré être né le jour d'hier, trois heures du matin, en son domicile, sur la Barre Sollier, et être issu de son légitime mariage avec la citoyenne Catherine-Louise Le Conte, son épouse, lequel enfant a été nommé Casimir-Jean-François par le citoyen Germain-François Le Conte, négociant, oncle maternel du dit enfant, et la citoyenne Marie-Françoise-Justine De Launay, épouse de Jean-Fortuné Delavigne, négociant, tante en loy du dit enfant, du côté paternel, témoins majeurs et domiciliés en cette ville, qui ont, ainsi que le déclarant, signé avec nous le présent acte après lecture faite : le mot Casimir en foulure approuvé bon.

L. DELAVIGNE.   F. DELAVIGNE.
G. F. LE CONTE.   L. PERNIN off^r m^l.

II. — Acte de décès de Casimir Delavigne (2).

L'an mil huit cent quarante-trois, le douze décembre, à deux heures et demie du soir, par devant nous sont comparus Philibert Burlet, âgé de trente-neuf ans, hôtelier, hôtel de Provence, place de la Charité nº 2, et Louis Benoît, cinquante ans, employé en cette mairie, Grande Côte nº 20, lesquels ont déclaré que Jean-François-Casimir Delavigne, âgé de cinquante ans et demi, natif du Havre (Seine-Inférieure), propriétaire, membre de l'Académie Française et officier de la Légion d'Honneur, demeurant à Paris, rue Bergère 5 (Seine), époux d'Hortense-Eugénie-Elise de Courtin, est décédé à Lyon, hier soir à dix heures, place de la Charité, nº 2. Lecture faite du présent acte aux déclarants, lesquels ont signé avec nous.

BENOIT.   PHILIBERT BURLET.
GUINET.

(1) Copie prise au greffe civil.
(2) Registre des décès, ville de Lyon, année 1843. nº 4981.

III. — Bibliographie des Œuvres de Casimir Delavigne.

ŒUVRES DIVERSES (1).

Dithyrambe sur la Naissance du Roi de Rome, Paris, 1811, in-4°, réimprimé dans l'Hymen et la Naissance, 1812, in-8°.

Dithyrambe sur la Mort de Jacques Delille. Paris, imprimerie d'Everat, 1813, in-4° de 4 pages.

Charles XII à la Narva, épisode épique, pièce qui a obtenu une mention honorable de l'Académie, dans la séance du 15 avril 1813. Paris, de l'imp. d'Everat, 1813, in-8° de 16 pages.

La Découverte de la Vaccine, pièce qui a obtenu l'accessit du concours de l'Institut. Paris, de l'imp. d'Everat, 1815, in-4° de 12 pages.

Discours d'inauguration pour l'ouverture de la Salle de spectacle du Havre. Au Havre, Chapelle, 1823, in-8° de 12 pages. — Imprimé d'abord dans le *Journal des Débats* du 29 août de la même année.

Épître à M. de Lamartine, édition originale, 1 br. in-8° de 24 pages, 1 fr. 25.

Imprimé d'abord dans le Feuilleton littéraire, elle a été imprimée dans les neuvième et dixième éditions des *Messéniennes et Poésies diverses.*

Discours prononcé dans la séance publique tenue par l'Académie française pour la réception de M. Casimir Delavigne, le 7 juillet 1825. Paris, Didot. 1825, in-4°.

Discours en l'honneur de Pierre Corneille, par M. Casimir Delavigne de l'Académie française. Rouen, F. Baudry, imprimerie du Roi, rue des Carmes, 20, 1 br. in-8°, 1829.

Ce discours, composé à l'occasion de la souscription ouverte par la Société d'émulation de Rouen, pour élever un monument à la gloire du grand Corneille, fut prononcé par M. Lafon, sociétaire du Théâtre Français, le 19 septembre 1829, jour de la représentation solennelle, donnée par M. Paul Dutrech, directeur du Théâtre des Arts de Rouen, au profit de la souscription.

La Marche Parisienne, Paris, L. Duverger, 1 broch. in-8°. 1830. — Musique arrangée à grand orchestre par M. Auber, chantée par M. Adolphe Nourrit dans les divers théâtres de la capitale, le 2 août 1830.

Le *Dies iræ de Kociusko*. Stances, Paris, imprimerie de Fournier, 1831, in-8° de 4 pages.

La *Varsovienne* ou la Polonaise, cantate, Paris, 1831, in-8° de 4 pages. — Il a été fait de ce chant guerrier un grand nombre d'éditions en 1832.

La *Varsovienne*, chanson patriotique, Havre, imprimerie Le Faure, 2 p. in-8°.

Derniers chants, poésies et ballades sur l'Italie. Paris. Didier, in-8°, 1845, précédé d'une notice par G. Delavigne.

La *Brigantine*, paroles de C. Delavigne, musique de E. Goldschmid. — 3 feuillets in-4°, sans date. — Prix 3 francs. — Paris, ancienne maison Meissonnier, E. Gérard,

---

(1) Dans ce chapitre, je donne les renseignements bibliographiques que j'ai pu avoir sur les éditions diverses des œuvres de C. Delavigne. Ces renseignements sont sans doute incomplets, j'ai cru cependant devoir les donner afin de faciliter les recherches des bibliographes.

En ce qui concerne les PARODIES des œuvres de C. Delavigne que je connais, je les ai indiquées dans le cours de cet ouvrage, et dans les notes complémentaires.

— 313 —

et Cie, éditeurs, 12, boulevard des Capucines et rue Scribe, maison du Grand-Hôtel (1).

Deux discours d'inauguration du Théâtre du Havre, par MM. Ancelot, Casimir Delavigne de l'Académie française, 1823-1844. — Notice sur ce Théâtre, composition des troupes de 1823-1844. Vignettes représentant le Théâtre à ces deux époques, 1 vol. in-8°, 1844. — J. Morlent, éditeur, bureau de la *Revue du Havre*, rue Corneille, 13. — En vente, chez tous les libraires du Havre, imp. J. Lenormand de l'Osier.

Le *Lycée Français*, 1819-20, dont C. Delavigne était l'un des rédacteurs, renferme diverses pièces de lui. Dans un volume publié en 1821 sous le nom de *Recueil de Poésies* inédites lues au cours de M. Delcano, on trouve aussi quelques pièces de ce poëte.

LES MESSÉNIENNES

Messéniennes, Élégies sur les malheurs de la France, Paris, Ladvocat, 1818, in-8° de 32 pages, 1 fr. 50.

Seconde édition augmentée de deux Élégies sur la Vie et la Mort de Jeanne d'Arc, Paris, le même 1819, in-8° de 44 pages.

Ces deux dernières Élégies ont été aussi imprimées séparément sous ce titre :

Deux *Messéniennes* ou Élégies sur la Vie et la Mort de Jeanne d'Arc, Paris, le même 1829, in-8° de 16 pages.

Les *Messéniennes*, V^e édition, suivie d'une Épître à MM. de l'Académie Française. Paris, Barba, 1822, in-8° de 72 pages, 2 francs.

Messéniennes (Nouvelles), Paris, Ladvocat, in-8° de 44 pages, 2 fr. 50. Ces *Messéniennes* ont eu la même année 4 éditions ou plutôt 4 tirages.

Messéniennes (trois) nouvelles. *Tyrtée aux Grecs, le Voyageur, A Napoléon*. Paris, le même, 1824, in-8°. 2 fr. 50.

Ces nouvelles *Messéniennes* ont eu la même année cinq éditions ou tirages : à la suite de la seconde se trouve le *Discours* d'inauguration pour le théâtre du Havre, qui n'est pas dans les autres.

Messénienne sur Lord Byron, Paris, Ladvocat, Barba, 1824, br. in-8°, 1 fr. 50.

Opuscule qui a eu 4 tirages la même année.

La même en anglais : *Messenian on lord Byron translated into english verse*, by G. H. Poppleton, Marseille, Carmoin, 1824, br. in-8°.

Messéniennes et Poésies diverses. 6e édition, Paris, Ladvocat, 1823, in-18 orné de 4 fig., 5 francs.

Les mots *sixième édition* qu'on lit sur le titre de ce volume, donneraient à penser que c'est la sixième édition du volume intitulé : *Messéniennes et Poésies diverses*, mais il n'en est pas ainsi. Ce volume est par le fait la sixième édition ou plutôt la quatrième des *Messéniennes* sur *les Malheurs de la France*, 1818, la troisième des *Messéniennes* sur *la Vie et la Mort de Jeanne d'Arc*, 1819. La cinquième si l'on veut des nouvelles *Messéniennes* publiées en 1822. Comme *Messéniennes et Poésies diverses*, ce n'est qu'une première édition.

Ce volume a eu la même année deux autres réimpressions ou tirages qui portent septième et huitième.

Les mêmes, neuvième édition, augmentées de trois *Messéniennes* nouvelles, d'un *Discours* d'inauguration de la salle de spectacle du Havre, et de la salle de l'Odéon, *des Troyennes*, d'une imitation d'*Euripide* et de plusieurs pièces inédites ; ornée de

____

(1) Renseignements de M. Séguin.

sept vignettes en taille douce, exécutées par MM. Godefroy Matet, Busdet, Lefèvre aîné et Touzès ; et de vingt vignettes gravées sur bois par M. Thompson, d'après les dessins de M. A. Deveria, Paris, le même, 1824, in-8º sur papier fin vélin avec les gravures tirées sur papier de Chine, 20 fr. ; et gr. raisin vélin fig. avant la lettre tirées sur grand papier de Chine, 40 fr. Il n'y en a que 25 exemplaires ; et 50 fr. gr. raisin avec doubles figures tirées sur papier blanc de Chine. Il n'y en a aussi que 25 exemplaires.

L'année suivante, l'éditeur a donné comme quatrième livre de cette édition, l'*Épitre* à M. de Lamartine et la *Messénienne sur lord Byron*, in-8º de 32 pages.

Les mêmes, dixième édition, Paris, le même, 1824, 2 vol. in-18, papier vélin satiné ornés de huit vignettes et de 20 sujets gravés sur bois par Thompson, 12 fr. ; gr. raisin vél., fig. avant la lettre, sur papier de Chine, 20 fr.

Réimprimé en 1826 en 2 vol. in-18 avec des titres portant treizième édition.

Messéniennes et Poésies nouvelles, Paris, le même, 1824, in-18 orné de 4 figures et d'une vignette gravée sur bois par Thompson, 5 fr., papier vélin, 10 fr.

Ce volume est imprimé pour compléter les œuvres poétiques de l'auteur dans ce format et pour compléter aussi les septième, huitième et neuvième éditions des *Messéniennes et Poésies diverses* publiées en 1823.

Messéniennes (sept) nouvelles. Paris, le même, 1827, in-8º avec 2 planches de musique, 9 fr., ou quatrième édition. Paris, le même, 1827, in-18, 7 fr.

Nouvelle Messénienne. Une semaine à Paris, Paris, Mesnier, 1 vol. in-8º, 1830.

Messéniennes et Poésies diverses. Paris, Furne, in-8º, 1833.

Messéniennes et Chants populaires, in-8º, 1840, Paris, Furne. — Cette édition a été publiée en 40 livraisons. Les mêmes, in-12, 1852. Charpentier, 3 fr. 50.

Poèmes. Nouvelle édition in-12, 1863, Didier et Cⁱᵉ, 3 fr. 50. *Messéniennes, Chants populaires, Poésies diverses, Derniers chants, Poèmes, Ballades sur l'Italie*.

TRAGÉDIES ET COMÉDIES

Les Vêpres Siciliennes. Paris, Barba et Ladvocat, 1 vol. in-8º, 1819, première édition.

Les Comédiens. Paris, Barba et Ladvocat, 1820, in-8º, 2 fr. 50, papier vélin, 5 fr. première édition.

Le Paria. Paris, J.-B. Barba, 1821-1822, 1 vol. in-8º, 4 fr., papier superf. avec figures, 5 fr., papier vélin avec fig., 6 fr.

La Princesse Aurélie. Édition originale, 1 vol. in-8º, Paris, Ladvocat, 1828.

Marino Faliero. 1 vol. in-8º, 1829. Paris, Ladvocat.

Marino Faliero. 1 vol. in-8º, 1844. Paris, Tresse. 1 fr.

Louis XI. Paris, Barba, 1832, in-8º, 6 fr. Autres éditions en 1836, 1840, 1844.

Louis XI. 1 vol. in-8º, 1859, Paris, Tresse. 1 fr.

Les Enfants d'Edouard. Troisième édition, Paris, Ladvocat. 1 vol. in-8º, 1833.

Les Enfants d'Edouard. 1 vol. in-12. Paris, Dufey, 1834.

Les Enfants d'Edouard. Paris, Barbré, 1863, 1 fr.

La Fille du Cid. Édition originale, 1 vol. in-8º, 1834.

La Fille du Cid. In-8º, 1840, Paris, Tresse. 1 fr.

Don Juan d'Autriche ou la Vocation. Édition originale, Paris, Barba, 1836, in-8º.

Don Juan d'Autriche ou la Vocation. Paris, Tresse, 1859, in-8º, 1 fr.

La Popularité. Deuxième édition, Paris, Delloy, 1837, in-8º.

La Popularité. Paris, Tresse, 1841, in-8º, 1 fr.

Le Conseiller Rapporteur. 1841, in-8º, 4 fr.

Charles VI. Nouvelle édition conforme aux changements et transpositions, parue lors de la reprise de cet ouvrage, in-8º, 1847. Tresse, Paris, 1 fr.

Le même, in-12, 1850, Lévy frères, Paris, 1 fr.

Le même, in-4º, 1861, Lévy frères, Paris, 0 fr. 60.

Théâtre contemporain illustré, livraison 493, chant national de l'opéra de *Charles VI*, paroles et musique, 2 vol. in-8º.

Les œuvres dramatiques de Casimir Delavigne ont paru dans la *France Dramatique*.

ŒUVRES COMPLÈTES. — THÉATRE ET POÉSIES

Poésies diverses précédées d'un poème sur la vaccine, Paris, Ladvocat, 1823.

Théâtre. Paris, Ladvocat Barba, 1825, 2 vol. in-8º, ornés de 4 grav. d'après les dessins de Deveria, 24 fr., ou 4 vol. in-18, 20 fr.

Ces éditions contiennent l'une et l'autre les *Vêpres Siciliennes*, précédées d'un examen critique par M. Bert. — *Le Paria*, précédé d'un examen critique de Duviquet. — *Les Comédiens*, précédés d'un examen critique par E. Dumoulin. — *L'École des Vieillards*, précédée d'un examen critique par M. Etienne.

Théâtre. Vignettes sur bois et gravures d'après Deveria. Paris, Ladvocat, 1826, 1 vol. in-18.

Œuvres Complètes. Théâtre. Bruxelles, 1831, 1 vol. in-32.

Théâtre. Paris, Furne, 5 vol. in-8º, 1833-1838.

Œuvres complètes. Seule édition avouée par l'auteur. Paris, H. L. Delloye et V. Lecou, 1 vol. gr. in-8º, gravures de D. Johannot.

Œuvres complètes. Furne, Paris, 8 vol. in-8º, 1845.

Œuvres complètes. Didier, Paris, 6 vol. in-8º, 1845.

Œuvres complètes. Charpentier, Paris, 4 vol. in-12, 1854.

Œuvres complètes. Didier, Paris, 4 vol. in-12, 1854.

Œuvres complètes. Didier, Paris, 4 vol. in-18, 1854.

Théâtre. Didier, Paris, 3 vol. in-12, 1863.

Œuvres complètes. Didot frères, fils et Cᶦᵉ, in-12, 1870.

IV. — Œuvres à consulter pour Casimir Delavigne.

Notice sur Casimir Delavigne, par M. Germain Delavigne, publiée en tête de l'édition des *Derniers Chants*, poèmes et ballades sur l'Italie, par C. Delavigne ; 1 vol. in-8º, 1845, Didier, libraire éditeur, quai des Augustins, 35. Furne et Cᶦᵉ, libraires, rue Saint-André-Arts, 55. Paris.

Casimir Delavigne devant ses concitoyens, par J. Morlent. — Paris, 1844, 1 vol. in-8º. Villette, libraire, boulevard des Italiens. Houdaille, éditeur, rue des Beaux-Arts.

Eloge de Casimir Delavigne, avec un aperçu de ses ouvrages, la description de ses funérailles, les discours prononcés sur sa tombe, une pièce de vers inédite du grand poète, etc., publié par Georges Verenet, lecteur de langue et littérature française à l'université et au gymnase d'Utrecht. 1 vol. in-8º, à Utrecht, chez Kermick et fils, 1844.

Histoire de la Littérature française depuis ses origines jusqu'à nos jours, par J. Demogeot, 1 vol. in-18. Paris, Hachette et Cⁱᵉ, éditeurs.

Les Ecrivains Havrais. Etudes biographiques et littéraires, par Alfred Touroude, 1 vol. in-8°, Havre, librairie E. Touroude, rue de Paris, 23, 1865.

Le Bas. *Dictionnaire encyclopédique de la France.*

Rabbe. *Biographie des Contemporains, Magasin Pittoresque.* T. XVI, page 159 et tome XXII, page 118.

Le journal *Le National,* numéro du 25 décembre 1843.

Notice sur Casimir Delavigne, par E. de la Bédolière dans le recueil intitulé : *les Beaux-Arts,* page 193, avec un portrait gravé sur bois.

Discours de réception de M. de Sainte-Beuve, et la réponse de Victor Hugo à l'Académie française, 27 février 1845.

Etude sur l'Ecole des Vieillards de Casimir Delavigne, par M. J.-B. Millet Saint-Pierre, président de la Société Havraise d'études diverses. — Extrait de la *Revue de Rouen et de Normandie.*

Discours d'Alfred de Musset et *Discours* de M. de Salvandy, et *Poème dithyrambique* de M. Ancelot. Paris, F. Didot, 1852, in-4° de 72 pages.

Discours de M. Chevalier de l'Académie des Sciences morales et politiques. Inauguration des statues de B. de Saint-Pierre et C. Delavigne. Paris, F. Didot, 1852, in-4°.

Discours d'inauguration des statues de Bⁱⁿ de Saint-Pierre et de Casimir Delavigne, par J.-B. Millet Saint-Pierre, président de la Société Havraise d'Etudes diverses. — Extrait de la *Revue de Rouen et de Normandie,* août 1852.

Etude sur C. Delavigne, par S. B. Berville.

Les Normands illustres, par L. H. Baratte. 13° livraison relative à Delavigne, avec portrait gravé. Paris, Martinon, in-8°.

Charles de Rémusat. — Article paru dans le premier volume du *Globe,* février 1825.

Revue des Deux-Mondes. Articles parus sur Casimir Delavigne : *Louis XI,* 15 février 1832. Planche. — *Les Enfants d'Edouard,* 1ᵉʳ juin 1833. Planche. — *Don Juan d'Autriche.* 1ᵉʳ novembre 1835. Planche. — *Une Famille au temps de Luther,* 15 mai 1836. — *La Popularité,* 13 décembre. 1838. B. Cochut. — *La Fille du Cid,* 1ᵉʳ avril 1840. — *Réception de M. de Sainte-Beuve à l'Académie française à la place de Delavigne,* 1ᵉʳ mars 1845. Ch. Lafitte. — *Casimir Delavigne,* biographie par Dessales-Régis. 15 août 1840. — *Louis XI,* 15 septembre 1885. Ganderax. — *Ecole des Vieillards* et *Don Juan d'Autriche,* 15 septembre 1885. L. Ganderax.

Casimir Delavigne. Notice par V. Toussaint, extrait de la *Revue de Rouen,* mars 1844. — Rouen, A. Péron, 1834. Une brochure in-8°.

Journal l'Intermédiaire des Chercheurs et Curieux. Tome VIII, pages 458-506. Tome XXI, pages 264-594. Tome XXI, pages 519-632.

Calvi (Giacomo). C. Delavigne. *Notizia bibliografico necrologica.* Milan, s. d. 1844.

François (Alphonse). *Notice sur la vie et les ouvrages de C. Delavigne.* Paris, 1846, in-8°.

Kruse (Carl Adolphe Wernhard). *Ueber C. Delavigne als Vermettler der classischer und romantischen Richtung der französischen Literatur un allgemeinen und über jeine Tragedie Louis XI und Besonderen.* Elberf. 1837.

Etudes littéraires sur Bernardin de St-Pierre, Casimir Delavigne, Pindare, par Valmont, Adolphe Bourey, licencié ès-lettres. Paris, imprimerie Laustin, Dantan, Pinard, Cour des Miracles, 9, 1852 (1).

Eloge de C. Delavigne, par M. Levillier, membre correspondant de la Société

____

(1) Renseignements de M. Séguin.

académique de Saint-Quentin. Imp. d'Ad. Moreau, lithographe, Grande-Place, 7, 1844 (1).

Nouvelle table de marbre à placer à l'Hôtel-de-Ville, pour les illustrations havraises. Réponse à l'étude critique de M. Léon Braquehais, par Marcelin Blanadet, membre résidant. Havre, A. Bourdignon fils, rue de Paris, 114. 1 opuscule in-8°, 1893. Prix 2 francs.

La *France littéraire*, de Guérard et les diverses revues bibliographiques.

V. — Ouvrages donnés par Casimir Delavigne au Maire de la ville du Havre.

Il y a à la bibliothèque de la ville du Havre des volumes offerts par Casimir Delavigne au Maire de la ville.

1° Un exemplaire sur papier vélin de la 1re édition des *Vêpres Siciliennes*. Edition Barba, 1819. Cet ouvrage est relié (pleine reliure basane racinée). Sur le plat de la reliure est imprimé en lettres d'or : *De par l'auteur.*

2° Un exemplaire de *Marino Faliero*, par C. Delavigne. Edition Ladvocat Barba, 1829, avec cette dédicace : *Hommage à la ville du Havre, Casimir Delavigne*, avec paraphe.

La signature du poète a été coupée par partie par le relieur, de sorte que l'on ne lit que le mot *Delav* au lieu de Delavigne.

3° Un exemplaire de l'*Ecole des Vieillards,* édition Barba Ladvocat, 1823, Seconde édition avec cette dédicace : *A son ami Boisselier, Casimir Delavigne*, avec paraphe.

VI. — Représentations des Pièces de Casimir Delavigne, au Havre. 1820-1849.

2 septembre 1820. — 1re représentation de la *Comédie des Comédiens*. — Éclatant succès.

29 novembre 1821. — 1re représentation de *Vêpres Siciliennes*. — Saint-Eugène, du Théâtre Français, remplit le rôle de Procida. — La pièce obtint un grand succès.

2 mars 1824. — *L'Ecole des Vieillards*, jouée quatre jours de suite.

12 avril 1824. — Perin, du Théâtre Français (Danville) et Mlle Simonis (Hortense) jouèrent la même comédie. — Quatre représentations de suite.

8 et 9 juillet 1834. — Mlle Mars joue l'*Ecole des Vieillards*.

5 avril 1827. — L'*Ecole des Vieillards*, avec Mlle Vensel, de l'Odéon.

17 octobre 1829. — *Marino Faliero*, mal joué par Eugène (Marino), Tenar (Léoni), Renaut (Bertuccio), Duvernoy (Steno), Mme Moncassin (Hélena). — Ces acteurs furent sifflés.

30 septembre 1830. — Un spectateur réclame la lecture de la dernière Messénienne de Delavigne, la *Grande Semaine*. L'administration ne l'ayant pas, offrit de faire chanter la *Marseillaise* par Bonnissent.

23 octobre 1833. — Les *Enfants d'Edouard*, avec Mme Dorval.

2 juin 1834. — L'*Ecole des Vieilliards*. Cette représentation fut interrompue à

(1) Renseignements de M. Seguin.

trois reprises différentes. Un acteur qui faisait ses débuts, Toudouze, n'eut la possibilité de jouer, que lorsqu'il fut déclaré que cet artiste n'était pas reçu, par suite de la persistance des opposants. Toudouze n'en fut pas moins applaudi et rappelé à la fin de la représentation.

27 mai 1836. — *Les Enfants d'Edouard.*

18 mai 1837. —   d°

30 avril 1839. —   d°   (2° acte)

5 septembre 1839. — La *Popularité*, avec Firmin, du Théâtre Français.

19 février 1840. — Les *Enfants d'Edouard.*

18 mai 1840. —   d°

13 septembre 1841. —   d°

18 novembre 1841. —   d°

4 juillet 1842. —   d°

22 septembre 1843. — *L'Ecole des Vieillards.*

25 décembre 1843. — L'artiste Borie prononça, aux applaudissements du public, un éloge de Casimir Delavigne qui venait de mourir.

L'auteur de cet éloge lu quelques jours auparavant à l'Odéon, était M. Leguillon, qui avait écrit les *Nouveaux Ménechmes.*

12 janvier 1844. — Ligier joue *Les Enfants d'Édouard*, avec Elisa Halley.

15 janvier 1844. — *Louis XI*, avec Ligier. L'acteur fut forcé de donner deux autres représentations de cette pièce.

26 mai 1845. — *L'École des Vieillards.*

19 août 1845. — *Louis XI*, joué par Ligier, pour l'érection d'une statue à Casimir Delavigne. — Baptiste lut un poème, hommage d'un Havrais, à la mémoire de Delavigne.

22 juin 1849. — *Les Enfants d'Édouard.*

7 septembre 1849. — *L'École des Vieillards.*

VII. — **Quelques pièces de vers en l'honneur de Casimir Delavigne.**

Neustrienne, à M. Casimir Delavigne sur son admission à l'Académie française, par M. Homon, Havre, Chapelle, 1823, in-8°.

Lettre, par Alphonse de Lamartine. 3° édition, Paris, librairie Canel, 1824.

Le Rossignol et ses critiques, fable publiée dans le quatrième volume du Mercure du XIX° siècle. — Elle a été composée par un ancien officier, né au Havre, du nom de Pierreval. — Cette poésie a été publiée par A. Touroude dans ses *Écrivains Havrais*, page 256.

Eloge à Casimir Delavigne, par M. Leguillon, auteur des *Nouveaux Ménechmes*, lu à l'Odéon, au mois de décembre 1843 après la mort du poète. — Cette pièce de vers a été récitée au théâtre du Havre, le 25 du même mois.

Adieux à Casimir Delavigne, par Victor Fleury, poète havrais, 28 décembre 1843.

Derniers adieux à Casimir Delavigne, scène nocturne du 21 décembre 1843, au cimetière du Père-Lachaise, par J.-B. Fort-Meu, Havre. — Le Normand de l'Osier, 1844, 1 br. in-8°

Casimir Delavigne à la Normandie, poésie par Prosper Blanchemain, février 1844.

Casimir Delavigne, poésie de Neveu, dont le manuscrit se trouve à la bibliothèque du Havre. — Cette pièce de vers est divisée en quatre parties : 1° Le Berceau ; 2° l'Enfant ; 3° le Poète ; 4° l'Agonie.

Hommage à Casimir Delavigne, par Prosper Poitevin. Paris, Didot frères, 1845, une brochure in-8°.

Dithyrambe d'Ancelot, lors de l'inauguration des statues de C. Delavigne et de B. de Saint-Pierre au Havre, dont j'ai parlé.

Eloge à C. Delavigne, poème par Deshays des Deserts. Rouen, Péron, 1852, br. in-8°.

Eloges de B. de St-Pierre et de C. Delavigne, par M. J.-B. Fort Meu. Vendu au profit des pauvres. Deux lithographies. Havre, Alphonse Lemale, 1852.

Inauguration des statues de B. de St-Pierre et de C. Delavigne, 9 août 1852, poésie de J.-J. Delaporte, du Havre. Vendue au profit des pauvres. Imp. de F. Hue, Le Havre (1).

Poésie de M. Paul Nicolle, vice-président de la Société Havraise d'Etudes diverses, ancien président de la Société littéraire la *Pomme*, récitée par l'auteur devant la statue du poète, le 4 avril 1893, et à la séance de distribution des récompenses, par M. Jacques Fénoux, lauréat du Conservatoire, publiée dans le journal le *Petit Havre* du 5 avril 1893, et dans le *Recueil* de la Société Havraise d'Etudes diverses, publié spécialement pour le compte rendu des fêtes du Centenaire, juillet 1893.

Casimir Delavigne, ode de M. Daniel de Venancourt, secrétaire-adjoint du comité des fêtes du Centenaire, publiée dans l'opuscule édité par M. Lemale et Cie, imprimeurs-éditeurs au Havre, le *Centenaire de Casimir Delavigne*, et aussi dans le recueil de la Société Havraise d'Etudes diverses, 1893.

A-propos en vers de M. de Lassus, couronné par la Société Havraise d'Etudes diveses. 1er prix (4 avril 1893).

Cet *à-propos* devait être joué à la séance de la distribution des récompenses. Il n'a pas été publié dans le recueil de la Société.

Poésie de M. Montier de Rouen, couronnée par la même Société, le même jour (2e prix).

Un extrait en a été donné dans le *Journal de Rouen,* quelques jours après. Cette poésie a été publiée en entier dans le recueil de la Société. Elle a été récitée à la séance de distribution des récompenses, par Mme d'Erlincourt.

VIII. — Articles de journaux publiés au Havre sur Casimir Delavigne depuis qu'il s'est agi de célébrer le Centenaire du poète.

4 avril 1891. — Le *Courrier du Havre.*

29 janvier 1893. — Journal *Le Havre,* reproduction de l'article de M. Francisque Sarcey, paru dans le *Petit Journal.*

30 janvier 1893. — Le *Petit Havre.* Reproduction du même article.

Depuis le mois de janvier 1893, le *Courrier du Havre* a rappelé dans quelques-uns de ses numéros parus jusqu'au 5 avril, certains épisodes de la vie de Casimir Delavigne, notamment dans les nos des 11, 12, 21, 31 janvier, 10 et 15 février, 10, 14, 17 mars.

14 mars 1893. — Journal *Le Havre,* article de M. Pougin.

15 mars 1893. — *Le Petit Havre,* même article.

Le journal critique et caricaturiste *La Cloche* a publié quelques articles et a

(1) Renseignements de M. Séguin.

reproduit quelques dessins dus au crayon de M. Albert Réné dans les numéros suivants :

N° 370, 21 janvier 1893. — *Le Centenaire de Casimir*. par Jules d'Ingouville.

N° 374, 18 février. *Tout pour Casimir*, par J. H.

N° 375, 25 février. *Les fêtes du Centenaire. Une grande attraction*, par Argus.

N° 377, 21 mars. *Casimir Delavigne et le comité de béatification*, par Jules d'Ingouville.

N° 379, 25 mars. *Messieurs les organisateurs*, Argus. Ce numéro contient un dessin de la statue de Casimir Delavigne, par M. Albert Réné, avec des vers en marge.

N° 381, 8 avril. *Epilogue des fêtes du Centenaire*, par Argus. *Casimir dévoilé*, article non signé sur la publication de M. Le Goffic.

N° 390, 10 juin. *Casimir Delavigne*, par M. Marcelin Blanadet, avec reproduction d'une caricature de C. Delavigne du *Charivari*.

IX. — Publications parues au Havre à l'occasion des Fêtes du Centenaire, 1893

Œuvres choisies de C. Delavigne. Edition sur papier de Hollande éditée par le Comité du Centenaire, 10 francs l'exemplaire. Firmin Didot, imprimeur-éditeur Paris.

Les mêmes. Edition sur papier ordinaire, prix 5 fr.

Le Centenaire de Casimir Delavigne, 1793-1893. Edition illustrée comprenant : Vie de Casimir Delavigne d'après les documents originaux par Charles Le Goffic, secrétaire du Comité des Fêtes du Centenaire : Pièces rares, documents nouveaux fac-similé d'autographe. 23 compositions inédites de la jeunesse de C. Delavigne avec une introduction et des notes. 1 vol. in-4° carré, prix 2 fr., Lemale et Cⁱᵉ, imprimeurs-éditeurs, Le Havre.

Le même, édition populaire à 0 fr. 10, format grand journal.

Casimir Delavigne. Premier Centenaire de sa naissance, 4 avril 1893. Poésie de Léon Laforge, in-8°, prix 0 fr. 20. Imprimerie Micaux, rue Jules-Lecesne, 20.

Fêtes du Centenaire de Casimir Delavigne, les 2, 3 et 4 avril 1893, 1 fascicule in-8° publié par la Société Havraise d'Etudes diverses, juillet 1893, avec deux photogravures, Havre, imprimerie Micaux, rue Jules-Lecesne, 20.

II

Notes complémentaires.

I. — La Maison où est né Casimir Delavigne.

Depuis les fêtes du Centenaire, j'ai eu l'occasion de faire de nouvelles recherches relatives à la maison du poète.

Aux archives municipales, j'ai eu entre les mains, trois pièces authentiques du Terrier du Domaine de Montivilliers, établi en 1734. La première, une déclaration de propriété ; 2° une procuration passée devant M⁰ Pierre Hanin, notaire royal, commis au bailliage de Caux, siège d'Arques et notaire à Dieppe, en date du 15 décembre 1758 ; 3° un extrait d'un contrat de vente en date du 6 février 1699.

Cet acte de vente a été passé devant Romain De la Cour, notaire royal au Havre de Grâce, entre *madame Laurence Deschamps, veuve du feu sieur Bonaventure Taveau, demeurant en cette ville, seule héritière du sieur Charles Deschamps son père, qui était fils et héritier du feu sieur Guillaume Deschamps, et M. François Dufou, avocat au Parlement, demeurant en cette ville.*

Voici telle qu'elle y est constatée, la désignation de l'immeuble :

Une Place fonds de terre, maisons et batimens, sur étans en tel
« *état qu'ils sont de présent — borné le tout ensemble d'un costé la*
« *rue Dauphine, d'autre costé la petite ruelle vulgairement appelée*
« *la ruette — d'un bout par derrière, le nommé Deric et d'autre bout*
« *par devant, la rue estant sur la barre. Le tout scis en cette ville,*
« *par St-François sur la rue de la Barre, avec les ustenciles*
« *padessus des d. batimenls et brasserie, en tel état que le tout de*
« *présent paroys et murailles quy en dépendent. Et tout est autant*
« *qu'il en appartient à la d. veuve sr. Taveau, sans aucune chose en*
« *réserve n'y retenir.* »

Dans la déclaration de propriété, contenue au Terrier du Domaine de Montivilliers, faite le 19 décembre 1758, par Louis Siloin le Bastier, demeurant au Havre, en vertu de la procuration annexée à ladite déclaration, à lui donnée, suivant acte passé devant Pierre Hanin, notaire royal, commis au bailliage de Caux, siège d'Arques et notaire à Dieppe, en date du 15 du même mois, il est constaté que le propriétaire de cet immeuble, à cette époque était M. Guillaume Jacques Dufou, prêtre, curé de la paroisse d'Herchigny, qui en avait hérité de son père François Dufou, cité dans l'acte de vente précité.

La déclaration du Terrier, contient la désignation suivante qui donne notamment la contenance de l'immeuble.

« Une place fond de terre, maison, bâtiment sus étant avec cour,
« parrois et murailles, droitures et servitudes et dépendance, située
« en cette ville, paroisse Saint-François, rue Barre Solier, contenant
« d'un côté, au sud, quarante pieds bornés par le pavé de la rue
« Dauphine, d'autre côté, au nord, quarante pieds bornés par une
« maison appartenant à l'hôpital de cette ville, d'un bout à l'ouest,
« cinquante-huit pieds bornés par D'après de Blangy et d'autre bout,
« à l'est, cinquante-huit pieds par en haut et cinquante-deux pieds
« par en bas, parce que les bâtiments étant sur l'allée du dit hôpital,
« appartiennent aux avouant, bornée par le pavé de la rue Barre
« Sollier et tout et autant qu'il en appartient au dit avouant comme
« fils et héritier, etc. »

II. — La Famille de Casimir Delavigne.

Le père de notre poète, Louis-Augustin-Anselme Delavigne, avait quatre enfants, trois garçons et une fille : Germain Delavigne, Casimir Delavigne, Louise Delavigne, Fortuné Delavigne. Ce dernier a habité la Nouvelle-Orléans et a laissé des descendants dans ce pays.

M. Delavigne père avait deux frères : Fortuné Delavigne, son aîné, mort au Sénégal, sans postérité, et un frère plus jeune que lui, qui s'appelait comme notre poète, Casimir Delavigne.

Notre poète a eu un fils, je l'ai dit dans un précédent chapitre, qui est mort à Paris, le 12 avril 1876, sans postérité.

La famille de Casimir Delavigne est représentée aujourd'hui par ses deux neveux, M. Arthur Delavigne, M. Casimir Desiles-Bénard et ses petits neveux, M. de Gramedo, M. Dauphin, M. Biolay, qui ont assisté aux fêtes du Centenaire de l'auteur des *Messéniennes*, le 4 avril 1893.

M. Arthur Delavigne est le fils de Germain Delavigne.

M. Desiles-Bénard est le fils de Louise Delavigne.

Ces renseignements généalogiques, je les dois à la complaisance de M. Arthur Delavigne.

III. — Une parodie de Trois Messéniennes.

Trois *Messéniennes*, de Casimir Delavigne, ont été parodiées.

Trois Messéniennes, par M. Odry, auteur du poème des *Gendarmes et du Canon des Cuisinières*, enrichies de notes brillantes rédigées par M. P. F. S. G. H. Z., ex-savant francé, membre de la cinquième classe de l'académie d'Otaïty, électeur de S. M. le roi des îles Sandwich, 9me édition, prix 1 fr. 50. Paris, au foyer des Variétés et chez tous les marchands de nouveaux thés. Imprimé par Lachevardière fils, successeur de Cellot, rue du Colombier, 30, Paris.

M. Seguin, collectionneur havrais, a eu l'obligeance de me donner ce renseignement.

IV. — Les premiers interprètes des Vêpres Siciliennes.

Les Vêpres Siciliennes eurent pour premiers interprètes : MM. Eric Bernard (de Montfort), Joanny (Procida), Victor (Loredan), Lafargue (Beaumont), Thenard (Salviati), Paul (Philippe d'Aquila) ; Mme Guérin (Amélie de Souabe), Mme Olibert (Elfride).

La scène se passe à Palerme, dans le palais de Procida.

V. — Les Vêpres Siciliennes et le Conseil municipal du Havre.

Dans sa séance du 17 novembre 1819, le Conseil municipal, sur la proposition d'un de ses membres, invita M. le maire de cette ville à témoigner à MM. Casimir Delavigne et Ancelot la satisfaction qu'éprouvaient leurs concitoyens de voir des enfants de cette cité se distinguer à leur âge (1) par deux ouvrages dramatiques aussi remarquables que les tragédies des *Vêpres Siciliennes* et de *Louis IX*.

VI. — La Comédie des Comédiens.

On a prétendu que Casimir Delavigne avait été poussé à mettre les comédiens en scène après avoir assisté à la représensation d'une petite comédie en vers, écrite par Delatouche, intitulée *Le Tour de Faveur*, qui eut un très grand succès.

Je ne partage pas du tout cette opinion (2).

(1) Ils avaient 25 ans.

(2) Voir p. 270, ce que j'ai dit à ce sujet.

VII. — Un interprète de l'Ecole des Vieillards.

Le 12 janvier 1824, Faure remplaça Monrose dans le rôle de Valentin et y fit preuve d'intelligence.

VIII. — Une autre parodie de l'Ecole des Vieillards.

Le 8 mars 1824, le théâtre des Variétés joua le *Vieillard et la Jeune fille*, vaudeville en un acte par MM. Brazier, Carmouche et Melesville. Cette pièce est encore une parodie de l'*Ecole des Vieillards*. En voici un couplet :

AIR DU VAUDEVILLE DE L'*Actrice*.

> Ma petite cousine la blonde
> N'a pas pu trouver un parti ;
> Parce que dans l'village à la ronde
> Ell' disait non, ell' disait oui.
> Je n'sais pas si j'savons m'y prendre,
> Mais partout com' dans not' canton,
> J'avons des amoureux à r'vendre
> Parc'que je n'dis ni oui ni non.

Une scène au dénouement, fort bien jouée par Lepeintre, écrit un critique, a décidé du succès.

IX. — Une parodie de Marino Faliero.

Voici des renseignements complémentaires sur une parodie que j'ai citée (1), *Marino Faliero à Paris*, folie à-propos-vaudeville en un acte, par MM. Warner et Bayard, représentée pour la première fois à Paris, sur le théâtre du Vaudeville, le 7 mai 1829. In-8, Paris, chez Olivier, éditeur, rue d'Enfer, 4, et chez Barba, libraire, au magasin des Pièces de théâtre, Palais-Royal, galerie de Chartres derrière le Théâtre Français.

X. — Une dernière anecdote.

Nous avons vu dans ce temps des hommes se tuer pour des personnalités politiques, notamment pour le général Boulanger.

En août 1834, le perruquier Mollart de Courbevoie s'est tué pour Casimir Delavigne ; — ce bon Casimir a peut-être ignoré le fait.

(1) Page 156.

Je lis dans l'*Intermédiaire des Chercheurs* (1) : « Cet acte de désespoir provenait de ce que l'Académie n'introduisait pas dans la langue française certaines améliorations que ce malheureux lui avait soumises et qu'il jugeait importantes ; et aussi de ce qu'elle comptait parmi ses membres Casimir Delavigne, qui selon lui ne savait pas le français. On trouva sur sa table trois épigrammes de sa façon :

I

Il fallait compléter les quarante immortels,
　　Leur président leur fit cette harangue :
Prêtres de l'ignorance, appuis de ses autels,
Proclamez Casimir, il ne sait pas la langue !

II

Ah ! le bon temps, que le temps de Piron
Où les quarante avaient de l'esprit comme quatre.
— Eh quoi, de ce calcul faudrait-il donc rabattre ?
— Je ne dis pas cela. — Mais encor ? — C'était bon
　　Au bon temps de Piron.

III

Lavigne à l'Institut a gagné son procès
　　Contre une cabale ennemie.
— Lavigne à l'avenir parlera-t-il français ?
　　— Non, il est de l'Académie.

(1) *Intermédiaire des Chercheurs*, 15 juillet 1864, n° 6. M. Bailliard, bibliothécaire de la ville du Havre, a eu l'amabilité de me rappeler cette anecdote.

LISTE DES SOUSCRIPTEURS

EXEMPLAIRES SUR PAPIER JAPON

NUMÉROTÉS ET SIGNÉS

TIRAGE : 30 EXEMPLAIRES

MM.

ALÉPÉE (Jules), directeur de l'Usine à gaz, Le Havre.

BIOLAY (Paul), petit-neveu de C. Delavigne, Paris.

BLANADET (Marcelin), membre de la Société Havraise d'Études diverses, Le Havre.

DELAVIGNE (Arthur), neveu de C. Delavigne, Paris.

FAURE (Félix), vice-président de la Chambre des députés, Le Havre.

GUERRAND, avocat, vice-président du Conseil général de la Seine-Inférieure, Le Havre.

HENRY, arbitre de commerce, Le Havre.

MULOT, artiste sculpteur, Paris.

MUNDLER, membre de la Chambre de commerce et du Conseil municipal, Le Havre.

ODINET, membre du Conseil d'arrondissement. Le Havre.

RISPAL (Aug.). négociant, conseiller général. conseiller municipal, Le Havre.

SIEGFRIED, député, ancien maire du Havre. ancien Ministre du Commerce, Le Havre.

SOREL, courtier d'assurances maritimes. Le Havre.

P. THURIES, propriétaire à Gainneville (Seine-Inférieure).

EXEMPLAIRES SUR BEAU PAPIER
TIRAGE : 500 EXEMPLAIRES

VILLE DU HAVRE............................. 30 exemplaires.

(Séance du Conseil municipal du 28 juin 1893.)

MM.

AGASSE, négociant.

ALLORGE, notaire.

ARGENTIN, bibliothécaire de la Ville de Montivilliers.

AUGÉ, assureur.

AUGER (Paul), notaire, membre de la Société Havraise d'Études diverses.

BAILHACHE, arbitre de commerce, membre de la Société Havraise d'Études diverses.

BIBLIOTHÈQUE de la Ville de Montivilliers.

BLUM (Victor), assureur.

BOURSY, avoué.

BRAQUEHAIS, sous-bibliothécaire de la Ville, membre de la Société Havraise d'Études diverses.

BRETOCQ (A.), principal clerc d'huissier.

BRICKA (E.), négociant, conseiller municipal.

BRINDEAU, avocat, maire de la Ville du Havre.

BROTTIER régisseur de biens.

BRUNET (L.), ancien commissaire-priseur.

CAMEAU, huissier.

CAPELLE (L.), de la Compagnie la Seine-Maritime.

CHAUVICOURT (Gaston), à Foulbec, par Pont-Audemer.

CHERFILS (Charles), conseiller municipal.

CHEURET (L.), notaire, conseiller d'arrondissement.

CHOU, huissier.

CICERON (Espérance), fondeur.

COGNARD, employé de commerce.

COLLET (L.), négociant, ancien juge au Tribunal de commerce.

CONINCK (J. de), négociant, adjoint au maire du Havre.

Mme COUDRAY.

COUVERT (Joannès), négociant, vice-président de la Chambre de commerce.

DELIVET (E.), vice-président du Conseil d'administration du Cercle d'études des employés de bureau.

DELPY (H.), employé de commerce.

DERODE (A.), négociant.

DESFOURS, proviseur du Lycée du Havre.

DEVET (E. Ph.), négociant, juge au Tribunal de commerce.

MM.

DOURT, vice-président du Conseil d'arrondissement.
DREYFUS, commerçant.
DROUAUX, négociant.
DURET (Alfred), négociant.

ETCHARD, arbitre de commerce.

FLAMBART, adjoint au maire du Havre.
FRESNEL, avocat, directeur du Journal le *Progrès du Havre*.

GARDYE (Jules), négociant, adjoint au maire du Havre.
GENESTAL, négociant, conseiller général.
GERAULT (J.), directeur de l'octroi.
GODREUIL (Léon), auteur dramatique.
GRENIER (E.), ancien commissaire-priseur, directeur de la Compagnie d'assurances *Le Gresham*.
GUILLOT (Denis), avocat, conseiller général, membre de la Société Havraise d'Études diverses.

HAREL, architecte.
HAROU (Emile), courtier juré d'assurances.
HAUMONT (A.), avocat.

JACQUOT, avoué, membre de la Société Havraise d'Études diverses.
JARDIN, de la Maison Worms Josse et Compagnie.
JENNEQUIN, avocat, membre de la Société Havraise d'Études diverses.
JOUVET (E.), ingénieur, membre de la Société Havraise d'Études diverses.

KERDYCK, négociant.
KERN, employé de commerce.

LAIGNEL (René), avocat.
LAILLET (Edm.), chef du bureau de l'état civil.
LANGLOIS (Gustave), secrétaire général de la Mairie du Havre.
LATHAM (R. E.), président de la Chambre de commerce.
LECOUR (H.), rentier.
LEFÉVRE (E.), géomètre.
LESTRINGUANT, libraire, Rouen, 2 ex.
LETOURNEUR, employé.
LEVY (Lucien), maire de Graville-Ste-Honorine (Seine-Inférieure).
LHONORÉ (P.), négociant, ancien juge au Tribunal de commerce.
LOISEAU (P.), négociant.

MACK (Jean), archiviste de la Ville, membre de la Société Havraise d'Études diverses.
Mme MAKÉE (Vve E.), rentière.
MALLET, ancien président de la Chambre de commerce.
MARION, négociant.
MEYER (Edmond), principal clerc d'avoué.
MURAT (Henri), négociant, membre de la Société Havraise d'Études diverses.

MM.

NICOLLE (G.), conseiller d'arrondissement.

O'REILLY, vice-président du Tribunal civil.

PALMART (Louis), commissaire central.
PATRY, imprimeur.
PELLETIER (G.), ancien manufacturier.
PERSAC, négociant, conseiller municipal.
PICARD (Georges), principal clerc d'huissier.
PIEL (Gustave), du journal *le Rappel*, Paris.
PIÉTON, licencié en droit.
POUDAVIGNE (E.), agent principal de la Compagnie des Chargeurs-Réunis,
    au Havre.

RAMELOT (E.), courtier.
RENAULT, avoué, membre de la Société Havraise d'Études diverses.
RIDENT, avoué, adjoint au maire.
RŒDERER (J.), conseiller général, président du Tribunal de commerce.

SAVALLE (Ferdinand), château de Colmoulins, par Harfleur (Seine-Inférieure).
SEGUIN, assureur maritime.
SIEGFRIED, député, ancien Ministre du Commerce, ancien maire de la Ville du
    Havre.
SOCIÉTÉ (La) mutuelle de Prévoyance des employés de commerce du Havre.

THIERRY père, avoué honoraire, conseiller municipal.
THILLARD, greffier du Tribunal civil.
TOUSSAINT, avocat.
TROTEUX (Léon), négociant.
TROUVAY, quincaillier de marine, membre de la Chambre de commerce.

VERSCHAVE (J.), de la Cie la Seine-Maritime.

WEISSEMBURGER, courtier.
WINDESHEIM, négociant, conseiller municipal.
X..., du Havre.

TABLE DES MATIÈRES

III

FÊTES AUXQUELLES CASIMIR DELAVIGNE A PRÊTÉ SON GÉNÉREUX CONCOURS

IV

LA MORT DU POÈTE. — ÉRECTION DE LA STATUE DE C. DELAVIGNE AU HAVRE

V

L'HOMME

VI

DOCUMENTS ET NOTES COMPLÉMENTAIRES

IMPRIMERIE LEMALE ET Cⁱᵉ, HAVRE